ALSACE IN EUROPEAN HISTORY

ヨーロッパ史のなかの アルザス

中近世の重層的な地域秩序から

安酸香織 著
Kaori Yasukata

教育評論社

ヨーロッパ史のなかのアルザス——中近世の重層的な地域秩序から

＊凡例

一、地名や人名は、時代に応じた表記を心掛けた。ただし過度の煩雑さを避けるために、あるいは不法な占領や併合の時期であることを示すために、表記を変更しない場合もある。なお、前出のものと異なる表記を用いた場合には、（）内に前出の表記を記した。

二、参照した欧文・邦文文献については、主要なものを巻末に掲載するにとどめ、引用の場合にのみ註に記載することを基本とした。引用文での筆者による補足や注釈などは、［］内に示した。外国語文献の表記は原則それぞれの国の表記法に従っているが、全体としての調和を保つために若干の調整を施した。

はじめに

一　現在のアルザス

(一) わが国におけるアルザスの認識

アルザスについて、どのような知識やイメージをもっておられるだろうか。

筆者が学生にアルザスと周辺地域の歴史研究をしていると伝えると、多くの場合は「一九〜二〇世紀アルザス・ロレーヌの研究ですか」という質問をされる。それもそのはず、高校世界史のほとんどの教科書において、アルザスはロレーヌと共に扱われ、プロイセン＝フランス戦争（一八七〇〜七一年）に敗北したフランスがこれらの地域を戦勝国ドイツに割譲したこと、しかし第一次世界大戦を終結させたヴェルサイユ条約（一九一九年）では、敗北したドイツが両地域をフランスに「返還」したことが述べられているからである。その時代も興味深いが、筆者の場合は近世（およそ一六〜一八世紀）を対象にしていると返答すると、不思議そうな顔をされるか、あるいは歴史に詳しい学生から「三十年戦争に勝利したフランスがアルザスを手に入れましたね」という反応が返ってくる。いくつかの教科書では、アルザスがはじめからフランスの一部であったのではなく、三十年戦争（一六一八〜四八年）とウェストファリア条約（一六四八年）の時代からフランス王のもとに置かれたことを示したうえで、一九世紀以降の独仏間での帰属変更に言及しているのである。

こうした高校世界史だけでなく、一九八〇年代までは小中学校の国語教科書にもアルザスに関する題材が掲載されていた。アルフォンス・ドーデの「最後の授業」である。これは、南フランス出身のドーデが、一八七二年にパリの新聞レヴェヌマン紙で発表し、翌年には短編集『月曜物語』の冒頭に収録した短編である。[1] 舞台はプロイセン＝フランス戦争直後のアルザス。少年フランツが学校に向かうと、アメル先生は「フランス語の最後の授業」を始めた。「アルザスとロレーヌの学校では、ドイツ語しか教えてはいけないという命令」がベルリンから発せられたのだという。アメル先生は、「フランス語は世界じゅうでいちばん美しい、いちばんはっきりした、いちばん力強い言葉」であり、「ある民族がどれいとなっても、その国語を保っているかぎりは、そのろう獄のかぎを握っているようなもの」であるから、「フランス語をよく守って、決して忘れてはならない」と述べ、フランス語の重要性を説いた。そのあとは文法を教わり、「フランス」と「アルザス」を交互に書き、歴史を学び、歌を歌った。しかし正午になるやプロイセン兵のラッパが鳴り響き、感極まったアメル先生は黒板にこう書いた。「フランスばんざい！」この小説は、パリの読者に向けて描かれた愛国的作品であるが、わが国では「アルザス民衆たちの『国語愛』の物語として誤読[2]」され、国語の大切さを教えるための絶好の教材として教科書に掲載されてきた。しかし、アルザス人の母語はドイツ語の方言にあたる「アルザス語」であり、彼らが守るべき言語はアメル先生が重要性を訴えたフランス語ではなかった。この矛盾が指摘されたことにより、「最後の授業」はわが国の教科書教材としては姿を消した。ただし近年では、この矛盾を踏まえたうえで、この作品の新たな読みの可能性が模索されている。

学校教材を引き合いに出さずとも、国際関係や欧州連合（EU）などに興味をもっている読者にとっては、アルザスとその中心都市ストラスブールの重要性は自明のものかもしれない。第二次世界大戦後、ヨーロッパの復興に向けて一九四九年に欧州評議会が設立されたが、その本部はストラスブールに置かれた。欧州政策に

ストラスブールの景観

欧州議会

は独仏和解が不可欠であり、ストラスブールはその象徴となることが期待されたといえる。この欧州評議会に続いて、ヨーロッパの恒久平和と経済的復興・発展のために、欧州石炭鉄鋼共同体（ＥＣＳＣ）条約がフランス、西ドイツ、イタリア、オランダ、ベルギー、ルクセンブルクの六か国間で一九五一年に調印され、翌年発効した。これにより、独仏間の戦争の火種となり得る石炭と鉄鋼が最高機関のもとに置かれ、国家を超えた石炭・鉄鋼の共通市場が築かれることになったが、その本部はルクセンブルクに、共同総会はストラスブールに置かれた。さらに一九五七年のローマ条約により欧州経済共同体（ＥＥＣ）と欧州原子力共同体（Euratom）が創設され、一九六七年にはＥＣＳＣ、ＥＥＣ、Euratomの三機関の併合・改組により欧州共同体（ＥＣ）が誕生した。前述のＥＣＳＣ設立の際にストラスブールに置かれた共同総会が、このＥＣの議会として受け継がれた。さらに一九九二年のマーストリヒト条約に基づいて翌年ＥＵが発足すると、この議会はＥＵ市民の代表により構成される立法の採択機関となった。こうしてアルザスの中心都市ストラスブールは、欧州議会の定例本会議が毎月三、四日間開かれて各加盟国から代表や関係者が集まる場として、本部のブリュッセルとともにＥＵの中心的な都市の一つとなっている。

このようにヨーロッパに開かれたアルザスには外国企業が複数進出しているが、【地図1】「アルザスにおける外国企業の分布」からわかるように、日本企業はそのなかで大きな存在感を示している。アルザス開発公社理事長のアンドレ・クラインとフランス・アルザス日本代表部代表の冨永雅之らのイニシアティブのもとで、まずは一九八六年にソニーが誘致され、その後はリコー、ヤマハ、シャープをはじめ数多くの日本企業がアルザスに進出したのである。こうした経済の分野に加えて、学術や文化の分野での交流も盛んに行われている。日本企業の進出と同時期に日本人学校のアルザス成城学園（中等部・高等部）がコルマール近郊のキンツハイムに開校したほか、ストラスブール大学に日本学学科が組織され、二〇〇一年には日仏大学会館という全国的な

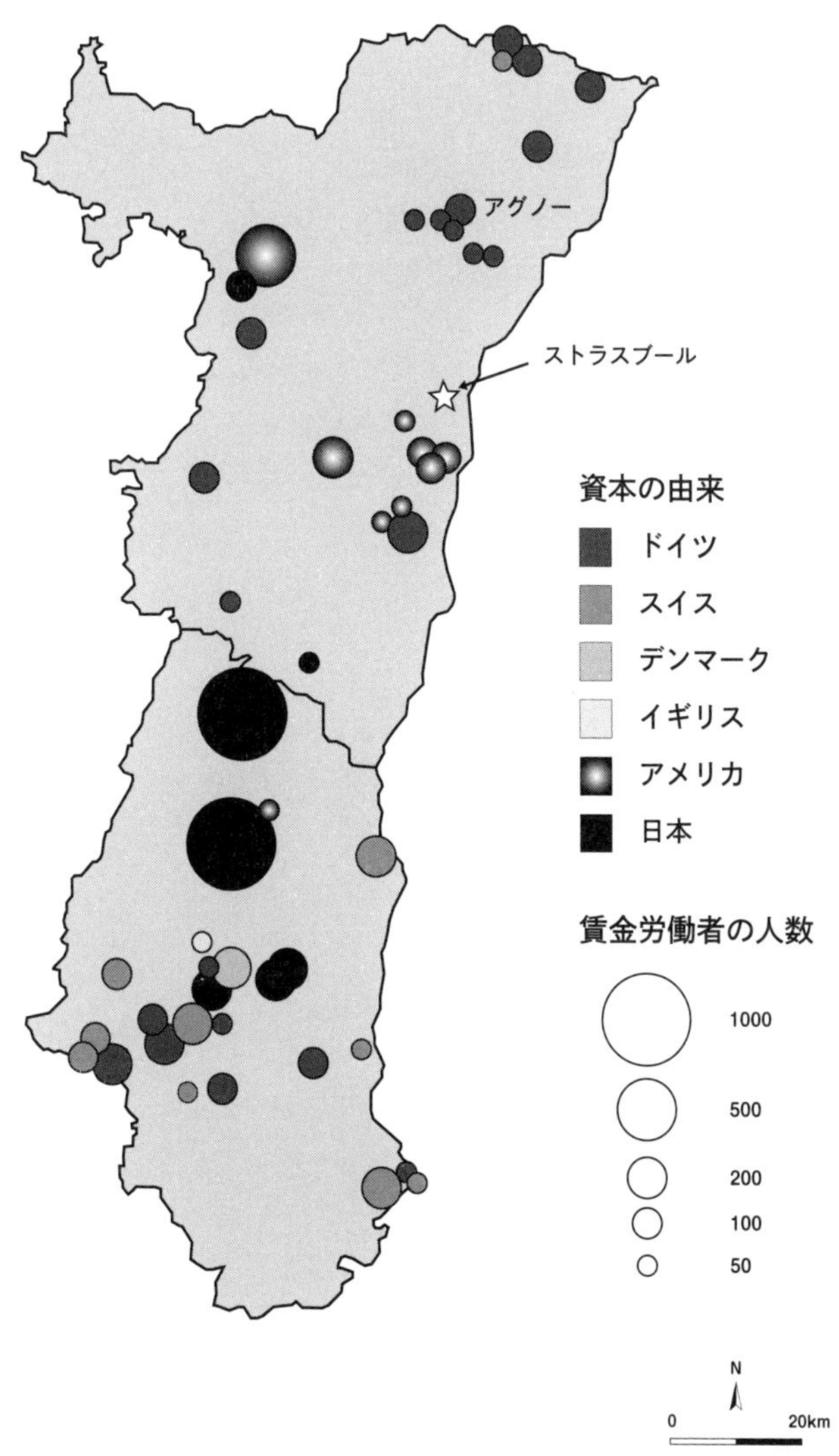

【地図 1】アルザスにおける外国企業の分布（1982-2002年）

機関がストラスブールに設立された。またわが国にはストラスブール大学と交換留学協定を結んでいる大学が二五ほどあり、筆者自身もこの制度を利用して交換留学をした一人である。さらに「日本——アルザス友好一五〇周年」の二〇一三年には、さまざまな催しや各種協定の締結が行われ、日本とアルザスの結びつきは一層強まったように思われる。

以上のようにアルザスという地域は、わが国でも一定の知名度があるといえよう。

ストラスブール大学

(二) 変化のなかのアルザス

そのアルザスの存続が、近年では文化の面でも制度の面でも問われているように思われる。

まず文化の面では、とくに「アルザス語」話者の減少という問題がある。アルザス語というのは、アルザス全域で共通する統一言語ではなく、大きく分けてアグノー(前頁【地図1】の北側に位置)の森以北のフランク語と以南のアレマン語からなる。これらのドイツ語方言はベルギーやスイスなどにも広がっているが、本書では国家の言語であるフランス語と標準ドイツ語に対して、アルザスで古くから話されてきた「母語」ないし「日常語」のことを「アルザス語」と表記する。

フランス語とアルザス語の言語的境界は、一部地域を除けば、長らくアルザスの西端にあたるヴォージュ山脈にあった。その状態は一七世紀の過程でアルザスがフランスの一州となって以降も大きくは変わらず、この地においてフランス語は役人、貴族、上層市民の言語であり、民衆の言語はアルザス語であり続けた。たしかにフランス革命期には国家語の普及が試みられたものの、アルザスにおけるフランス語の使用はさほど進まず、ドイツ語が文学、宗教、出版、学問の言語として、アルザス語が日常の言語として用いられていた。しかし一八四八年以降、言語と民族を結び付けるドイツの愛国的な動きを前に、フランス政府はアルザスにおいてフランス語を普及させる政策に本格的に乗り出し、行政や軍事のみならず、教育の分野でもフランス語化を推し進めた。その後一八七一年にドイツ帝国に編入されたアルザスでは再びドイツ語の地位が高められ、反対に一九一八年にフランスに編入されて以降はフランス語の使用が半ば強制的に課せられた。そして一九四〇年以降のナチス・ドイツ占領下では標準ドイツ語が公用語となり、フランス語の使用が厳しく禁じられただけでなく、ドイツ語方言のアルザス語も、フランス語の影響による変質を理由に印刷物の出版や演劇の上演などを禁じられた。さらに戦後も、フランス政府は同化政策を進め、ドイツ語とアルザス語を家庭内ないし住民同士の会話に閉じ込め、公的世界での使用を認めなかった。アルザスの側でも、戦争の「勝者に対し、彼らが打ち負かしたばかりの相手の言語をアルザスで存続させることを要求するなど、心理的にはほとんど不可能」[3]であり、同化に抵抗できずに、あるいはナチス・ドイツとの親和性を否定するために、ドイツ語とアルザス語の放棄に向かっていった。こうしてドイツ語のみならずアルザス語を話す者や理解する者も減少するなかで、ようやく一九六〇年代にアルザス語を守ろうとする動きが生じ、七〇年代にはドイツ語教育が再び小学校の授業に取り入れられた。さらに九〇年代以降はフランス政府が多言語主義政策を提唱したこともあり、アルザスにおけるバイリンガル教育も展開されるようになった。

しかしこのような取り組みにもかかわらず、アルザス語話者の減少傾向には歯止めがかからないのが現状である。二〇一二年のある調査によるとアルザス語を話せる人の割合は回答者の四三%と半数を下回り、家族、友人、職場の人とアルザス語とフランス語のどちらで話すかという二〇一九年の調査でも、フランス語と回答した人が圧倒的に多かった。[4] その傾向は、戦後に推し進められたフランス語使用と方言離れ以外にも、アルザスにおけるバイリンガル教育がフランス語と（アルザス語ではなく）標準ドイツ語の二言語を主な対象としていること、さらには国際社会では英語力が求められることなど、さまざまな要因から生じていると考えられる。いずれにせよ、アルザス・アイデンティティの根本的要素の一つが弱まりつつあることは疑いない。

続いて制度の面では、アルザスという行政単位の廃止を指摘できる。戦後フランスの地方行政はしばらく県とコミューン（地方自治体の最小単位）から構成されていたが、その上に二県以上を束ねる地域圏が追加され、アルザスにおいても南のオー＝ラン県と北のバ＝ラン県からなる「アルザス地域圏」が形成されていた。しかし二〇一六年にフランソワ・オランド大統領が旧地域圏の統廃合を実施すると、アルザス地域圏はロレーヌ地域圏とシャンパーニュ＝アルデンヌ地域圏と統合され、これら三地域圏を構成してきた一〇県からなる「大東部地域圏」が新たに組織された。この政策は、アッツェンホーファーによれば、歴史、文化、経済のいずれにおいても現実や合理性を無視した、パリ目線の中央集権的政策であるという。[5] この批判的な評価には異論もあるだろうが、ともかくこの政策によりアルザスという行政上の単位や名称は消えることとなった。

ただし行政面では、文化面で取り上げたアルザス語話者の減少に対してよりも、はるかに迅速な対応策が講じられたように思われる。というのも、早くも二〇一九年にオー＝ラン、バ＝ラン両県議会を統合した「アルザス欧州自治体（Collectivité européenne d'Alsace）」を設置することが決まり、これが二〇二一年一月一日に発足したのである。もっともアルザス欧州自治体は、ヨーロッパという名前がついているのにもかかわらず、フランスという国家およびその大東部地域圏に属し続けている。また、従来のバ＝ラン県とオー＝ラン県についても、国の行政区分としては存続している。しかしこの自治体は、さまざまな矛盾を孕みつつも、隣接するドイツとスイスとの地域連携に関する独自の権限をもち、一つの県のような役割を果たしている。このようにアルザスでは、フランスのほかの地域と結びつけようとする国の政策に対して、従来の地域的まとまりを維持する動きが生じており、しかも同時にヨーロッパに開かれた地域を目指しているといえよう。

さらに、ヨーロッパに開かれた地域という点では、次頁の【地図2】「一九九〇年代以降のライン上流域」に示しているように、フランスのアルザス、ドイツのバーデン＝ヴュルテンベルクとラインラント＝プファルツ、そしてスイス北西部にまたがる越境的地域連携が盛んに展開されてきた。たとえば一九九一年に「ライン上流域の協議会」が設置され、その主導のもとにライン上流域における地域整備計画の指針案や地域共通の学校教材の作成などが行われてきた。また二〇〇三年から二〇〇六年にかけてライン両岸にまたがる四つの「ユーロディストリクト」が設立されたが、これは国境をまたぐ複数の自治体により構成される超国家的組織であり、経済、教育、環境問題といった分野で国境を越えた地域連携を進めている。そして将来的には、法的基盤に基づく国境を越えた独自の地区を築こうとしている。

本書は、以上のような変化のなかにある現在のアルザスをよりよく理解するために、その歴史を紐解く試みである。

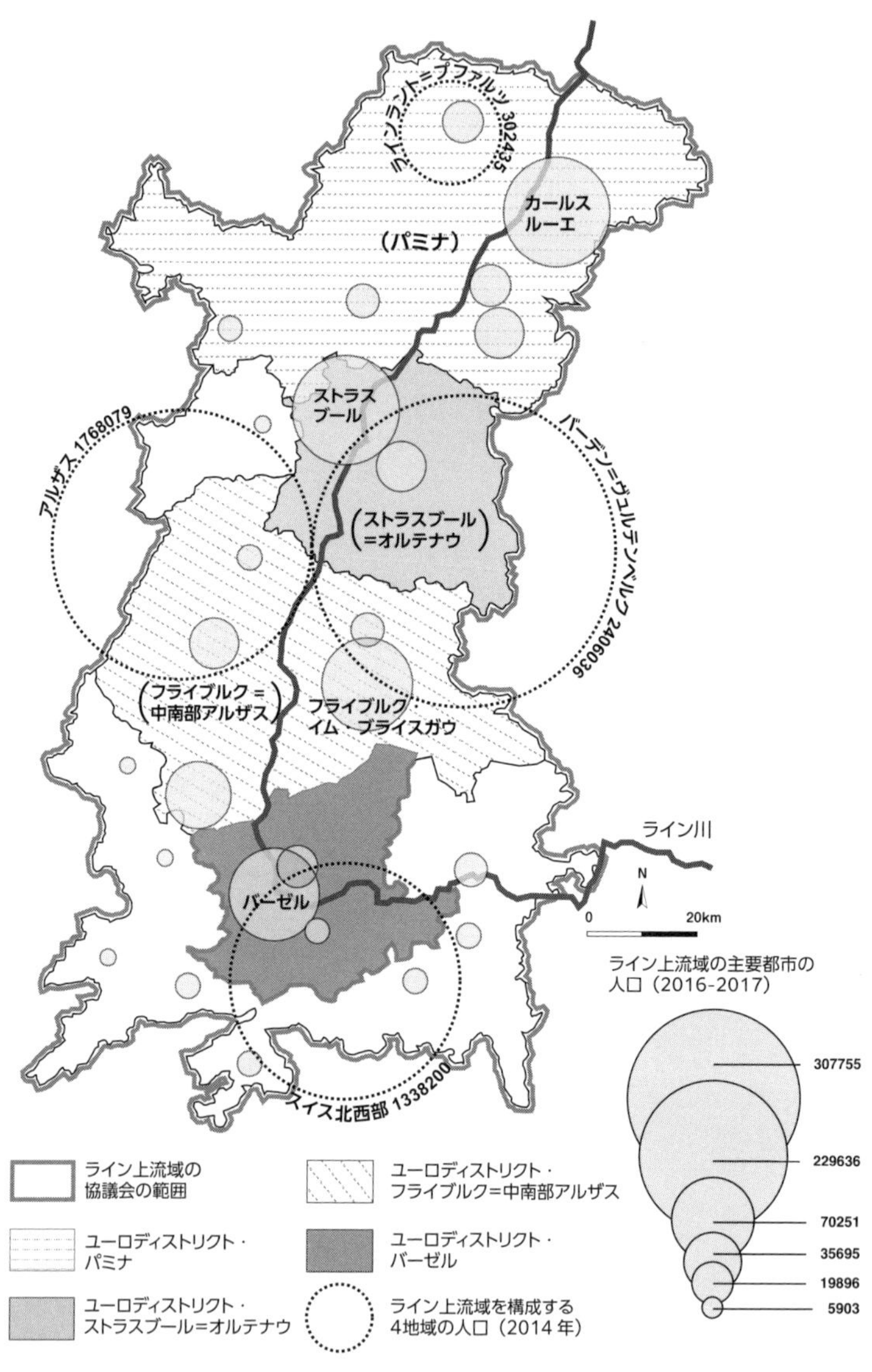

【地図 2】1990 年代以降のライン上流域

二　本書の特徴と構成

本書の特徴は、アルザスの地理的範囲を切り取ってその通史を語るというよりも、アルザスを含めたライン上流域ならびにヨーロッパを視野に入れ、そこにおいてアルザス地域とその特質が形成された経緯を考察する点にある。なぜこのようなアプローチをとるのかというと、アルザスという地域が古代から存在していたわけではなく、アルザスという地名が登場する中世にあっても、ライン上流域の一部としての意味合いが強かったからである。アルザスは近世の後半になるとフランス王国の一州に作り上げられていくが、それまでのライン上流域との結びつきが完全に断たれることはなかった。たしかに近代には、こうして形成されたアルザス地域をめぐり国家間の対立が繰り広げられたが、現在は再びヨーロッパに開かれた地域としてライン上流域との結びつきが強まっている。以上を踏まえれば、従来のようにアルザスを自明の地域として通史を語るよりも、より広い空間に位置付けてアルザス地域とその特質の形成過程を紐解いていく方が、変化のなかにある現在のアルザスを理解するのには適しているのである。

この目的を達成するためには、アルザス地域をめぐり国家間の対立が生じた近代を取り上げる前に、アルザスがライン上流域の一部をなしていた中世、さらにその空間のなかでアルザス州が形成されていく近世について詳しく考察する必要があるように思われる。そのうえで、近代以降の国民国家形成、独仏対立、そしてヨーロッパ統合などの動きが、アルザスの地域性やその希薄化に与えた影響を考えてみたい。

本書の重点を中近世史に置くことには、以上の点に加えて、もう一つ重要な理由がある。わが国では、アルザスをめぐる問題にあらわれる独仏の国民国家形成と「国民」意識の変遷について論じた中本真生子『アルザスと国民国家』（参考文献〈第4章〉を参照）をはじめ、近代のアルザス史に関する豊富な文献が存在する一方で、前近代のとりわけ中世については十分な考察が行われていないのである。本書は、主にフランス、ドイツ、スイスの研究者が取り組んでいるライン上流域に関する中世史研究の成果を部分的にでも取り入れ、筆者の専門である近世アルザス史の知見と有機的に結び付けることにより、読者に新たな歴史像を提示することを目指すものである。

こうした歴史像は、政治、経済、社会、文化などの多様な観点から総合的に描かれるべきではあるが、本書はその最初の試みとして主に政治的観点から考察し、経済、社会、文化などについては必要に応じて言及するにとどめる。これらの各テーマについては日本語で読める文献も存在するため、[6]詳しく知りたい方にはそちらを併せてご覧いただきたい。また、本書は複数の通史的文献[7]に基づきつつ各時代に関する個別研究を反映しているが、それらは参考文献として列挙するにとどめ、特定の箇所を引用する場合にのみ註に記載することとする。

本書の構成は、ヨーロッパ史の一般的な時代区分に合わせて、古代、中世、近世、近代、現代の全五章からなっている。まず第1章では、ライン川を取り巻く自然環境のなかで人間がどのような生活を営み、紀元後五世紀頃までにいかなる勢力が支配を繰り広げたのかを概観する。そこでは、ケルト、ローマ、ゲルマンの対立や交わりを見ることになる。中世のライン上流域を取り上げる第2章では、七世紀から史料に登場する「エルザス」について、それが示す地理的範囲や地域としてのまとまりの度合いが時代によってどのように変化したのか、またライン上流域ないしエルザスにおいて神聖ローマ皇帝・国王や地域諸勢力がいかなる秩序を築こうとしたのかを検討する。とくに中世後期のライン上流域では、皇帝・国王ならびに「シュヴァーベンおよびエルザスの大公」の位を占めたシュタウフェン家の断絶を受け、複数のアクターによる領邦化プロセスとネットワーク的な秩序形成の動きが交わり合っていく。近世を扱う第3章では、そうした動きのなかで形成された前部オーストリアのような領邦ないしラント（一つの世俗的単位）、エルザスの地域諸勢力からなるエルザス・ラント等族という結合体や帝国諸都市の同盟、そして帝国の一制度としてのオーバーライン・クライスが重なり合う様子を示す。また、このような重層的な地域秩序が、一七世紀半ばのフランス王への「エルザス譲渡」によってどのように変容していくのかを考察する。そこで描き出されるのは、フランスという国家の一地域に収まりきらない、神聖ローマ帝国とフランス王国の境界域の様相である。第4章では、フランス革命とナポレオン戦争を経てフランスへの統合が加速度的に進んだあと、アルザスが近代国民国家の周縁として経験したことを述べる。この地域は、一八七一年以降ドイツの「ライヒスラント」に位置付けられながらも抵抗や交渉によって自治を拡大させたのち、第一次世界大戦において「祖国」フランスと再会するが、それは「対独復讐（＝アルザス・ロレーヌの回復）」のもとに国民の再統合を果たした中央集権国家であった。そしてフランスにおける同化政策のあとには、ナチス・ドイツによる「併合」と「強制召集」が待ち受けていた。第5章では、戦後アルザスがフランス共和国との一体化の道を進んだのち、アルザス地域圏の成立と文化的復興のなかで地域意識が回復される様子を描く。また、ヨーロッパ統合とライン上流域における越境的地域連携の進展を踏まえて、アルザスの行方を展望する。

本書の最後では、変化のなかにある現在のアルザスを、中近世の重層的な地域秩序と近現代の過程で醸成された地域意識という二つの側面から考えてみたい。

装丁＝東京カラーフォト・プロセス

第1章

ライン川を取り巻く自然と人間

一　ライン川とライン地溝帯

ライン川は、スイス・アルプスを源流とし、ヨーロッパ中枢を流れて北海にそそぐ河川である。最上流部では、オーバーアルプ峠近くのトゥーマ湖から流れる前方ラインとさらに南のラインワルトホルンの氷河から流れる後方ラインがあり、これら二つがライヘナウで合流する。そこからボーデン湖東端部に流れ込むまでの範囲がアルペンライン、ボーデン湖西端部から西に向けてバーゼルまで流れる範囲が高地ラインである。この流れはバーゼルで北に転じ、マインツないしビンゲンに向けて北北東に進む。これが、本書の対象アルザスを形作ることになる「ライン上流」である。なお、ライン中流はビンゲンからボン付近までであり、そこから北海までがライン下流にあたる。

ライン地溝帯は、ライン上流を軸として、南のジュラ山脈、西のヴォージュ山脈とプフェルツァーヴァルト山地、東のシュヴァルツヴァルト山地とオーデンヴァルト山地、北のタウヌス山地に囲まれた地形であり、南南西から北北東に伸びている。もともと東西の山地はつながっていたが、始新世（およそ五六〇〇万年前～三三九〇万年前）に生じた沈降によって分断され、更新世（およそ二〇〇万年前～一万年前）にはそこにライン川の流れが注ぎ込んだのである。それゆえライン上流の東西を見ると、河川付近の低地から高地・高原に向けてほぼ対称の地形をなしている。

本書ではライン地溝帯の南部、すなわちジュラ山脈、ヴォージュ山脈、そしてシュヴァルツヴァルト山地に囲まれた部分を対象としており、基本的にこの空間ないし地域を「ライン上流域」と呼ぶこととする。その地

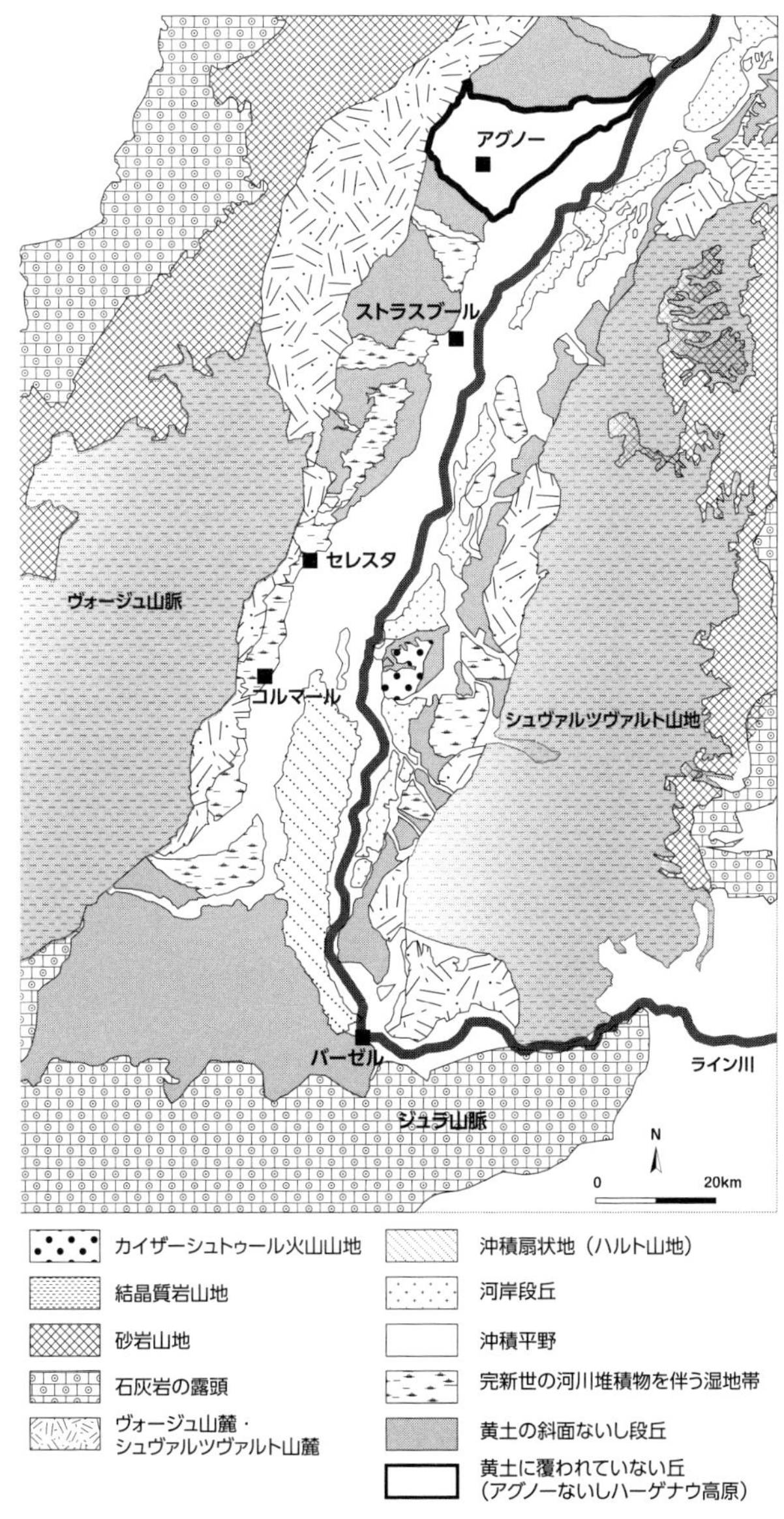

【地図 3】ライン上流域の地形

形を示したのが前頁の【地図3】である。ライン川の両岸には、河川の堆積作用により形成された平野が広がっており、その支流には湿地帯が点在している。左岸のバーゼルからコルマール付近には、河川が山地から平地に流れる際にできた扇状の堆積地形が、右岸には川の流れに沿ってつくられた階段状の地形が見られる。農耕に適する肥沃な黄土の割合は圧倒的に左岸に多いものの、右岸においても細く南北に連なっていることがわかる。なおこの地図では明示していないが、セレスタの付近にはラントグラーベンと呼ばれる広大な低湿地が東西に延びていた。

以下では、こうした自然環境のなかで、人間がどのような生活を営んだのかを見ていこう。

二　先史時代

ストラスブールからやや西側に、アヘンハイムという町がある。一九世紀後半から建築工事が盛んに行われるなか、この町はれんがの原材料をストラスブールに供給した。その際に行われた考古学的調査により、紀元前六〇万年頃と推定される打製石器が発見された。さらにその後の調査では、ライン上流域の複数の地層に火打石が確認された。それらは主にジュラ山脈の北側、ヴォージュ山麓、そしてシュヴァルツヴァルト丘陵に分布しているため、旧石器時代には人びとが比較的高地で暮らしていたことがわかる。

新石器時代の紀元前五三五〇年頃には、多様な刻線文を施した帯文土器文化の担い手が、ライン両岸の平野にあらわれた。人びとは生活の中心を狩猟・採集から農耕・牧畜に移し、農耕に適した黄土の平地や水の豊富な河川の付近に定着したのである。この流域に定着した人びとは、埋葬や建築のしきたり、農耕・牧畜の方法、土器の模様などにより二つの集団に分けられる。北の集団はライン川の支流であるネッカー川の渓谷を通って北側から、南の集団はドナウ川に沿って東側から移動してきたと考えられている。このようにライン上流域の諸集団はライン川で東西に分けられていたのではなく、入植の経路により南北に分けられ、その中間あたりのライン両岸では共住していた。また墓で発見された道具、装身具、土器などは、この時代に社会的区分が始まりつつあったこと、大西洋および地中海といった遠方からの原料の供給があったことなどを教えてくれる。さらにリンゴルスハイムとエンシサイムの墓では、穿頭術を受けた頭蓋骨まで見つかっている。

その後ヨーロッパでは、銅が前二七〇〇年頃から、青銅が前二三〇〇年頃から広く普及した。これらの銅や青銅はライン上流域にも伝わり、とくに前一五〇〇年から前一三〇〇年にかけて経済的な安定と繁栄もたらした。たとえば北部のアグノーでは一〇〇〇体以上を埋葬する墓地と青銅からなる大量の装身具が発見されたが、これらは人口増大と技術発展を物語る。また、この時代の遺跡や遺物がアグノーの森やライン川付近の湿地で多く発見されていることは、黄土の平地を中心としていた人びとの居住地域が、気温の上昇や乾燥を受けて、より涼しくてやや湿った地域に移動したことを示している。

三　ケルト時代

ケルトの到来は鉄の普及をもたらし、徐々に高度な武器や道具が作られるようになった。ケルトとは何かについてはさまざまな議論があるが、人種ではないことは確かであり、一先ずここでは「ケルト語を話す文化集団」[8]と捉えておく。ケルト文化の始まりを示す考古学的な遺跡は、現オーストリア中部に位置するハルシュタットという村で発見された。このハルシュタット遺跡の東西に広がる文化圏に、われわれの見るライン上流域も取り込まれ、先住民はこの地を追われるか奴隷身分に転じた。ケルト社会は交易によって富を蓄えた権力者により支配されるようになり、首領となった彼らの贅沢な生活様式を伝える居城や地中海域からの輸入品を伴う墓などが発掘されている。

しかし前五世紀頃になると、もはや埋葬に明確な社会的区分が見られなくなるため、それまでの支配構造は崩壊したと考えられている。以前に首領の居城があった場所は都市のようになり、製鐵（せいてつ）、陶芸、毛織物などの生産と商取引の中心として栄えた。ケルト社会全体で見れば、地中海やアナトリア方面への人口移動が活発化し、スイスのヌシャテル湖の遺跡を名祖とするラ・テーヌ文化に移行した。ライン上流域では、左岸の北側にはメディオマトリキ族、左岸の南側と右岸にはラウラキ族が定住した。ラウラキ族の政治的・文化的範囲はライン両岸に広がっており、ここでもライン川は境界線ではなかったことがわかる。その後この地域には、セクアニ族やケルト化したゲルマン人ないしゲルマン化したケルト人のトリボキ族なども定着していった。

ラ・テーヌ期のケルトの拡大は、各方面での頻繁な攻防を引き起こし、とくにイタリアにおいてローマ人とのあいだに長期戦をもたらした。当初はケルト優位の戦況であり、ローマの占領にまで至ったが、前三世紀末から前二世紀初頭にかけてローマ人の攻勢に転じた。その後ローマ人は、ケルト人の住むガリアのうち地中海に面する一帯を属州化していった。それと並行して、ガリアの東からはゲルマン諸部族による攻撃が始まっていた。こうしてケルト社会は、ローマ人およびゲルマン人との交わりや戦いのなかで、大きな変化を経験することとなる。

前一世紀のガリアについては、カエサルの『ガリア戦記』[9]に詳しい。同書は、三属州総督となったカエサルがガリア遠征（前五八〜前五一年）を行った際に、自らの業績を著した戦記である。そこに描かれるのはローマ人から見たガリアであるし、カエサルの制作意図を考慮すべきであるが、文献を残さなかったケルト人について知るための重要な史料であることに変わりない。ここでは、カエサルの眼を通して当時のガリアの様子を見てみたい。

カエサルによれば、ガリアは三つの地域からなる。すなわち、ベルガエ人、アクィタニー人、ケルタエ人の三地域である。このうち三つ目のガリア・ケルティカは、西は大西洋から東はライン川まで広がる地域であるが、その東端に位置していたヘルウェティイ族が前五八年に西に向けた移動を企てた。彼らはまずローマ属州の通過を試みたものの、同年に属州総督となったカエサルの警戒と拒絶を前に断念せざるを得なかった。それゆえセクアニ族の領土を通過するという代替案を採用し、ハエドゥイ族の仲介によってセクアニ族を説得し、その領土を通過してハエドゥイ族の領土に入った。カエサルは、ヘルウェティイ族がハエドゥイ族やその同盟部族に対する略奪や襲撃を行っているとして、彼らと交戦した。この戦いで勝利を収めたカエサルは、ヘルウェティイ族が移動して空白地帯となったところにゲルマン人が入り込むことを防ぐために、彼らを故郷に戻すことにしたという。このようにカエサルは、ローマ属州以北の問題に早くから介入していたが、ゲルマン人の影響力が高まるにつれて、その度合いを強めていった。

当時ガリアでは、その覇権をめぐってハエドゥイ族率いる集団とアルウェルニ族率いる集団が対峙していたが、後者に与するセクアニ族は、この対立のなかでゲルマン人に助力を求めた。この呼びかけに応じてラインの向こうからやってきたゲルマン人の王アリオウィストゥスは、前六〇年にハエドゥイ族率いる連合軍に大勝利を収めたあと、故郷に戻ることなくセクアニ族の領土に居座った。さらに前五八年には、ハルデス族やスエビ族などがラインの向こうからガリアに西進しつつあった。カエサルは、セクアニ族を含むケルト諸部族の救援要請に応じて、あるいはそれを口実として、アリオウィストゥスとの交渉、続いて戦闘に乗り出した。カエサルの軍団は、ライン上流域の左岸で行われた決戦においてアリオウィストゥスの軍勢に勝利し、スエビ族をラインの東に追い払った。この勝利により、ローマはライン川まで版図を広げた。カエサルはさらにガリア征服を推し進め、アレシアの攻防戦においてアルウェルニ族の指導者ウェルキンゲトリクスのもとにガリア全域から集まったケルト人らと対戦し、その勝利によって前五二年にガリア征服をほぼ完了した。

四　ローマ時代

カエサルの死後、アウグストゥスの称号を与えられたオクタウィアヌス（位前二七〜後一四年）とティベリウス（位一四〜三七年）のもとで、ライン川に沿って一連の要塞が築かれた。とくにアルゲントラトゥム——ケルトのもとで水ないし川の要塞を意味するアルゲントラーテと名付けられ、ローマのもとでラテン語風に変化した都市名で、現ストラスブール——には、三〇年代後半から第二軍団、その数十年後から第八軍団が置かれ、軍事的要衝としての役割が与えられた。

ただし七〇年代には、ローマ軍がライン川を越えて右岸の地域を征服したため、アルゲントラトゥムは最前線ではなくなった。新しい征服地の保全を目的として、ライン中流とドナウ上流を結ぶリメスと呼ばれる防衛施設が築かれることになり、九〇年頃に着工された。ライン流域はそれまで属州ベルギカの一部であったが、この頃にそこから分離し、マインツを中心とする上ゲルマニアとケルンを中心とする下ゲルマニアの二つの属州を新たに形成した。その際、リメス・ライン川・ドナウ川で囲まれたアグリ＝デクマテスとライン上流の左岸は、上ゲルマニアに含まれた。このように防衛線がライン川よりも東に移動したため、その流域は前線に補給を行うための後方基地となり、軍事的色彩を保ちつつ「ローマの平和」を享受し、商業、手工業、農耕などの発展を経験した。

なお前述の要塞化されたライン川や新たに築かれたリメスは、外と内の世界を完全に遮断するものではなく、平時には人やモノが行き来していたことを忘れてはならない。南川高志の言葉を借りれば、これらは「決して『ローマ人』と国境外の『蛮族』とを分かつために存在しているわけではなかった[10]」のである。そもそもライン上流の左岸にはローマ時代以前からゲルマン的要素をもつトリボキ族が定住していたし、ゲルマン諸部族からローマ軍に加えられた者も少なくなかった。

ただし三世紀になると、帝国外に居住する諸部族がしばしばライン川やドナウ川を越えて侵攻し、彼らの脅威は増していった。なかでもアレマン族は、アグリ・デクマテスに侵入して定着し、三五五年には彼らの王クノドマリウスのもとでライン川を越え、アルゲントラトゥムに火を放った。これに対してローマ皇帝ユリアヌスは、三五七年にアルゲントラトゥムの戦いでアレマン族に勝利し、彼らの侵攻を食い止めた。それから四世紀末までライン川が防衛線として強化されたが、五世紀初頭には西ゴート族のイタリア襲来に対応するために軍団がライン流域から引き揚げたため、アレマン族は比較的容易に左岸へ移住できた。

さらに四五一年、今度はアッティラ王率いるフン族が押し寄せ、アルゲントラトゥムに火を放った。ローマとゲルマンの同盟軍はカタラウヌムの戦いでフン族に勝利したものの、このときにはもはや西ローマ帝国は実体を伴わないものになっていた。四七六年に傭兵隊長オドアケルは、前年に即位したばかりの西ローマ皇帝ロムルス・アウグストゥルスに年金を与え、南イタリアへ放逐した。オドアケル自身が西ローマ皇帝になることはなく、帝位を東ローマ皇帝に返上し、またその後三世紀以上経たカール大帝の戴冠まで帝位が回復されることもなかったため、一般に四七六年が西ローマ帝国の終焉の年とみなされている。

第2章

中世ライン上流域とエルザス

一　メロヴィング期の「エルザス」

五世紀末から六世紀初頭にかけて、ライン上流域ではアレマン族とフランク族が対峙し、後者が支配を確立した。このフランク王国のもとで、キリスト教化の進展やいわゆる「エルザス公」の軍事的・行政的・宣教的活動などが見られた。この「エルザス公」をめぐっては不明なことが多いものの、現在明らかになっている範囲でその内実を示すこととする。

(一) アレマン族とフランク族

アレマンとは「あらゆる人びと」を意味しており、エスニシティやアイデンティティを共有する民族集団ではなく、独自の王や長をもつ多数の小部族からなる連合である。四五一年のフン族による攻撃から数年後、彼らは再びライン上流域に定着し、小王たちの居城を中心とする定住地を形成した。もう一方のフランクは三世紀頃にライン右岸に住んでいた小部族の集合体であり、なかでもライン・フランク人はケルンを中心とするライン中流域と上流域北部に定着し、サリー・フランク人は四世紀半ばにローマ皇帝に仕える戦士となってガリア北部に定住地を与えられた。後者は五世紀後半には南方と東方に向けて勢力を拡大し、その王クローヴィス(位四八一~五一一年)がライン・フランク人を併合してメロヴィング朝フランク王国を築いたとされている。さらに同王は、四九六年と五〇六年の戦いでアレマン族と対決し、勝利を収めた。こうしてアレマン族は移住を強いられ、彼らの地域はフランク王国に編入されることになった。

もっとも、領主や役人となったのはフランク族であるが、それまでこの地に定住していた人びとがみな追い出されたのではない。今日まで残る方言の分布から判断すれば、ハーゲナウ（アグノー）の森以北にはフランク族が定着した一方、以南にはアレマン族が、ヴォージュの渓谷にはローマないしケルト系の言語集団がとどまったと考えられる。また地名研究に基づけば、フランク族が築いたと推測される諸都市がハーゲナウの森以南でも確認されるため、南側で領主や役人となったのは主にフランク族であるが、農民の大部分を構成したのはアレマン族の人びとであったといえる。

（二）キリスト教化とシュトラースブルク司教

時代はやや遡るが、五世紀末にフランク王クローヴィスは、部下三〇〇〇人とともにランス司教レミギウスからローマ・カトリックの洗礼を受けた。キリスト教はすでにローマ帝国内のほかのゲルマン諸王国でも広まっていたが、それは異端とされていたアリウス派であり、これがアタナシウス派のローマ人との共同生活を困難にしていた。クローヴィスがアタナシウス派キリスト教に改宗したことは、両者の緊張関係を和らげ、諸教会と世俗権力との協力を可能にした。こうしてクローヴィスとその後継者は、支配地へのカトリックの普及を推し進め、不統一な王国に一定の共通性をもたらすことになる。

ライン上流域においてカトリックの普及に努めたのは、とくにシュトラースブルク（ストラスブール）司教である。六世紀半ば、アルボガストという人物がシュトラースブルクにおけるフランク人最初の司教となった。この時代に、恐らく今日ストラスブール大聖堂が建っているあたりに司教座教会が建てられ、フランク人が定着したハーゲナウの森以北にも修道院が創設されたとされている。アルボガストとその後任らは、フランク人とガロ＝ローマ人の改宗に続いてアレマン人の改宗にも取り組んだが、言語の違いや彼らの防衛意識ゆえには

今日のストラスブール大聖堂

るかに長い年月を要した。彼らの目的が概ね果たされたのは、ようやくメロヴィング朝末期のこととされている。

(三)「エルザス公」の内実

クローヴィスの死後、メロヴィング朝フランク王国は四人の息子のあいだで四分割された。そして七世紀には、分国間の抗争、豪族の台頭、地方貴族による反乱が相次ぎ、王族支配は著しく弱まっていた。たしかに七世紀前半にアウストラシアのダゴベルト一世が一時的に分国の統合を実現したが、弱体化を止めるには至らなかった。この状況を利用して、それまでメロヴィング王権下にあったアレマン人の大公は、王国からの独立を図った。いまやフランク王はライン流域において王国の安全を守る軍事的指導者を必要とし、六四〇年頃に恐らくブルグント出身者に、ライン上流域におけるいくつかの管区(pagus)を委ねた。六九五年の史料には、その中核となる一管区として「パグス・アルサケンシス(pagus Alsacensis)」が挙げられている。

この管区にはエルザスのもととなる名称がついているが、それは左のように、七世紀に執筆された歴史書『フレデガリウス年代記』の六一〇年の箇所にも登場する。

テウデリク［二世］の治世一五年目［六〇九〜六一〇年］、彼がそのもとで育ち、父キルデベルト［二世］の命によって支配していたアレサキオネス(Alesaciones)が、テウデベルト［二世、テウデリクの兄］によって粗野な仕方で侵入された。そこから、これら二人の王のあいだで、フランク人の法廷により決着がつけられるために、ゼルツ域で［裁判を］行うことが決定された。そこにテウデリクは一万人ほどの部隊とともに近づいた。そして他方でテウデベルトは、会戦を欲して、アウストラシア人の訓練された大軍を連れてそこに向かった。そしてテウデリクがテウデベルトの軍隊によって全方位から囲まれたとき、強いられ急き立てられたテウデリクは、大いなる恐怖から、契約の拘束力によってアルサティウス（Alsatius）をテウデベルト側に保証した。[11]

このようにブルグント分国王テウデリク二世は、「アレサキオネス」という人間集団のもとで育ち、その支配を父から任されたものの、兄でアウストラシア分国王のテウデベルト二世との対立のなかで「アルサティウス」と呼ばれる支配地を彼に譲り渡さねばならなかった。この記述から、アルサティウスが現アルザス北部のゼルツを取り巻く地域であることを推測できるものの、その範囲を特定することは困難である。また、アルサティウスがのちにエルザスという名前に変化したことは確かであるが、その語源については一致した見解があるわけではない。たとえば、ケルト語の崖（ヴォージュの急斜面）という説、あるいはこの地を流れるイル川の語源と同じであるという説、さらには外国の地方を意味するという説が存在する。このように不明確なことが多いものの、ここではエルザスのもとになる名称が、七世紀前半には存在したことを確認しておこう。

先ほどブルグント出身者が「パグス・アルサケンシス」を含む諸管区を委ねられたと述べたが、従来の研究はこれを「アルザス公領（duché d'Alsace）」の創設とみなし、アルザスの政治的一体性の始まりを強調してきた。しかし実際には、アルザス公領の創設は同時代の史料によっては実証され得ず、「アルサケンシス公領（ducatus Alsacensis）」という用語が使用されたのは、同管区の担い手のうち最後の者が七四〇年前後に退いてから半世紀以上も経った九世紀のことである。また、彼らが建設にかかわった修道院や居城がライン上流域の各地で確認されており、その影響圏は明確な境界をもたず、ライン両岸に広がっていたこともわかっている。これらの点を確認したうえで、本書ではわかりやすいように前述の諸管区における「人びとの軍事的・行政的・宣教的な責任」[12]を負った者を、「エルザス公」と呼ぶ。

エルザス公としては、ガンドイヌス、ボニファキウス、アダルリクス、アダルベルト、リウトフリトの名が知られており、とくに三代目のアダルリクスはエティション家の祖として有名である。当時メロヴィング朝では、武力により統一を図ろうとするネウストリア（王国西部）の宮宰エブロインが、統一に反対する者たちと激しく対立していた。アダルリクスはそれまで支持していたエブロインと不仲になると、アウストラシア（王国東部）の宮宰、中ピピンの側に付いた。そのため彼はエブロインにより財産没収を宣言されたものの、テルトリーの戦い（六八七年）でピピンの勝利に貢献し、自らの権力を強化することができた。

ほかのエルザス公の軍事的・行政的な活動の詳細は、文字史料がほとんど残されていないために知り得ない。しかし次頁の【地図４】「七～八世紀エルザス公の影響圏」にあるように、彼らは複数の修道院や教会の創設を援助しており、ライン上流域においてキリスト教化を推進したことや大きな影響力をもっていたことがわかる。まず初代のガンドイヌスは、ミュンスター＝グランフェルデン修道院の創設に関する交渉に登場する。彼の役割は、修道士らに開墾すべき土地を与え、そこに平和的に定着するための政治的な保護を与えることであった。二代目のボニファキウスは、恐らく六六〇年頃にヴァイセンブルク修道院、続いてミュンスター修道院の創設にかかわった。ヴォージュの森が開拓され始めたのも、この時期である。三代目のアダルリクスもホーエンブルク修道院を創設したことで有名であり、そこでは彼の娘オディリア（オディール）が初代女子修道院長になった。すでにパグス・アルサケンシスを任されていたアダルリクスの息子アダルベルトが、彼の死後にエルザス公になった。アダルベルトはシュトラースブルクの近くにそびえるケーニヒスホーフェンの居城を建てたほか、七二〇年にこの都市に聖シュテファン（聖エティエンヌ）女子修道院を創設した。その長には、オディリアと同じように、公の親族の一人が就いた。彼の息子で最後の公リウトフリトは、エギスハイムに居を構え、ムルバッハ修道院を創設した。また、ホーエンブルク女子修道院長やニーダーミュンスター女子修道院長には、彼の娘たちが就いた。

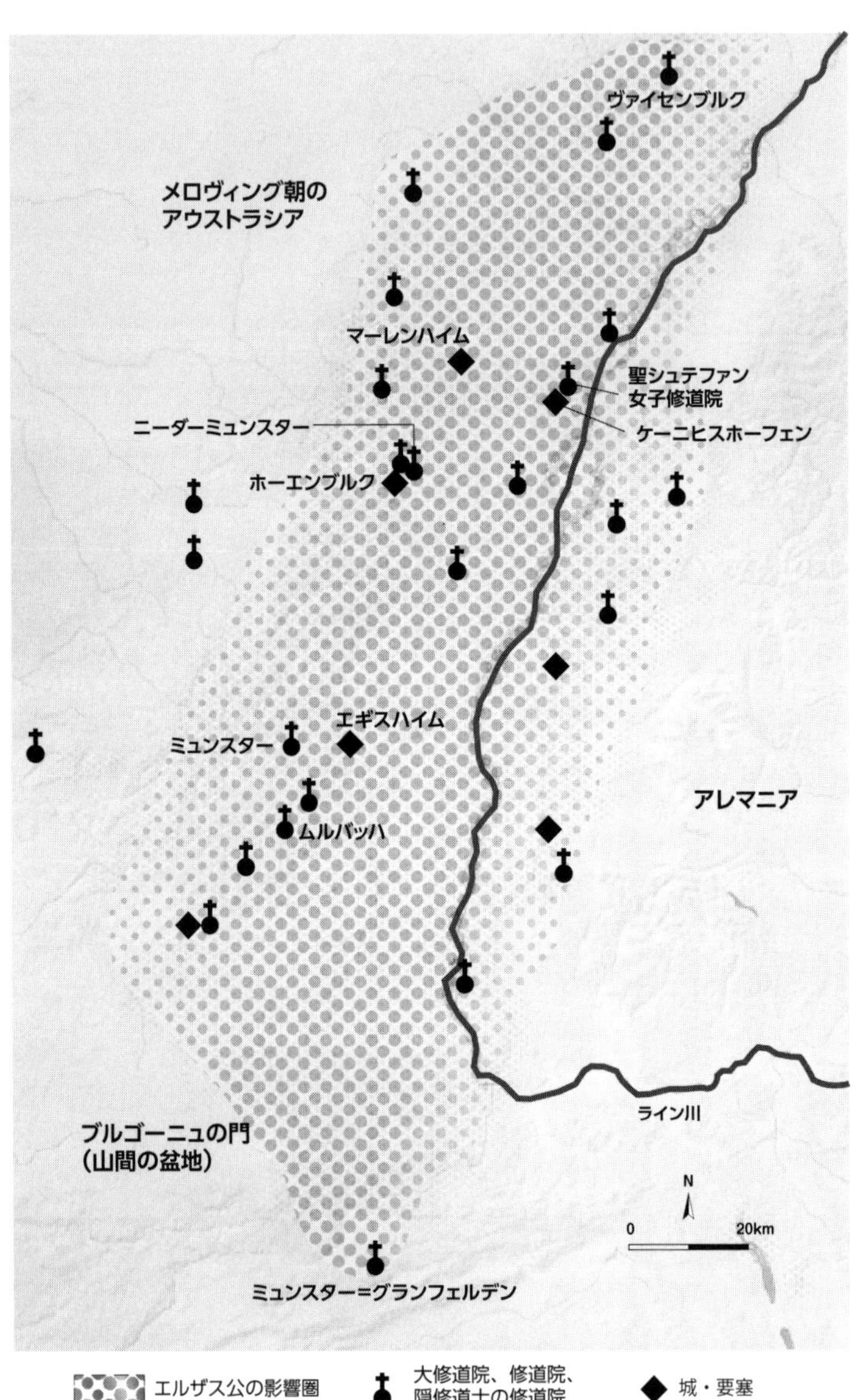

【地図 4】7 ～ 8 世紀エルザス公の影響圏

以上のようにエルザス公は、修道院の創設によりキリスト教化に寄与しただけでなく、高位聖職者の地位に自らの家族や親族を就けることによっても、政治的・宗教的な影響力を高めた。しかしリウトフリトは、アウストラシアの宮宰の権力拡大とともに、恐らく七四〇年頃にエルザス公を退いた。公と宮宰のあいだに軍事的対立はなく、息子のいない前者が、家産の維持と引き換えにこの地位を断念したと考えられている。実際に彼の親族は家産を受け継ぎ、さらにカロリング朝のもとで伯をはじめとする官職に就くことができた。

二　カロリング朝フランク王国の中心部

七世紀から八世紀にかけて、メロヴィング王権は衰退に向かった一方、アウストラシアの宮宰が豪族を従えて権力を掌握し、カロリング朝フランク王国を成立させた。王国の地理的中心部に位置するライン上流域では、ルートヴィヒ敬虔（けいけん）帝の幽閉やシュトラースブルクの誓約など、重要な政治的出来事が繰り広げられた。この地域は、九世紀半ばの帝国分割のなかで一時的にライン川の右岸と左岸で別々の王国に編入されたが、その数十年後には併せて東フランク王国の一部となる。

(一)　メロヴィング朝からカロリング朝へ

大ピピン以来アウストラシアの宮宰に就いていたカロリング家は、彼の孫にあたる中ピピンの時代にほか二つの分国ネウストリアとブルグントの宮宰職も兼ね、全王国の実権を握ることとなった。これらの宮宰職を一手に受け継いだカール・マルテルは、イベリア半島からピレネー山脈を越えて侵入してきたイスラーム勢力に対して七三二年のトゥール・ポワティエ間の戦いで勝利し、自身とカロリング家の地位を不動のものとした。さらに彼の息子にあたる小ピピンは、教皇の支持のもとでメロヴィング朝の王キルデリク三世を廃位し、自らピピン三世として王位に就いた。ここに、カロリング朝フランク王国が成立する。ピピン三世の息子カール一世、すなわちのちのカール大帝は、七六八年の父の死後に弟カールマンと共同で、七七一年の弟の死後は単独で、今日のドイツ、フランス、イタリアに広がる王国を支配した。そして八〇〇年のクリスマスの日、彼はローマの聖ピエトロ大聖堂において教皇レオ三世から帝冠を授けられた。カール大帝の戴冠は「西ローマ帝国の復興」とみなされ、その帝国はキリスト教世界と一体視されたという。

カロリング王権は、メロヴィング朝の統治形態を受け継ぎつつ、支配を強化していった。その基本組織は伯管区であり、王により任免される伯が、地方における軍事、裁判、その他の公的任務を行った。ただし高貴な家門が担っていた伯官職は、カロリング朝の後期にはほぼ世襲されることとなる。ライン上流域に設置された伯官職も、一〇世紀には在地勢力の世襲財となるのだが、そのことは次節で論じることとする。

(二) ルートヴィヒ敬虔帝とライン上流域

カロリング王権は、中世のほかの王権にも見られるように、自ら各地を訪れて統治を行う巡幸王権であった。一つの都から巨大な帝国を支配することは現実的ではなく、王権は各地に姿をあらわすことにより自らの権力と権威を示し、人的結合体を維持していたのである。ライン上流域も巡幸の経路に位置し、主にコルマール、ルファッハ、シュレットシュタット(セレスタ)、エルシュタイン、ケーニヒスホーフェンなどが滞在地となった。とくにカール大帝の息子ルートヴィヒ(敬虔帝)は、ヴォージュ近辺で狩りをすることを好み、父よりも頻繁にこの地を訪れた。九～一〇世紀のライン上流域は、肥沃な土壌を生かした農業やライン川を用いた商業によって経済的繁栄を迎えたが、フランク王国の真ん中あたりに位置するがゆえに重要な政治的舞台にもなった。

たとえば八三三年、ライン左岸の王宮マーレンハイム（36頁【地図４】を参照）において、ルートヴィヒ敬虔帝が息子の裏切りにより幽閉されるという事件が生じた。その遠因は、十数年前に見出せる。八一七年、ルートヴィヒ敬虔帝は「帝国整序令」を布告し、長男ロタール（一世）を共同皇帝、次男ピピンをアキタニア王とし、末子ルートヴィヒ（二世）にはバイエルンの支配権を与えるとしていた。しかし八二三年には、二番目の妻となったヴェルフェン家のユーディトがシャルル（二世）を生み、わが子のために領土の保証を求めた。長男ロタールは、敬虔帝がライン上流域を含む広大な領土をシャルルに与えることに一旦は合意したものの、八三〇年には反旗を翻し、父から帝位を奪った。二人の弟ピピンとルートヴィヒは、長兄の独裁を恐れて父を復位させるが、その三年後には兄ロタールとともに父を欺くことになる。こうして生じたのが、先の事件である。敬虔帝、三人の息子たち、そして敬虔帝妃と彼女の息子シャルルが内紛に決着を付けるために集まった際、息子たちが謀って敬虔帝、妃、シャルルを王宮マーレンハイムに幽閉した。このとき敬虔帝は、またもや長兄を警戒するピピンとルートヴィヒに助けられて復権を果したものの、八四〇年に今度はライン以東全体の支配権を要求する息子ルートヴィヒの反乱に遭い、鎮圧のための進軍中にフランクフルト付近で没した。

この一連の出来事には、ライン上流域の貴族、とりわけ前述のエルザス公アダルリクスの子孫にあたるフーゴ・フォン・トゥールが深く関与していた。彼はカール大帝の治世にコンスタンティノープルに向けた使節団長を務め、八二〇年代には娘イルムガルトをルートヴィヒ敬虔帝の長男ロタールに嫁がせ、戦争では軍事指揮官も務めた。その後何らかの理由により敬虔帝の不興を買い、トゥール伯領と帝国西部にもっていた財を失った。それゆえ彼は、娘婿であるロタールの助言者として、父帝に対する反乱を絶えず促したのであった。

(三) シュトラースブルクの誓約と帝国分割

敬虔帝の死後に長兄ロタール一世が帝国全体を継承するという構想は、弟たちの反対によりあえなく潰えることになる。それぞれバイエルンとネウストリアを本拠地としたルートヴィヒとシャルルは、八四一年に兄の軍を打ち破り、アーヘンに逃れた彼を追った。その途中のシュトラースブルクにおいて、ルートヴィヒとシャルルは八四二年二月に誓いを交わして結束を強め、最終的に兄を敗北させた。これは「シュトラースブルクの誓約」と呼ばれ、兄ロタールとの個別の取引を行わないことを、ルートヴィヒは相手方のロマンス語(原始フランス語)で、シャルルは相手方のドイツ語(ラインフランク語)で誓った。

八四二年六月、ルートヴィヒとシャルルは、ロタールを交えてブルグントのマコンで平和協定を結び、帝国を分割することで合意した。それから一年ほどで、領土、王宮、教会組織、都市などを考慮し、帝国を可能な限り同じ価値の分国に分けるための案が作成された。翌年八月、分割案がヴェルダンで正式に承認された。このヴェルダン条約により、フランク王国の東部はルートヴィヒ(二世)、西部はシャルル(二世)、中部とイタリアはロタール(一世)に属することとなった。その際、ライン上流域の右岸は東王国、左岸は中部王国に編入された。このときまでは同一の伯がライン両岸のいくつかの伯管区を兼ねることがあったが、そうした状況も終わりを迎えた。

中部王国は、八五五年のロタール一世の死に際して三人の息子のあいだで分割され、イタリアと皇帝の称号はその長男、ロタリンギアないしロートリンゲンと呼ばれる部分は次男、ブルグント南部とプロヴァンスは三男が継承した。次男のロタール二世に嫡出の息子がいなかったことは、東王国のルートヴィヒ二世と西王国のシャルル二世による介入を助長した。たとえばルートヴィヒ二世は、八五六年からシュトラースブルク司教とヴァイセンブルク修道院長に特権を与え、ライン左岸に自らの権威を打ち立てようとした。一方でシャルル二世は、八六九年にロタール二世が没すると、ロートリンゲンの貴族の支持のもとで故人の王国と王位を手に入れようとした。しかしルートヴィヒ二世が異議を唱えたため譲歩し、八七〇年のメルセン条約によりロートリンゲンを両者で分けることにした。

ライン上流域はというと、このメルセン条約によりライン両岸が東フランク王国に帰属することになった。また、このときまでにエルザスの伯管区はラントグラーベン（22頁参照）の南北で二分され、南管区はズントガウ、北管区はノルトガウと呼ばれた。

三　ザクセン朝・ザーリアー朝下のズントガウとノルトガウ

カロリング王家の男系が途絶え、一〇世紀にザクセン朝、一一世紀にザーリアー朝が成立した。この時期には、エルザス南部のズントガウ伯と北部のノルトガウ伯の力が強まったが、とりわけ後者のエギスハイム伯家は皇帝との友好関係を築き、その後ろ盾のもとで教皇レオ九世を輩出した。その後に生じた叙任権闘争では、同家は教皇派の急先鋒としてライン上流域の貴族を味方に付け、この地域で皇帝の政策を代表したシュタウフェン家と対峙することになる。この戦いで勝利を収めたシュタウフェン家は、故郷シュヴァーベンに加えてライン左岸でも地歩を固めていくが、ラントグラーフシャフトという新たな制度に一時的に阻まれることとなる。

（一）カロリング朝からザクセン朝へ

東フランク王国は、カロリング王家の血を引く一人の王のもとで、その委託により親族が統治する複数の分国から構成されていた。八七六年のルートヴィヒ二世の死後、長男カールマンと次男ルートヴィヒ三世が相次いで没したため、小さな領国（のちのシュヴァーベン）の支配者であった三男カール三世が東フランク王国全域の支配者となった。しかし八八七年にはカールマンの庶子アルヌルフがカール三世を廃位に追いやり、自ら王となった。そして九〇〇年には息子のルートヴィヒ四世が弱冠七歳にして即位したが、約一〇年後には継嗣を残さず没し、カロリング王家の男系は途絶えるに至った。

そのため東フランク王国を構成する各分国の指導者たちは、当時の王国統治における中心地フランケンを治めていたコンラート家のコンラート一世（位九一一～九一九年）を東フランク王に選出した。しかしアーヘン、ケルン、トリーアを含む重要な分国ロートリンゲンは、コンラートを王として認めず、西フランク王シャルル三世への臣従を誓った。このときズントガウとノルトガウもロートリンゲンと運命を共にし、一時的に西フランク王に帰属した。

コンラートの没後、ザクセンの指導者ハインリヒ（位九一九～九三六年）が、この王国においてフランク族の出身ではない最初の王として、フランク人とザクセン人により選出された。当時の王国はことごとく統合力を失い、とくにバイエルンでは大公アルヌルフを王として分離独立する動きもあるなかで、ハインリヒ一世は歴代の王のような塗油と戴冠の儀礼に基づく神権的君主のモデルから距離を置いた。そして諸分国の首長らの第一人者として、彼らとの水平的な友好関係を結ぼうとした。この基本姿勢が功を奏し、解体に瀕した東フランク王国はゆるやかな再統合に向かうことになる。また前述のロートリンゲンでは、有力者同士が激しく対立するなかで、一部の者がハインリヒ一世に援助を求めた。これにより西フランク王と東フランク王の戦いが生じたが、いずれも勝利を収めることなく、九二一年には休戦協定を結んだ。その後、西フランク王国がカロリング家とロベール家の王位争いによる混乱状態に陥ると、ロートリンゲンの最有力貴族ギゼルベルトが東フランク陣営に鞍替えし、九二五年には分国全体が東フランク王ハインリヒ一世に服属した。このときズントガウとノルトガウも東フランク王国のもとに戻り、以後シュヴァーベン大公領の一部を構成することになる。

ハインリヒ一世は、王国分割を避けるために王位単独継承の原則を導入し、後継者を長子オットーに定めた。九三六年にハインリヒ一世が死去すると、オットーはアーヘンにおいて東フランク王に即位した。そして九五一年、ブルグント王ルドルフ二世の娘で、亡きイタリア王ロタールの未亡人アーデルハイトの援助要請に応じ、イタリア王国の支配権をめぐる紛争に介入した。オットーはアーデルハイトと結婚し、事実上イタリア支配を確立したが、それから約一〇年間イタリアに足を踏み入れることはなかった。彼はこの間、レヒフェルトの戦いでマジャール人に対する勝利を収めるなど、キリスト教ヨーロッパを異教徒の脅威から守ることに努めている。一方のイタリアではベレンガル父子にオットーの宗主権のもとで王としての支配が許されていたが、オットーは彼らがローマ教皇領を侵したとしてローマ遠征に乗り出し、九六二年にローマで教皇から皇帝の冠を授かった。教科書や概説書では「神聖ローマ帝国の始まり」として紹介されるこの出来事は、実際にはそれまで四〇年間空位となっていた皇帝位にオットーが就いたというものである。つまりカール大帝により創始された皇帝権ないし復活した西ローマ皇帝権が、政治権力としては衰退し、一〇世紀の二〇年代には空位となっていたが、オットーの継承によって活力を取り戻したということである。こうして彼は皇帝として、「ローマとローマ教会の保護・支配というカロリング的支配者の伝統的任務」[13]を引き受けた。これ以降、東フランクないしドイツの国王は、ローマ皇帝の地位を獲得することを目指し、また前述の任務を果たそうと努めたために、皇帝位と東フランク＝ドイツ王位は分かちがたく結びつくこととなった。なおドイツ王は「ローマ王」という称号を帯びていたが、そこには同王のイタリアと皇帝権に対する主張があらわれている。

オットー大帝の王国は、大きく分けると王が定期的に巡行して自ら行事・業務を行う地域（ザクセン、フランケン、ロートリンゲン）と、王が大公に統治を委ねてほぼ訪れない地域（バイエルンとシュヴァーベン）から構成されていた。それゆえ王がシュヴァーベン大公領の西端に位置するライン上流域を訪れるのはまれであったが、大帝がアーデルハイトと結婚してブルグントおよびイタリアとの関係を強めたこともあり、ライン上流域は国王巡幸ルートに含まれることになった。また、九六八年に夫から財を受け取ったアーデルハイトは、九九一年にそれを投じてエルザス北部のゼルツに修道院を創設し、九九九年に没するまでそこで余生を送った。

（二）ズントガウ伯とノルトガウ伯

先にカロリング期の伯管区に言及したが、ザクセン朝の時代にはすでに各地の有力者が官職とその支配権を授与され、世襲も許されていた。ズントガウ伯とノルトガウ伯も同様であり、エルザス公のところで紹介したエティション家の女系の子孫が世襲していたと考えられている。

ズントガウ伯には、ライン上流域に侵入したマジャール人に対峙して九二六年に戦死したリウトフリトと恐らくその子孫が就いていた。九七三年と九八六年に同じくリウトフリトという名の伯が史料に登場するが、彼の死去により同家は断絶し、ズントガウ伯位は一一世紀初頭にはハプスブルク家に移った。

一方のノルトガウ伯は、オットー大帝の時代から一一世紀半ばまで、主にエーバーハルトないしフーゴという名前をもつ一族が世襲していた。主要な名前の一つに因んでエーバーハルト家と呼ばれるこの家門は、ギルバーデン城を中心にエルザス北部で大きな影響力をもったほか、エルザス南部、ライン右岸、スイスにも領地を有していた。一〇世紀半ば、オットー大帝はエーバーハルト家のグントラム金満公に対して訴訟を起こし、ライン上流域とスイスのトゥルガウにおける家産を没収しようとした。加えて、ブルグントの入り口に位置する同家の修道院リューダースから彼らを追い立てた。大帝の意図は、イタリアおよびブルグントにつながる戦略上重要なこの地で、貴族家門の勢力を抑えることであったと考えられる。一〇〇〇年頃には、ノルトガウ伯エーバーハルトが若くして没し、エルザス南部のエギスハイム城で暮らしていた弟フーゴ四世が家長となってノルトガウ伯を継いだ。このときから同家は、居城の名にちなんでエギスハイム伯家を名乗り始めた。フーゴ四世とその妻ハイルヴィゲ（ダグスブルク伯家の相続女）が亡くなったとき、長男ゲルハルトがノルトガウ伯位と父方の財産を、次男フーゴ六世が母方の財産を相続したが、一〇三八年にゲルハルトが没するとフーゴ六世がエギスハイム＝ダグスブルク伯家の家長にしてノルトガウ伯となった。

(三) ザーリアー朝とエギスハイム伯家の友好関係

オットー大帝のあと、息子オットー二世、孫オットー三世、そして又甥ハインリヒ二世があとに続いたが、最後の者が死去してザクセン家が途絶えると、一〇二四年にザーリアー家のコンラート二世がドイツ王に選出された。ザーリアー家の本拠地はライン上流沿いのヴォルムスとシュパイアーであったため、ライン上流域はザクセン朝の時代よりも重要な地域となった。実際、ザーリアー家の皇帝たちは、巡幸の際に司教都市バーゼルとシュトラースブルクに複数回滞在している。

ザーリアー家は、かねてよりロートリンゲンの貴族家門との婚姻関係を重視していたが、その親族ネットワークのなかには前述のエギスハイム伯家も含まれていた。とくに同家のブルーノは、皇帝コンラート二世の息子ハインリヒ三世（一〇三九年より国王、一〇四六年より皇帝）にとって、最も信頼のおける人物の一人であった。ブルーノは前述のエギスハイム＝ダグスブルク伯フーゴ六世の弟であり、聖職者になるための教育を五歳からトゥール司教ベルトルトのもとで受け、皇帝コンラート二世の宮廷で仕えたのち、一〇二六年以来トゥール司教として修道院改革に取り組んでいた。皇帝となったハインリヒ三世は、一〇四八年に教皇ダマスス二世が没したとき、このブルーノを次期教皇として選び出した。こうして皇帝に忠実で、改革意識の強いブルーノが、一〇四九年にレオ九世として教皇位に就いた。教皇庁では、すでに教皇クレメンス二世の頃から教会改革が着手されていたが、レオ九世の即位をもって改革教皇権の盛んな時期を迎えることになる。これは「皇帝と教皇、すなわち西方キリスト教世界の聖俗最高権力間の信頼に満ちた共働関係[14]」という性格を帯びていたが、のちに訪れる叙任権闘争の兆しも内包していた。

(四) 叙任権闘争：ライン上流域におけるエギスハイム伯家対シュタウフェン家

叙任権闘争は、一一世紀後半から一二世紀初頭にかけて、神聖ローマ皇帝をはじめとする世俗の支配者とローマ教皇のあいだで、司教や大修道院長などの高位聖職者を叙任する権利をめぐって繰り広げられた闘争である。中世初期には、領主が聖職者の任命権や財産の管理権をもつ私有教会が多く、皇帝にあっては帝国内の高位聖職者の任命権を有していただけでなく、ブルーノの事例で見たように教皇人事にも介入していた。当初の教会改革は聖職売買や聖職者の妻帯を禁じるものであったが、改革の進展とともに俗人叙任までも聖職売買として禁止するようになっていった。とくに一〇七三年に教皇となったグレゴリウス七世は、ローマ教会の首位権と高位聖職者の唯一の叙任権を主張した。これはザーリアー朝の伝統的な立場と真っ向から対峙するものであり、また帝国では司教が政治・行政上の重要な地位を占めていたために、教皇側の主張は皇帝にとって到底受け入れられるものではなかった。

この教皇グレゴリウス七世と対峙した皇帝が、ハインリヒ三世の息子で、一〇五六年にドイツ王となったハインリヒ四世である。彼は前教皇アレクサンデル二世とのあいだにミラノ大司教の選任をめぐる対立を抱えており、教皇との約束をことごとく反故にし、同司教座を宮廷司祭テダルドに授権した。これに対してグレゴリウス七世は、国王の聖職顧問、ならびに聖職売買の罪に問われている司教らを一〇七五年に破門し、彼らとの交渉をハインリヒ四世に禁じた。罪に問われた司教のなかには、シュトラースブルク司教ヴェルナーもいた。彼は一〇六五年に皇帝によってシュトラースブルク司教に任命されたが、これは金銭で官職を買う聖職売買であるとして教皇側から非難されたのである。このときシュトラースブルク司教座聖堂参事会や周囲の修道院は教皇側についたが、ヴェルナー自身は皇帝派を堅持した。

グレゴリウス七世の強硬姿勢に対して、ハインリヒ四世は一〇七六年にヴォルムス宣言を発し、彼を教皇としては認めず、その退位と新教皇の選出を求めた。教皇の側では、ハインリヒ四世に対して国王の職務停止と破門を宣告した。また、ドイツ諸侯の多数派も破門の罪を償うようにハインリヒに求め、一年以内に破門が解かれなかった場合は王として認めないことを伝えた。こうして一〇七七年一月、かの有名な「カノッサの屈辱」が生じた。これは、ハインリヒ四世が厳冬にアルプスを越え、北イタリアのカノッサ城に滞在する教皇を訪ね、雪降るなか裸足の懺悔者として城門の前に立ち、三日後にようやく破門を解いてもらった出来事である。

それにもかかわらず、諸侯の急進派はカノッサの和解を無効とみなし、ハインリヒ四世の罷免を確認したうえ、シュヴァーベン大公ルドルフ・フォン・ラインフェルデンを国王に選出した。こうして互いに正当性を認めない二人の国王が並び立ち、それぞれに統治を試みた。たとえばシュヴァーベン大公位をめぐって、対立国王ルドルフは息子ベルトルトを大公とみなした一方、国王ハインリヒ四世はシュタウフェン家のフリードリヒにシュヴァーベン大公領を授封した。これをもってフリードリヒはシュヴァーベン大公として振る舞い、同じく大公を名乗るベルトルトと対峙しただけでなく、教皇派のエギスハイム伯家との熾烈な戦いを繰り広げることとなる。

エギスハイム伯家は、以前はザーリアー家と親密な関係にあったが、教会改革を主導した教皇レオ九世を輩出した家門として、叙任権闘争における教皇派を鮮明に打ち出していた。とくに同家の家長フーゴ七世は、ライン上流域の貴族を味方につけ、皇帝派に激しく対抗した。一方のシュタウフェン家は、フリードリヒがシュヴァーベン大公として、その弟オットーがシュトラースブルク司教として、ともにこの地域で皇帝ハインリヒ四世の政策を代表し、教皇派に対峙した。この対立ではエギスハイム伯フーゴ七世が優勢にあり、一〇九八年の和約により決着がついたかに見えたが、彼は司教の部屋に迎え入れられたときにオットーの配下によって暗殺された。エギスハイム伯家は、シュタウフェン家の登場と皇帝による同家の優遇によって従来の地位を失いつつあったが、継嗣のいないフーゴ七世の暗殺はその決定打となった。反対に、この戦いで勝利したシュタウフェン家は、故郷シュヴァーベンに加えてライン左岸でも地歩を固めていった。

叙任権闘争の終結は、ハインリヒ四世の息子ハインリヒ五世（一一〇六年より国王、一一一一年より皇帝）によってもたらされた。彼は一一二二年に教皇カリクストゥス二世とヴォルムス協約を締結し、司教と修道院長の叙任権を放棄し、選挙と叙任を帝国内の教会に承認した。その一方で、帝国内の司教および修道院長の選挙への臨席、選挙が紛糾した際の指名、そしてレガリア授与などの諸権利を確保した。

(五) ラントグラーフシャフトの導入

一一二五年、皇帝ハインリヒ五世が嫡子を残すことなく病死し、ザーリアー朝は終わりを迎えた。彼が後事を託したのは、姉アグネスとシュタウフェン家のフリードリヒ一世の息子、シュヴァーベン大公フリードリヒ二世であった。フリードリヒ二世自身も王位継承権を有すると考えていたようだが、国王選挙のための集会において選出されたのは、以前から皇帝ハインリヒ五世に対峙してきたザクセン大公ロタールであった。

このロタール三世は、ライン流域におけるシュタウフェン家の勢力拡大を妨げるために、「ラントグラーフシャフト」という新たな官職を導入した。一一三〇年頃にズントガウ、その数年後にノルトガウにおいて、それほど強力ではない、従って皇帝にとって脅威とはならない家門が選び出され、ラントグラーフに任命された。ラントグラーフは、平和の維持、レガリアの管理、分散した帝国財の行政的な統合などを任務とし、ほかの貴族に対する上級裁判権を付与された。当時この辺りはシュタウフェン家のシュヴァーベン大公権のもとに置かれていたが、ラントグラーフシャフトはその限りではなく、シュタウフェン家の拡張政策に対抗できる余地があった。

このときズントガウのラントグラーフに任命されたのは、ハプスブルク家のヴェルナー二世である。エーバーハルト家のグントラム金満公に由来するといわれるハプスブルク家は、リウトフリトの家系が断絶したことによりズントガウ伯位を手にしていたが、シュタウフェン家に対抗する皇帝の政策のおかげで新たな官職まで獲得することができた。一方ノルトガウでは、エルザスに何ら財をもたないヒューネブルク家がラントグラーフとなった。

ラントグラーフシャフトの導入は一時的に功を奏し、ロタール三世はシュタウフェン家に対してライン流域での支配を強化したが、この状態はまもなく様変わりした。一一三七年に没したロタール三世は、ザクセンとバイエルン両大公領を中心に広い範囲を支配するヴェルフェン家のハインリヒ傲岸公が後継者となることを望んでいたが、実際にはシュタウフェン家のコンラート三世がドイツ王に選挙されたからである。また、自らの勢力拡大に対抗して導入されたラントグラーフシャフトをシュタウフェン家が重用するはずもなく、この官職は帝国諸権利の保証という本来の機能を失っていった。

ラントグラーフシャフトの形骸化は、とくにノルトガウで顕著であった。一一七五年に何らかの理由でゴットフリード・フォン・ヒューネブルクが退いたあと、二〇年間も空位が続いたのである。その後ヒューネブルクの親戚にあたるジークベルト・フォン・フランケンブルク＝ヴェルトがこの職についたが、もはや行政的な役割を果たすことはなく、上級裁判権も一三世紀の過程でますます縮小していった。こうしてノルトガウにおけるラントグラーフシャフトは実質を伴わない名目的な称号となり、それを一四世紀末にシュトラースブルク司教が購入した。これはいつの時点からか「下エルザス方伯」と称されるようになる。他方ズントガウにおけるラントグラーフシャフト、のちの「上エルザス方伯領」は、後述のハプスブルク家の領邦形成に大いに役立つこととなる。

四　シュタウフェン朝と「シュヴァーベンおよびエルザスの大公」

シュタウフェン家は、コンラートがドイツ王に選出された一一三八年以来、二〇年弱の中断を伴って、およそ一世紀のあいだ王位ないし皇帝位を確保した。また同家は一一世紀後半からシュヴァーベン大公位も占めていたが、シュヴァーベンにおける旧家門との競合のなかで、その西方に位置するシュレットシュタットやハーゲナウなどの拠点が重要性を増していった。こうしてシュヴァーベン大公は、シュタウフェン朝の開始とともに「シュヴァーベンおよびエルザスの大公」を名乗るようになる。そして当地域を含めた帝国領政策では、王権に忠実な帝国ミニステリアーレン（家人）が用いられ、数多の帝国都市が築かれた。

（一）シュタウフェン朝の国王・皇帝

シュタウフェン朝初代の国王コンラート三世が没した一一五二年、彼の甥にあたるシュヴァーベン大公フリードリヒ三世がドイツ王に選挙された。彼が「バルバロッサ」（赤ひげ）の名で知られる、フリードリヒ一世である（53頁参照）。このときシュヴァーベン大公位は、コンラートの息子フリードリヒ四世に受け継がれた。

バルバロッサは、対立関係にあったヴェルフェン家をはじめとする諸侯に諸権利を与えつつ、彼らに対するコントロールの維持を目指した。彼はローマ征行により一一五五年に皇帝戴冠を果たすと、翌年にはブルグント伯領（王国）の相続人ベアトリクスと結婚し、イタリアへの重要な通路に位置する同伯領を確保した。その後イタリアを武力で制圧するために遠征を繰り返したが、教皇やロンバルディア都市同盟を構成する北イタリア諸都市の抵抗に遭い、一一六〇年代後半には中断を余儀なくされた。しかしバルバロッサは、まず教皇、次にロンバルディア都市同盟とも和約を結び、両者の協力関係を切り崩すことに成功した。晩年には、自ら十字軍を率いて遠征を行ったが、パレスティナに到着する前に川で溺死し、四〇年ほどの治世に終わりを告げた。

一一九〇年のバルバロッサの死に伴い、すでに一一六九年からドイツ王となっていた息子ハインリヒ六世が統治を引き継いだ。彼は一一六八年にシチリア王の娘コンスタンツェと結婚しており、一一九一年と九四年にそれぞれ皇帝冠とシチリア王冠を手に入れ、帝権と王権を結びつけて「世襲帝国」にすることを企てた。しかし結局この計画は実現せず、一一九七年には病により三二歳の若さでこの世を去った。シュタウフェン家の支持者らはハインリヒ六世の弟でシュヴァーベン大公のフィリップをドイツ王に選挙したが、対抗勢力はヴェルフェン家のオットー四世を対立国王に擁立した。教皇は後者をドイツ王として認め、一二〇九年には皇帝冠を授けたものの、そのイタリア政策を容認できずに反ヴェルフェン派に新たな国王選挙を認めた。こうしてシチリア王位をすでに継承していたハインリヒ六世の息子フリードリヒ二世が、一二一五年にアーヘンで国王に即位した。

フリードリヒ二世は、地中海交易の富が蓄積され始めていた北イタリア、およびこの交易の要に位置するシチリア王国を帝国統治の基礎とし、ドイツから地中海まで広がる大帝国を築こうとした。フリードリヒ二世自身がドイツに滞在したのは九年のみであったが、聖俗諸侯に大幅な特権を与えることにより長男ハインリヒをドイツ王に選挙させ、シュタウフェン家による統治を保証した。一二三〇年代には、自らの意に反して諸侯を蔑ろにしたハインリヒを廃位すると、次男コンラート四世をドイツ王に選出させることで対応した。一方、フリードリヒ二世自ら従事したイタリア政策では教皇と対立し、十字軍遠征の遅延により一二二七年に破門され、翌年の遠征で聖地イェルサレムを回復して一旦は和解するも、一二三九年には再び破門された。さらに一二四五年にリヨン公会議で皇帝の廃位が宣言され、一二五〇年には急病により没し、帝国は「大空位時代」を迎えることとなる。

(二)「シュヴァーベンおよびエルザスの大公」

時代は遡るが、シュタウフェン家がエルザスにあらわれたのは一一世紀後半、フリードリヒ一世（バルバロッサの祖父）がシュヴァーベン大公になった頃からである。

シュヴァーベン大公位をめぐっては、ラインフェルデン家のベルトルトも権利を主張しており、競い合いはおよそ二〇年に及んだ。それが始まった当初のシュタウフェン家は、南ドイツの名門であるラインフェルデン家、ツェーリンゲン家、ヴェルフェン家などに匹敵するような家門ではなかった。しかしザーリアー朝の国王ハインリヒ四世がこれら名門と対峙するなかで、自らに依存する忠実な家臣としてシュタウフェン家を引き立てたのである。フリードリヒは、ハインリヒ四世からシュヴァーベン大公位を受封しただけでなく、彼の娘ア

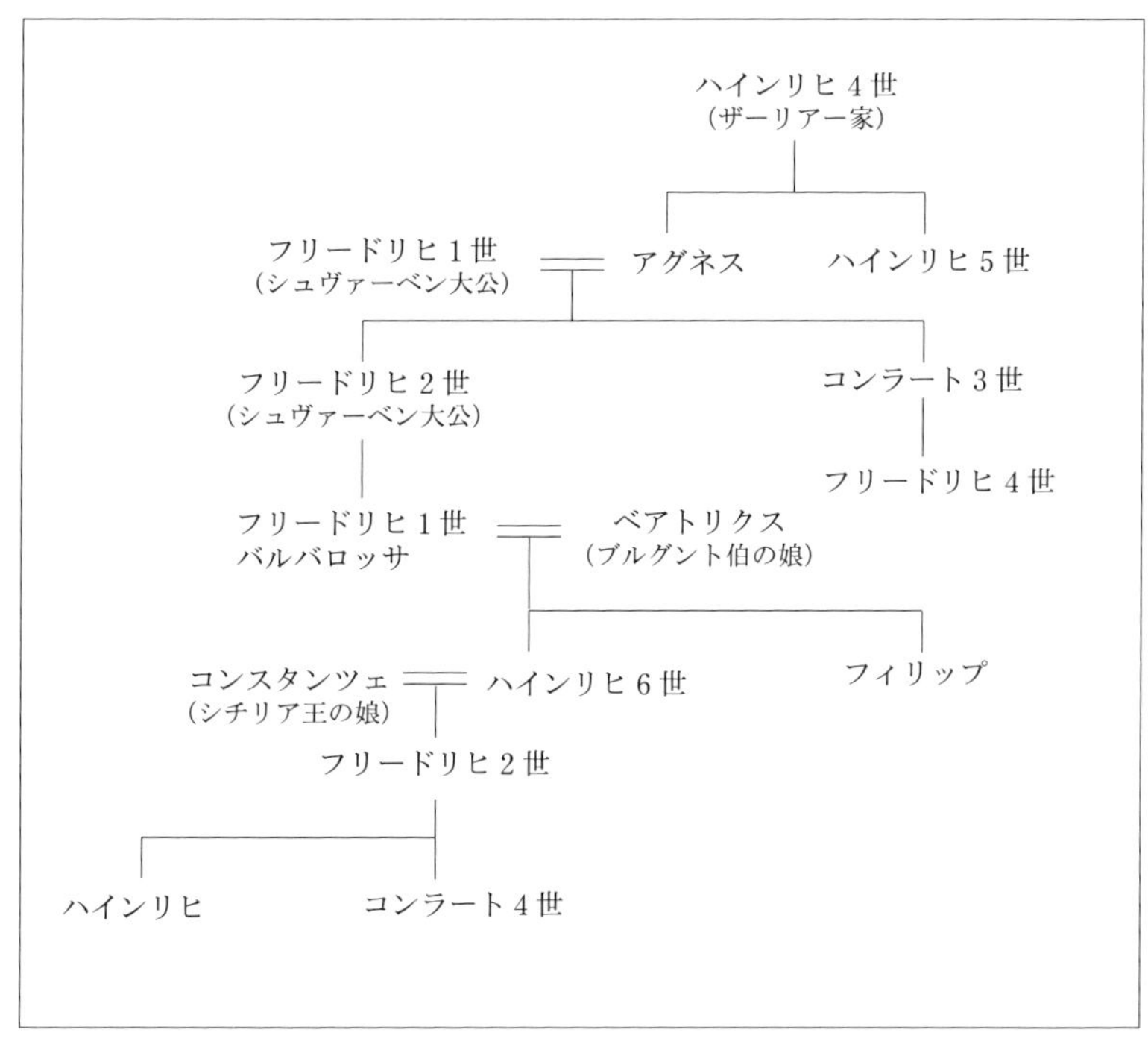

シュタウフェン家の系図

グネスと結婚することにより王家との関係を深め、王位をめぐる争いでも精力的に奉仕した。最終的にフリードリヒ一世は大公として正式に認められたが、シュヴァーベンでは相変わらず強力なライバルであるヴェルフェン家が南東部で、ツェーリンゲン家が南西部で支配権の確立を進めていた。とくに後者はライン右岸のブライスガウに中核的な領地をもっていたが、シュタウフェン家はそれに対峙するかたちでライン左岸の支配を強化しようとした。

この試みのなかで大公フリードリヒ一世が拠点としたのは、母ヒルデガルトがエギスハイム＝ダグスブルク伯家からシュタウフェン家に婚資としてもたらしたエルザス中部のシュレットシュタットである。これに加えて、フリードリヒ一世は北部のヴァイセンブルク修道院の

聖ヴァルブルガ修道院

代官職に就いたほか、アグネスとの結婚により広大なハーゲナウの森を手に入れた。一一〇五年の彼の死後、弱冠一五歳の長男フリードリヒ二世がシュヴァーベン大公となり、ハーゲナウの森を含む家領を受け継いだ。彼は父と同じく王権に忠実な家臣として、一一〇六年から王位に就いたザーリアー朝のハインリヒ五世に仕えた。また君主の領地を守るために、「城の建築家」と呼ばれるほど多くの城をライン上流域に築いた。この大公は、ハインリヒ五世没後にザーリアー家の財産を手にしたが、前述のようにザクセン家のロタール三世が国王に選挙されたために王位に就くことはできなかった。さらにこのロタール三世によって、シュタウフェン家が保持していたザーリアー家領や王領地の多くは奪取され、ライン上流域における支配も弱められた。しかし一一三七年のロタール三世の死は、コンラート三世に王位を、シュタウフェン家にザーリアー家の遺産をもたらした。

以後シュタウフェン家は、シュヴァーベン大公に加えて「エルザス大公」という称号も用いるようになる。一一三九年以降に国王コンラート三世が発行した証書において、兄フリードリヒ二世は「エルザス大公」ないし「シュヴァーベンおよびエルザスの大公」としてあらわれる。またフリードリヒ二世自身も、彼が発行した証書のなかで同様の称号を用いた。一一四七年の彼の没後、息子バルバロッサがシュヴァーベン大公領を受け継いだが、彼も自身の称号にエルザスを含めた。この時代にエルザス大公領は存在しないが、この称号の使用には、競合する在地権力に対して自らが東のシュヴァーベンから西のエルザスまでの支配者であることを強調する意図や効果があったように思われる。

さらにシュヴァーベン大公フリードリヒ二世は、自らの墓所としてシュヴァーベンの中核地域ではなくハーゲナウ付近の聖ヴァルブルガ修道院を選んでおり、ハーゲナウとその周辺はシュタウフェン家にとってもう一つの中核地域をなしたといえる。また彼はハーゲナウに城砦を設けていたが、息子バルバロッサはそれを拡張してハーゲナウ宮を築き、王杖や剣をはじめとする帝国権標ならびに聖遺物を保管させた。バルバロッサは、オディリエンベルク（モン・サン＝トディール）、コルマール、ミュールハウゼンなどにも滞在したが、やはりハーゲナウ宮を最も好んだようである。この城を取り巻く空間は、一一六四年に都市の地位に高められ、広範な特権を付与された。さらにＪ・デンドルファーに従えば、フリードリヒ二世治世下のハーゲナウは、国王が長期滞在する居城ないし都のような働きをしていたようである。[15]

（三）帝国領政策における帝国ミニステリアーレンと帝国都市

シュタウフェン家の国王・皇帝は、とくに一一六〇年代後半から、ドイツにおける「国王ないしはその家系の支配に属する所領・諸権利が集中する広範囲の領域」[16]を形成していった。この政策が最も成功したのは、やはり王権の影響力が伝統的に強い中部ライン・マイン地方、東フランケン地方、そしてシュタウフェン家が大公として治めるシュヴァーベンおよびエルザスであった。この帝国領政策においては、帝国ミニステリアーレンを用いた帝国領の統合・管理や都市の建設・補強などが試みられた。

帝国領政策を担った帝国ミニステリアーレンは、もともと非自由人であるが、高級な勤務に用いられ、一三

カイザースベルク城

世紀には貴族的存在に転化していく。彼らはこうした上昇にもかかわらず、ほかの貴族に対抗するうえで依然として後ろ楯が必要であった。聖俗諸侯も彼らの後ろ盾となったが、より強力な支えと威信を彼らに与えたのは、やはり王権であった。王権にとっても、自らへの依存度が高い彼らは、忠誠を期待できる有用な協力者であった。帝国ミニステリアーレンに委託されたのは帝国領を構成している領土や権利の管理、城の守備などであり、エルザスで最も大きな任務を与えられたのは農民出身のヴェルフェリンであった。彼は皇帝フリードリヒ二世がイタリア政策とシチリア王国統治に専念した一二二〇年代から三〇年代半ばにかけて、皇帝フリードリヒ二世とドイツ王にしてシュヴァーベン大公である息子ハインリヒの名のもとで、ハーゲナウを取り巻く帝国領の管理を任された。彼は精力的に城や市壁の建設・補強などを手掛け、都市の地位向上を促した。しかしこのことは貴族の反感を買った。一二三五年にイタリアから戻ったフリードリヒ二世は、ヴェルフェリンが不正に権力を行使して富を蓄えているという貴族の訴えに応じ、ヴェルフェリンを投獄し、有罪に処したとされている。貴族の訴えは大なり小なり誇張されていると思われるが、帝国領を効果的に管理した帝国ミニステリアーレンは、在地の貴族にとっては好ましくない存在であり、脅威でさえあったことがわかる。

都市や城の建設が盛んに行われたのも、この時期である。ライン上流域では、一二世紀初頭に都市の名に値するものは司教都市シュトラースブルクとバーゼルの二つだけであったとされているが、一三世紀にかけて聖俗諸侯を領主とする領邦都市や国王が建設・補強させた帝国都市が次々にあらわれた。聖俗諸侯に関していえば、彼らは一一世紀以来自らの城のまわりに世襲地、帝国封、さまざまな権利などを集積し、まとまった所領複合体を形成しつつあった。この政策の一環として、小集住地や開拓地に特権を与えて都市を建設し、経済活動の拠点を形成していったのである。また国王の側では、バルバロッサが一一六四年にハーゲナウに都市権を付与したほか、とくにフリードリヒ二世が、帝国領を管理した前述のヴェルフェリンを介して複数の都市の建設・補強を行った。まずはシュタウフェン家の保護のもとで聖フィデス小修道院が治めていたシュレットシュタットが、ヴェルフェリンによって市壁で囲われた。ここではなお小修道院長が一定の権利をもっていたものの、皇帝に属する帝国都市となり、市壁で囲われたことによって軍事的意義も高まった。続いてコルマールでは、パイエルヌ修道院やコンスタンツ司教および聖堂参事会が諸権利を有していたが、シュタウフェン家がそれらを集積し、一二二〇年代にヴェルフェリンにより市壁が建設され、市参事会と皇帝から任命された役人を備える都市となった。シュタウフェン家は、ほかにもミュールハウゼンやミュンスターなど修道院や教会の影響下にあった場所に介入し、市壁で囲んでさまざまな権利を与えた。その後これらの場所は皇帝から自治を認められ、帝国都市となっていく。同じくヴェルフェリンがロートリンゲンからの通行路を監視するために建設したカイザースベルク（皇帝の山）も、一三世紀末に帝国都市となった。こうした都市は、王権に豊富な財源を提供し、領域支配の形成を試みる聖俗諸侯に対する抑止力となり、さらには政治的ネットワークを保証する存在であった。

五　「大空位時代」と「一四世紀の危機」のなかのライン上流域

シュタウフェン朝の終焉とともに、神聖ローマ帝国ではいわゆる「大空位時代」が始まった。シュタウフェン家の断絶は、ライン上流域においては「シュヴァーベンおよびエルザスの大公」の支配の終わりをも意味しており、聖俗諸侯による領邦形成の試みやそれに対する諸都市の抵抗が繰り広げられていく。そうしたなかでも都市は繁栄を続け、自治を強めることができたが、まもなく「一四世紀の危機」とも呼ばれる混乱の時代を迎えることになる。

（一）「大空位時代」における領邦形成の試み

一二五〇年のフリードリヒ二世の死後、息子コンラート四世が一二五四年までドイツ王およびシチリア王として、その後は庶子マンフレートが一二六六年までシチリア王として、さらにコンラート四世の息子コンラーディンが一二六八年までシュヴァーベン大公として、シュタウフェン家の血筋を継承した。しかしドイツにおけるシュタウフェン時代は、事実上フリードリヒ二世の死をもって終わりを告げた。その後は、ドイツ王に選出される者はいても、正規の皇帝として認定されない、いわゆる「大空位時代」を迎えた。このように実質的支配者がドイツに不在の期間は、一二七三年に諸侯たちがハプスブルク家のルドルフを国王＝皇帝に選ぶまで続くこととなる。

シュタウフェン朝の終焉により「シュヴァーベンおよびエルザスの大公」の支配も終わりに向かうと、その後のライン上流域を特徴づけたのは、バルバロッサやフリードリヒ二世のような主役的人物や領土的一体性ではなく、在地の貴族や教会組織、出現しつつある都市、国王ルドルフを輩出することになるハプスブルク家など多様なアクターと彼らが織りなすモザイク状の秩序であった。この様相は、アクターやその相互関係の変化を伴いながらも、一七世紀、さらには部分的に一八世紀までこの地域の特質であり続ける。その意味において一三世紀後半から一四世紀前半は「エルザスの輝かしい世紀[17]」と称されるシュタウフェン朝の一世紀に劣らず、この地域の歴史を特徴づける重要な時代だといえる。

もちろんこの時期、帝国のほかの地域と同様に、ライン上流域においても都市や小貴族を自らの支配に組み込んで広域的な領邦を形成しようとする動きは見られた。たとえばシュトラースブルク司教は、次頁の【地図5】「一二五〇～一二六二年の政治秩序」のように、ライン両岸に広がる比較的大きな司教領をもっていた。神聖ローマ帝国では、司教は「司教区」と呼ばれる教会管区の長であると同時に、「司教領」において世俗支配権を有する領主でもあり、司教座聖堂参事会員からの選挙後に皇帝から司教領を帝国封として授与されることにより聖界諸侯という帝国国制上の地位を得ていた。一二六〇年に司教に選出されたヴァルター・フォン・ゲロルトゼック（位一二六〇～六三年）に至っては、南のルファッハからシュトラースブルクまで続く大きな司教領を築こうとしていたが、その試みはそれまで司教側についていたコルマール、カイザースベルク、さらにはミュールハウゼンの離反を招いた。加えて、シュトラースブルク司教領の代官であったハプスブルク家のルドルフも、司教への奉仕義務にもかかわらず都市の支援に回った。まさに同時期、自立性を高める司教都市シュトラースブルクも司教と対峙していたのだが、同市はルドルフと同盟を結び、一二六二年のオーバーハウスベルゲンの戦いにおいて三〇〇の騎兵と五〇〇〇の歩兵からなる司教軍に勝利を収めた。一二六三年には司教ヴァルターが憤死し、彼のいとこにして、この戦争を都市側で戦ったハインリヒ・フォン・ゲロルトゼック

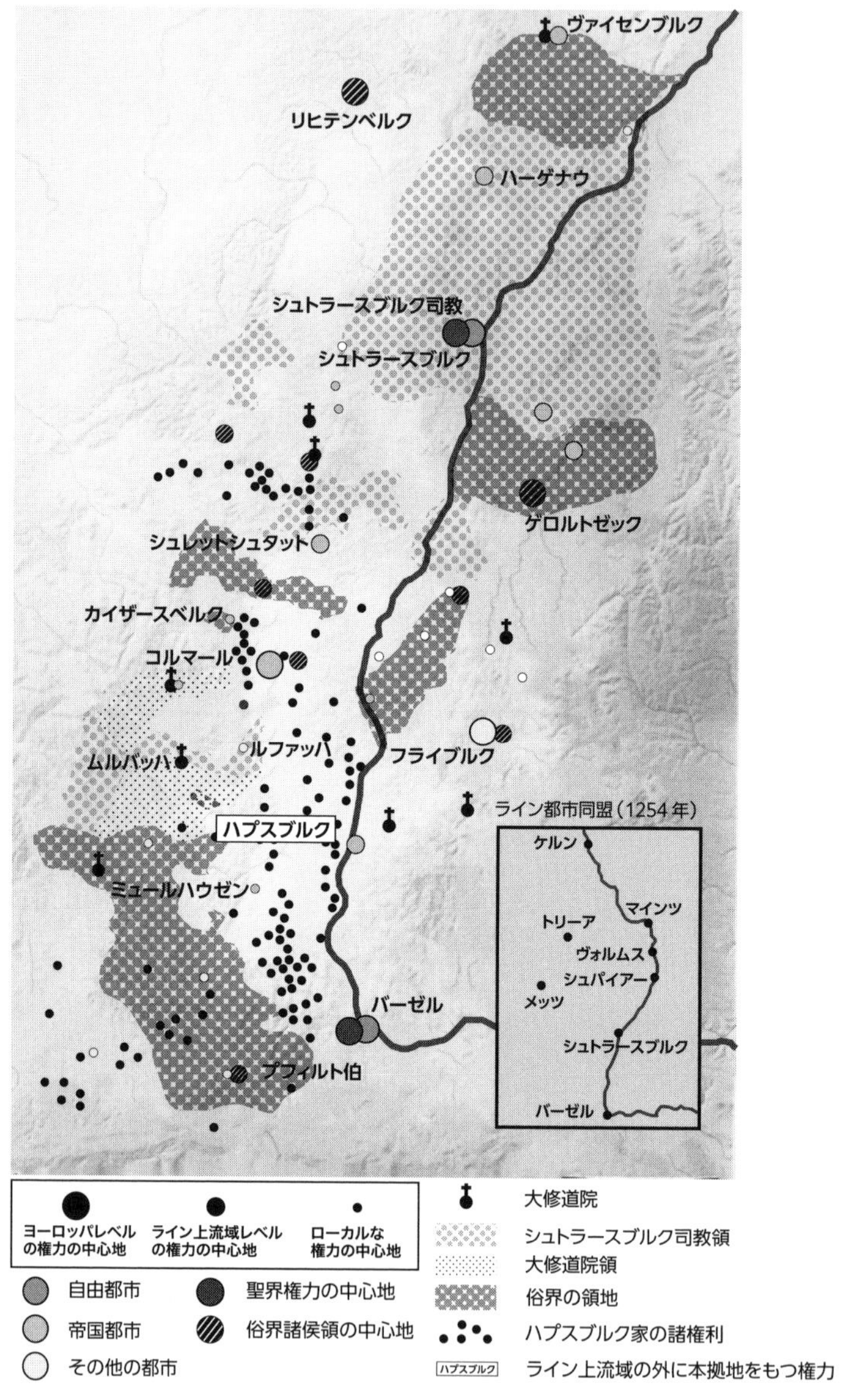

【地図５】1250 ～ 1262 年の政治秩序

が後任司教となり、都市代表との和平を結んだ。司教の教会裁判権はシュトラースブルクにおいて機能し続けた一方で、司教自身はツァーベルンの居城に退き、都市は事実上の「自由都市」となった。

この戦いによって相対的に力を強めたのは、シュトラースブルクをはじめとする諸都市に加えて、それらを支援したハプスブルク家である。同家は司教とは異なりライン上流域に大きな領地を有してはいなかったが、前述のようにズントガウにおけるラントグラーフであり、またムルバッハ修道院領やルファッハ周辺のシュトラースブルク司教領などの代官職を複数手にしていた。同家は【地図5】にあるように、一三世紀半ばの時点では領土的基盤よりも官職や諸権利を集積することによってライン左岸での影響力を高め、家臣や代理の密なネットワークを形成した。さらに一二七三年には同家のルドルフがドイツ王に選出され、東方のオーストリア大公領まで獲得することになる。ただし彼は大公領を長子に与え、自らはバーゼルからマインツまでのライン上流域に重点を置き、伝統的に帝国領の多いドイツ西部と南部を移動しながら帝国統治に取り組んだ。

ルドルフ１世によるコルマールの権利承認の証書（1291年3月26日）

このルドルフ一世は、いわゆる帝国領回収政策によって、シュタウフェン期の状態に回復することを目指した。彼はフリードリヒ二世以前の皇帝および国王が付与した諸特権を諸身分に認めた一方で、大空位時代に彼らに与えられた特権を実質的に取り戻すか、あるいは新たな特権として付与することにより彼らを王権に結び付けた。また、帝国領を管理するために、南西ドイツでは帝国ラントフォークト制度を導入した。ラントフォークトは、ある地理的範囲における国王の代理として、そこで国王がなし得ることすべてを行う権限を与えられており、帝国財と収入の管理、教会・修道院・都市の保護、そして法と平和の維持などを主な任務とした。一二七四年以来、エルザス南部とライン右岸のブライスガウではコンラート＝ヴェルナー・フォン・ハットシュタット、エルザス北部ではクーノ・フォン・ベルクハイムをラントフォークトに任命し、後者にはハーゲナウ市を保護することも委ねた。そして一二八〇年には、ラントフォークトに自身の甥オットー・フォン・オクセンシュタインを任命し、これらの管区全体の管理を任せた。この代官に皇帝ないし国王が付与していったさまざまな権利の集合体のことを、ラントフォークタイと呼ぶ。

さらにルドルフ一世の孫にあたるオーストリア大公アルブレヒト二世は、一三二四年にプフィルト伯ウルリヒ三世が継嗣なく没したあと、その娘ヨハンナと結婚し、エルザス南部の比較的大きなプフィルト伯領（60頁【地図5】を参照）を受け取った。こうしてハプスブルク家は、さまざまな官職や王位に由来する権威、権利、人的ネットワークに加えて、森や鉱山などに恵まれて穀物や葡萄酒などももたらす領土的基盤を手にし、ライン上流域における領邦化の道を歩み出した。

（二）都市の繁栄と自治

ライン上流域に点在する複数の都市は、大空位時代の混乱にもかかわらず経済的な繁栄を続け、自治を強めることができた。その度合いは、皇帝に直属する帝国都市では高く、逆にほかの領主に帰属する領邦都市では低い傾向にあったが、いずれの都市においても市民が固有の印璽（いんじ）や市参事会をもつことが自治確立の重要な一歩であった。

司教都市シュトラースブルクは、一一二九年に国王から市域での裁判権を与えられ、その後の複数の都市法によって自治の歩みを進めていった。これは、周辺に広がる農村から大なり小なり区別された都市機構および権限の範囲が形づくられ、その運営主体が司教から都市民に漸次的に移行していくプロセスである。まず一二世紀半ばに司教が制定した第一都市法は、負担義務を農村とは区別し、司教の財政・軍事上の必要を満たすためのものに変更した。一二〇一年には市民が固有の印璽を作り、市民・司教・皇帝の代理が出席する市参事会の組織も認められた。都市の自治拡大は司教から行き過ぎだとみなされたが、皇帝が司教の苦情に配慮すると、司教も第二都市法（一二〇一年または一二一四年）において譲歩を示した。司教は一定の自治を認めることにより、葡萄酒、穀物、手工業製品などの輸出、ならびにイタリア・フランドル経由での高級品や香辛料の輸入により著しく発展する都市から利益を引き出そうとしたのである。他方で都市はより強固な自治を求めていたようだが、一二四九年の第三都市法ではそれほど大きな変化は見られなかった。両者の対立関係が絶頂に達したのは、前述のオーバーハウスベルゲンの戦い（一二六二年）においてである。その結果は先に見たとおり都市の勝利であり、一二六三年の後任司教との和平により市参事会とその自治権が承認され、市民は司教に対する誠実宣誓の義務から解放された。さらに市民は、都市法改正権、同盟締結権、貨幣鋳造権をはじめ、さまざまな権利を獲得した。都市はなお司教の影響を受けながらも、いまや皇帝に直属する帝国都市となり、さらに皇帝に対する宣誓義務や基本的な財政的・軍事的義務からの自由も認められたため、「自由都市」と呼ばれている。

その他の都市は、シュトラースブルクと肩を並べることはできなかったものの、徐々に類似の特権を手に入れた。たとえばハーゲナウ、シュレットシュタット、ミュールハウゼンでは、一三世紀には市参事会が組織され、都市の政治、司法、行政を担った。都市の自立や繁栄は都市同士の協力に支えられており、一二五〇年にはハーゲナウ、シュレットシュタット、コルマール、カイザースベルク、ミュールハウゼンが、スイスやシュヴァーベンのさまざまな都市と同盟を結び、帝国都市としての資格の維持に努めた。さらに一二五四年には、前年に成立したマインツとヴォルムスの同盟に基づいて一〇年間の相互の平和を目的とするライン都市同盟が結成され、アルプスから北海に至るまでの諸勢力が加わったが、そこにはシュトラースブルク、ヴァイセンブルク、ラウターブルク、ハーゲナウ、シュレットシュタット、コルマールなども含まれていた。このような都市同士あるいは都市とほかの勢力間の同盟は、次節で見るように中世末期に至るまで繰り返し結ばれることとなる。

(三)「一四世紀の危機」

「一四世紀の危機」は、それまでの温暖期が終わった一四世紀に、北半球における寒冷な気候と異常気象が続き、不作や飢饉が各地で生じて人口減少や政治不安がもたらされ、さらには黒死病をはじめとする疫病、農村や都市における民衆暴動、そして百年戦争の長期化などにより社会が混乱した状況のことを指す。何やら地球温暖化が進み、感染症が世界中で猛威を振るい、各地で紛争や戦争が生じているわれわれの時代との類似点も垣間見えるが、ここでは疫病に焦点を当てて当時のライン上流域の様相を見てみよう。

世界史上繰り返し流行したペスト――ペスト菌がネズミに広まり、その血液を吸ったノミが感染し、そのノミが刺咬することによってヒトに感染する病――のうち、一四世紀半ばにヨーロッパを中心として大流行したものは黒死病と呼ばれている。黒死病は中央アジアから発したという説が有力であり、そこから東西南北に拡散し、ヨーロッパへは黒海北岸のクリミア半島に位置するカッファという都市を経由して侵入したと考えられている。ライン上流域には、一三四九年春に西ないし南から侵入し、ライン川を航行する船によって北上していったとされている。都市シュトラースブルクでは夏の数か月にわたって猛威を振るい、都市人口の約一五％（二五〇〇人以上）が失われたようだが、これでも死亡率はほかの都市より低かったという。この黒死病の被害には地域差があり、ヨーロッパ全体でどれほどの人口が失われたのかを正確に知ることはできないが、ある研究者は二五～四五％のあいだ、別の研究者は六二・五％という高い死亡率を示している。(18)

黒死病に起因する不安と恐怖は、ユダヤ人の虐殺にもつながった。ユダヤ人に対する差別や迫害はそれ以前にもあり、カトリック教会は一一世紀にユダヤ人の公職追放やカトリック教徒との共住禁止などを取り決め、さらに一三世紀にはユダヤ人の店での商品の購入さえカトリック教徒に禁じていた。ユダヤ人に残された仕事はとくに金融業であるが、高い利子を取るために反感を買い、何かと攻撃の的となってきた。そうした嫌悪を、黒死病の流行は残忍な迫害に至らしめた。それは地中海沿岸地域を皮切りに一三四八年に始まり、教皇クレメンス六世が迫害の禁止と違反者を破門する旨の大勅書を出したにもかかわらず止まることなく、その波はライン上流域にも押し寄せた。一三四九年一月、都市シュトラースブルク宛てにサヴォワ公領から書簡が送られてきた。それは拷問にかけられたユダヤ人の外科医ベラヴィニらが、泉に毒を投入したと自白した尋問調書であった。ライン上流域の聖界諸侯、貴族、都市の代表はシュトラースブルク司教の都市ベンフェルトに集まって協議し、ユダヤ人の謀略によりペストが生じたと断罪し、都市シュトラースブルクの代表を除いてみなユダヤ人の排除を支持したという。さらにシュトラースブルクにおいても、代表の対応に不満を抱いた市民が同年二月に市長を辞任させて反ユダヤの者を市長に選出し、市内のユダヤ人を捕え、数百人を焼殺した。類似の虐殺はライン両岸の各地で行われ、ほとんどの都市でユダヤ人社会は消滅し、生き残った者は農村に追いやられたという。ユダヤ人は、その数年後には高い課税のもとに都市内部に定着することが許可されたものの、シュトラースブルクのように居住を禁じる都市もあった。

黒死病とユダヤ人の虐殺に続き、一三五六年にはバーゼル付近を震源とする大地震が都市の破壊と周辺地域への大きな打撃をもたらした。また一三五八年と八一年には、再びペストが生存者に襲い掛かった。さらにこの時期、イングランドとフランスのあいだでは百年戦争（一三三七～一四五三年）が展開しており、兵士の失業状態を意味する停戦期には、軍規の乱れた群れがライン上流域に押し寄せた。とくに一三六〇年のブレティニー条約後、シュトラースブルク司教と対立するブラモン伯、リヒテンベルク伯と対峙するジャン・ド・フェネトランジュなどが、戦場を離れた部隊を迎え入れた。しかし十分な見返りが得られなかった兵士らは、一三六三年と七五年に村人や市民を殺し、略奪をはたらいた。

以上のような混乱や危機の時代には、さまざまな問題が噴出したが、相互に協力してそれらを乗り越えようとする動きも盛んになっていった。

六　ライン上流域における多様な結びつき

大空位時代から中世末までのあいだ、ライン上流域ではほかの地域と同様あるいはそれよりも頻繁に、諸勢力が多種多様なアイヌング（盟約）を組織し、平和を互いに守り、集団的に紛争を解決することを試みていた。こうした中世後期の相互ネットワーク的な政治文化を基礎として、近世以降の地域秩序が形成されることとなる。

（一）ラント平和とアイヌング

中世ヨーロッパでは、フェーデと呼ばれる戦闘行為ないし自力救済が権利主張の正当な手段として認められており、紛争解決や生計の維持のために暴力に訴えることが可能であった。こうした社会において、まずは教会がしばしば修道士や民衆を巻き込み、領主層のフェーデを制限しようとした。これを「神の平和」と呼ぶ。それに由来するラント平和は、「一定の暴力犯罪の無条件防止／処罰、当事者の既得権の確認／調整、さらに当事者相互の紛争解決のためのルールの設定を内容とする」[19]ものである。ここで問題となっている「平和」は、いついかなるところでも戦争や紛争がない穏やかな状態ではなく、特定の人や場所に関して、あるいは特定の日や期間にフェーデを禁ずることを意味している。神聖ローマ帝国全体に向けて発せられた最初の帝国ラント平和令は、一一〇三年にマインツで皇帝ハインリヒ四世が公布したものであり、四年間にわたって無防備な場所や人への暴力を禁じ、違反した者に対して刑罰を与えることを定めていた。その後も帝国ラント平和令は繰り返し発布され、関係者はそれに服する義務を誓約した。その実効性を過大評価してはならないが、フェーデの制限・禁止により領域内に平和をもたらそうとする努力のなかで、この「暴力的社会」は徐々に変化を遂げたのである。

自生的に発生したアイヌングも、ラント平和の維持に関係している。これは広義では誓いによって結ばれた団体のことを、狭義では「身分の上で同等のもの同士が、共通の利益や権利をまもるために結成した誓約共同体」[20]のことを指す。実際には、諸都市が諸侯や騎士に対して結集しただけでなく、都市とそれ以外の身分の者たちがアイヌングを組織することも頻繁に見られた。前述の一二五四年に結ばれた「ライン都市同盟」は、大空位時代にラント平和を維持するためにマインツとヴォルムスが主導して結成したアイヌングであり、七〇以上の都市が参加しただけでなく、聖界諸侯や貴族なども加わった。

（二）ライン上流域におけるアイヌング

ライン上流域にはとりわけ都市が密集しており、それらは商業や手工業により繁栄したが、しかし同時に貴族のフェーデや皇帝による質入れなどにより脅かされていた。質入れというのは、皇帝が一都市全体あるいは都市の官職や徴税権などを担保として近隣勢力に預け、債務不履行の場合にはそれらの担保をその勢力に譲渡するものである。都市が領主のものにならずに帝国直属性を維持するためには、しばしば市民自ら担保を買い戻さねばならなかった。こうした状況下で、都市はその時々の目的、たとえば防衛、質の請戻し、自由と特権の維持、紛争解決などのために、ある期間に限ってほかの都市や勢力とアイヌングを結成した。

この地域の多様なアイヌングのなかで、一四世紀半ばには主に二つのグループが浮かび上がる。一つはライン左岸のシュトラースブルクおよびバーゼルと右岸のフライブルクおよびブライザッハの四都市であり、これらは一三四八年に結んだ都市同盟を四九年と五〇年に更新し、五六年に再結成した。また、前者二都市は一三七〇年以降も一四〇七年まで繰り返し都市同盟を結んでおり、後者二都市もしばしば直接的・間接的に関与した。もう一つはより規模の小さいライン左岸の帝国諸都市であり、まずは一三三六年にコルマールやシュレットシュタットをはじめとする六つの帝国都市が、近隣都市カイザースベルクの帝国直属性を守るために共に戦った。一三四二年には七都市が三年間の予定で同盟を結び、一三四六年に再び三年間の予定でそれを更新した。さらに一三五四年には、皇帝カール四世の同盟締結文書により一〇都市の同盟が成立し、これはのちに「十都市同盟（デカポリス／デカポール）」と呼ばれるようになる。

これら二つのグループは、一三八〇年代の広範な都市同盟のなかで、直接的・間接的にかかわり合った。当時あらゆるアイヌング、なかでも都市同盟の結成は、カール四世の「金印勅書」（一三五六年）――主に国王選挙手続きを定め、七人の諸侯を次期皇帝となるドイツ王を選ぶ資格をもつ選帝侯として確認し、のちに帝国基本法とみなされるようになった文書――のなかで、ラント平和に基づかない限りにおいて禁じられていた。国王は自生的に発生した諸々のアイヌングを、自らの関与のもとで帝国に有機的に結び付けようとしていたのである。しかし一三七六年には、この禁止令に反して「シュヴァーベン都市同盟」が結成された。また一三八一年には、「獅子同盟」を名乗る騎士らが都市フランクフルト・アム・マインを攻撃すると、ライン中流・上流域の諸勢力が「ライン都市同盟」を結成し、シュヴァーベン都市同盟と連携して一三八二年に騎士同盟を解散に追い込んだ。カール四世の長男でドイツ王となったヴェンツェルは、一三八三年の帝国ラント平和令により帝国規模でのアイヌングを創設することにより、シュヴァーベン都市同盟とライン都市同盟を解散させようとした。しかしヴェンツェルのアイヌングに参加したのは諸侯のみであり、それとの対立のなかで都市同盟の団結は強まり、一三八八年には諸侯と都市同盟の全面対決に至った。この対決で後者が敗北すると、国王ヴェンツェルはエガーの帝国ラント平和令（一三八九年）により都市同盟の結成を禁じ、これらの同盟を解体させた。

それからしばらく経った一四二〇年代、都市同盟は再び活気づけられることとなる。たとえば一四二二年、ライン両岸の諸都市――シュトラースブルク、バーゼル、シュレットシュタット、コルマール、ミュールハウゼン、テュルクハイム、カイザースベルク、フライブルク、ブライザッハ、ノイエンブルク、エンディンゲン――は、「地域の共通の平和、商人・巡礼者・旅人・商品の自由な往来、そして全住民の安全を保障するために」[21]五年間の同盟を結んだ。この都市同盟は、より具体的には、勢力を拡大させつつあるバーデン辺境伯への防衛を目的としたものであった。というのも、ライン宮中伯（以下、プファルツ伯）と対立する国王ジギスムントがその釣合い重りとしてバーデン辺境伯の協力を必要とし、一四一五年に帝国追放刑に処されたオーストリア大公のライン右岸の領地と権利を、同辺境伯に与えたのである。こうして勢力拡大を図るバーデン辺境伯に対して、ライン上流域の諸都市は共同での防衛を図り、一四二三年にはプファルツ伯とも同盟を結んだ。その後はライン上流域のさまざまなアクターがいずれかの陣営に与して対峙したが、一四二四年にはケルン大司教の調停によって和平が結ばれた。

一五世紀後半には、都市とほかの勢力からなる混合の同盟が、帝国の防衛、平和の保障、帝国等族（皇帝と共に帝国政治を担った諸身分）の自由と特権の維持を掲げていくつか結成された。たとえば、「高地」のスイス盟約者団との対比において「低地連合」と呼ばれる同盟が挙げられる。これは一四七三年に都市シュトラースブルク、バーゼル、コルマール、シュレットシュタットの四都市が提案し、翌年シュトラースブルク司教、バーゼル司教、スイス盟約者団、そしてハプスブルク家のティロル伯ジギスムントを加えて結ばれた同盟である。その締結文書は、一四七一年のレーゲンスブルクの帝国議会において皇帝フリードリヒ三世が公布した帝国ラント平和令を根拠として同盟を正当化している。ただし実際には、その文書に記されていない具体的な目的があった。ブルゴーニュ公への対抗である。

事の発端は、一四六九年にブルゴーニュ公シャルルとティロル伯ジギスムントが結んだサン＝トメール条約に遡る。そこでシャルルは、スイス盟約者団に対抗するための軍事的支援をジギスムントに約束し、その見返りとしてライン上流域のハプスブルク家領の抵当権を獲得した。一時的にブルゴーニュ公に服したこの地域では、同公の代官ペーター・フォン・ハーゲンバッハが、住民側からすると「暴君的」と感じられる統治を行って大きな反感を買った。一四七四年には数年来の敵対心が蜂起を引き起こし、それをスイスとライン上流域の諸都市が支援した。同年五月にはブライザッハ市参事会がハーゲンバッハを逮捕し、同市の市参事会員とライン諸都市の代表らが特別法廷を開いて判決を下し、斬首刑を執行した。先の「低地連合」はこの時期に結ばれたものであり、シャルルに対する共同防衛と彼に質入れされたライン上流域のハプスブルク家領の請戻しを主目的としていた。実際に諸都市は、請戻しの費用として七万六〇〇〇グルデンをティロル伯ジギスムントに提供している。また同じ時期に、スイス盟約者団とジギスムントのあいだの「永久協定」がコンスタンツで結ばれた。こうして対ブルゴーニュでまとまった同盟は、まずは一四七四年一一月にエリクールで戦果をあげた。

一四七六年に反撃に出たシャルルは、スイスのグランソンを攻囲したものの、まもなくスイス軍に奪還され、主要な攻撃対象をスイスからロートリンゲンに変更せざるを得なかった。さらにブルゴーニュ軍は一四七七年一月のナンシーの戦いで撃破され、シャルル自身も戦死した。

シャルル亡きいま、ブルゴーニュ公領はフランス王ルイ一一世により王領に編入された。その一方で、シャルルの唯一の相続女マリはハプスブルク家のマクシミリアン（のちの皇帝マクシミリアン一世）と結婚したため、事実上フランドルやブルグント伯領（ブルゴーニュ公国の東半分）は同家の下に置かれることになった。またシャルルに質入れされていたライン上流域の領土も、再びハプスブルク家のもとに戻った。なお、この戦争中に同盟関係にあったライン上流域の諸勢力とスイス盟約者団は、一四九三年にも一五年間の予定で同盟としての活動を再開している。

以上のように中世後期のライン上流域では、諸勢力がその都度のアイヌングを介して集団での紛争解決を試みていたが、一六世紀になると「エルザス・ラント等族」と呼ばれる地域の結合体や「オーバーライン・クライス」という帝国の一組織が築かれていく。これらは次章で扱うが、ここで見てきた中世後期の相互ネットワーク的な政治文化の延長線上に位置づけられることを予め指摘しておきたい。

(三)　十都市同盟と帝国ラントフォークタイ

先に言及した十都市同盟は、相互ネットワーク的な政治文化の最たるものであるため、ここでやや詳しく取り上げる。

ライン左岸の帝国諸都市は、繰り返しアイヌングを自発的に形成していたが、一三五四年には皇帝カール四世の同盟締結文書（次頁の写真を参照）により正式な同盟となり、皇帝の代官にあたるハーゲナウのラントフォー

十都市同盟成立文書

クト（62頁を参照）の権威下に置かれた。この同盟締結文書は、第三者との訴訟・紛争や一都市内部の騒乱において相互に援助すること、また同盟諸都市間で生じた問題をラントフォークトのもとで解決することなどを定めている。こうした相互の助力と助言を通して、都市と市民の伝統的な権利を守ることが同盟の目的であった。なお締結文書は、この同盟の期間が君主の逝去ないしその一年後までであることを示したうえで、君主はいつでもそれを解散できることも書き添えている。実際にカール四世は、一三七〇年代に金印勅書の規定に反して複数の同盟が組織されるなか、この都市同盟を一三七八年に解散させた。ただし同年にカールが亡くなると、翌年にはミュンスター、カイザースベルク、テュルクハイムを除く七都市が新しい同盟に集結し、北の都市ゼルツを仲間に加えた。これは皇帝やラントフォークトの同意なく、五年間の予定で結ばれたものであり、活動の詳細はほとんど知られていない。またこの同盟は、たとえばライン都市同盟のような諸都市が参加した複数の同盟のうちの一つであり、その連続性や独自性を強調し過ぎてはならないだろう。

一四〇八年に国王ループレヒトは、彼の息子でプファルツ選帝侯のルートヴィヒ三世にハーゲナウのラントフォークタイを質入れした。同盟諸都市は、皇帝・国王に対する誠実宣誓、帝国税の支払い、軍事奉仕、特別税の分担などの義務を、ラントフォークトまたはその代理を介して遂行していたのであるが、こうしたラントフォークタイの質入れや質権者となった家門の利害により、同盟諸都市、ラントフォークト、皇帝・国王の関係は極めて複雑なものとなった。たとえば、同盟諸都市は一四一八年に国王ジギスムントから帝国直属性の保証を取り付けたものの、同年に仲間のゼルツがラントフォークトのプファルツ選帝侯によって併合されるのを妨げられなかった。

同盟諸都市とラントフォークトの関係は、こうした緊張関係のなかで徐々に取り決められていった。たとえば一四二五年には、ある都市とラントフォークトのあいだで紛争が生じた場合にはほかの都市が、同盟全体とラントフォークトの場合には君主が解決に取り組むことが、都市の嘆願に応じて国王ジギスムントにより定められた。もちろん両者の関係は常に対立的であったのではなく、諸都市は安全の確保や商業活動の妨害に対する戦いにおいて、ラントフォークトを保護者ないし協力者として必要とする局面もあった。

一四二〇年以降、同盟諸都市は毎年数回の会議を開いた。そして一四六〇年から一五〇〇年にかけては、一一の議決が出されたことがわかっている。主に会議は地理的中心のシュレットシュタットで開かれ、そこで書類を保管し、その保管庫の鍵を北のハーゲナウと南のコルマールの二都市がもつようになった。会議では承認ないし獲得されるべき特権、支払うべき税や戦時に供給すべき兵力、帝国議会への参加、都市同士の関係や第三者とのあいだに抱えている問題、同盟とその他の勢力との対立など、都市の利害や安全にかかわるさまざまなことが議論された。

この同盟は、あくまで中世後期のライン上流域で組織された数多のアイヌングの一種であるが、恐らく共通の利害やラントフォークトの存在ゆえに、近世にもその結びつきを維持することになった。ただし、そのメンバーは一定ではない。まず一五世紀後半にライン上流域とスイス盟約者団が活動を共にするなかで、エルザス南部の都市ミュールハウゼンはスイスとの関係を強め、一五一五年には十都市同盟を離脱した。代わりにプファルツの都市ランダウが同年に加盟したため、同盟の重心はやや北に移った。この同盟は、後述するエルザス・ラント等族やオーバーライン・クライスとともに、近世のライン上流域とエルザスの政治秩序を特徴づけることとなる。

第3章

近世ドイツ帝国とフランス王国の境界域

一　ライン上流域における人文主義と宗教改革

一五世紀後半から一六世紀にかけてのライン上流域は、比較的平和な時期が続いたことを背景として、経済的な繁栄とともに文芸面での開花によって特徴づけられる。イタリアに始まりこの時期にアルプス以北に広がったルネサンスは、ライン上流域ではとりわけ教育の分野で進展した。また人文主義者たちは、著作のなかで自身の「故郷」についても語ったが、そこにあらわれるのは「統一的なラント意識」ではなく、シュヴァーベン、エルザス、ライン上流域などさまざまであった。同じ頃に始まった宗教改革は、人文主義と結びつきつつ、またライン流域で成立した活版印刷術を利用しながら展開していった。このなかで都市シュトラースブルクは、地域レベルにとどまらず帝国レベルでも重要な役割を果たすことになる。

(一) 人文主義時代の教育と「ラント意識」

人文主義（ヒューマニズム）は、ルネサンス期にギリシア・ローマの古典研究を通して教養を身に付け、人間性を陶冶しようとした思潮のことを指す。ライン上流域では、この動きのなかでシュレットシュタットのラテン語学校やシュトラースブルクのギムナジウムなどが創設され、人文主義教育が施された。

この時代に教育を受けようと思うと、まずは初等教育としてラテン語と七自由学科（文法、修辞、論理、数学、音楽、幾何、天文）のうち最初の三科を数年間学ぶことになる。その後、一般教養課程で約八年間学び、その修了資格を得た者は専門課程である法学・医学・神学の三学部のいずれかに進学することができた。その際、中

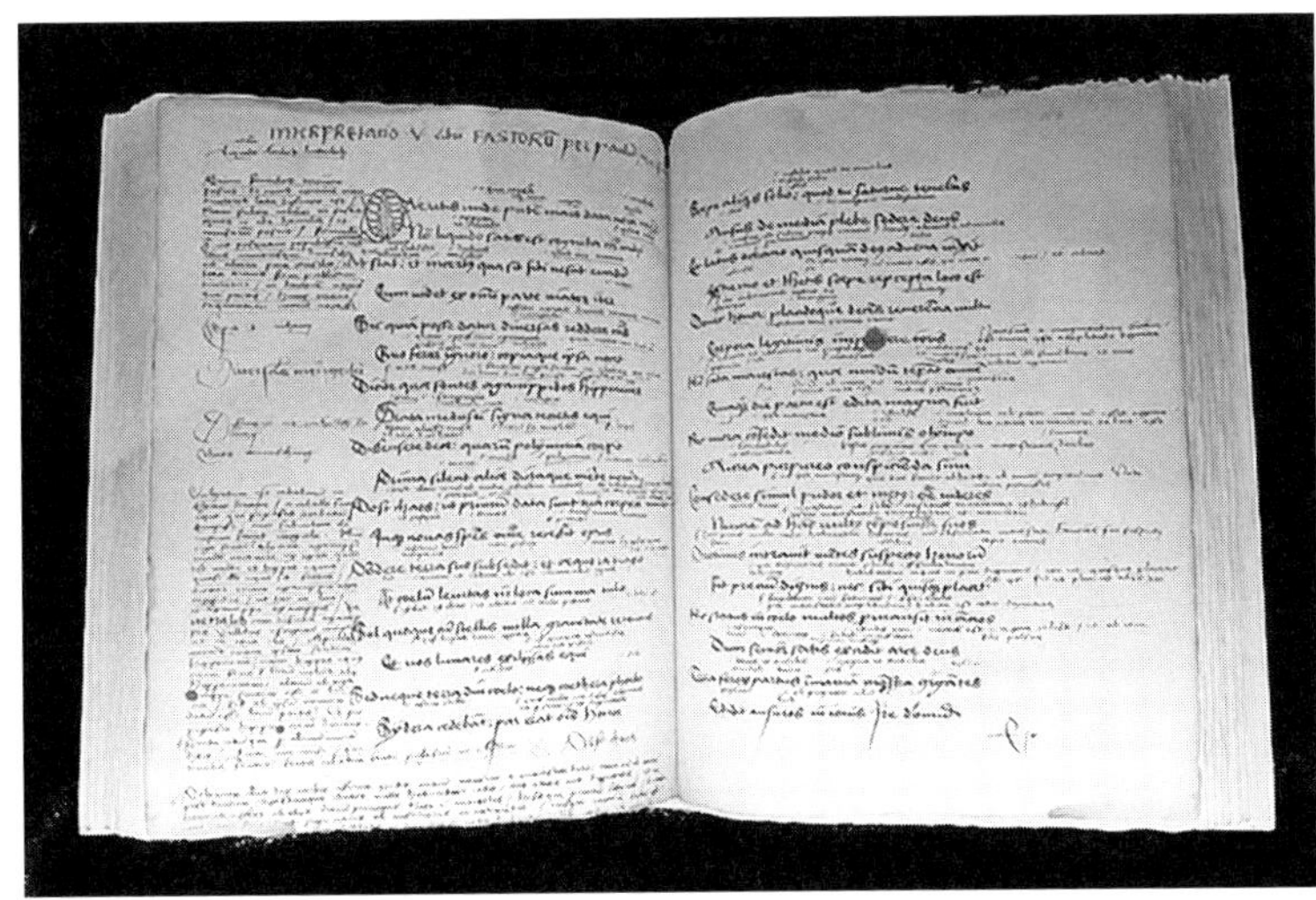

ベアトゥス・レナーヌスのノート（セレスタの人文主義図書館所蔵）

等教育機関がない地域の者たちは、大学併設の一般教養課程で学ぶために幼い頃から現地に赴かねばならなかった。ライン上流域の場合、ハイデルベルク大学、フライブルク・イム・ブライスガウ大学、バーゼル大学などに向かう必要があった。こうした状況で、大学進学前の教育機関として一四四一年に創設されたのがシュレットシュタットのラテン語学校である。この学校は初代校長にヴェストファーレンのルートヴィヒ・ドリンゲンベルクを招き、ラテン語テクストの講読を重視する人文主義教育を提供した。富裕な子弟は六、七歳で入学し、一四、一五歳で卒業して各地の大学に進学した。一方貧しい子弟も通っていたが、入学年齢は一定ではなく、経済的理由から卒業に至らない場合も多かったという。同学校は、エルザス人文主義の第一世代にあたるヤーコプ・ヴィンプフェリンクや第二世代のベアトゥス・レナーヌスによって、また彼らをはじめ多くの教員や卒業生などの寄贈による「シュレットシュタット人文主義図書館」により、超地域的な名声を獲得した。ただしこのラテン語学校は、宗教改革期にはカトリックとプロテスタントの宗派対立に巻き込まれ、さらにはペストの流行や飢饉などの問題も加わり、一五五九年に閉鎖されることとなる。

その間にシュトラースブルクでは、「ギムナジウム」と呼ばれる新たな学校が創設された。ギムナジウムは、教育改革に従事した前述のヴィンプフェリンクが著書『ゲルマニア』（一五〇一年）のなかで自由学芸の習得のために創設を提案したものであり、もともとラテン語学校と大学のあいだの三～五年間を担う教育機関として考えられていた。彼自身がこの構想を形にすることはなかったが、その弟子にしてシュトラースブルク市長のヤーコプ・シュトゥルムが、さまざまな変更や修正を伴って一五三八年に実現した。このギムナジウムは、初代校長ヨハネス・シュトゥルムの提案に基づき、既存の修道院学校やラテン語学校などを統合し、予備クラスから上級クラスまでの九年制の学校として創設された。文芸および神学を講義する上級クラスを備えるこの教育機関は、一五六六年に皇帝マクシミリアン二世によりアカデミー、すなわち学士と修士の学位授与権をもつ高等専門学校に昇格した。

こうした動きを主導したライン上流域の人文主義者のなかには、ヴィンプフェリンクのように「ゲルマニア」（ないしドイツ）を著作のタイトルに掲げる者も少なくなかったが、その比較的多くの紙面が「故郷」の叙述と称賛にあてられていた。人文主義者の「言説」を研究したD・メルテンスによると、彼らが一定のまとまりをもつ「ラント」とみなしたものは多様であり、ライン上流域では一つの「ラント意識」について語ることはできないという。[22] たとえば、自らをシュヴァーベン人にしてドイツ人とみなしていたヨハンネス・ナウクレルスは、故郷シュヴァーベンを称える歴史的・地理的叙述のなかで、それがスエビ族の古代からシュヴァーベン大公の中世盛期を経て大公位消滅後の著者の時代に至るまでライン川を西の境界とする一つのまとまりであるかのように描きだした。こうしたライン右岸を対象とする「シュヴァーベン・パトリオティズム」と対をなしたのが、左岸に関心を集中させたヴィンプフェリンクの「エルザス・パトリオティズム」である。彼は、ガリアはライン川まで広がっていたというカエサルの発言への反論を試みた。そして「エルザスはガリア人ないしフランス人によって統治されたことはない」とし、「エルザスははじめからドイツ史の構成要素である」[23]と主張した。こうした主張の背景にはフランスに対する漠然とした恐れに加えて、一四九九年に皇帝マクシミリアン一世に勝利したスイス盟約者団の具体的な脅威があり、一五〇一年にこれに加盟したバーゼルにエルザス諸都市も続いてドイツから離れるのではないかという指導者層の懸念があった。すなわちヴィンプフェリンクは、現実の政治に対応するかたちでエルザスの統一性とそのドイツへの帰属を強調したのである。このように実際の領土的分散を度外視して一体性を強調された「故郷エルザス」は、「人文主義者によって要求された、つまり思い描かれた一つの共同体[24]」であった。

以上のようなライン右岸のシュヴァーベンと左岸のエルザスという二元的な捉え方に対して、ライン両岸を視野に入れる見方も存在した。たとえばレナーヌスは著書『ゲルマニア史三書』においてアレマン族に注目しつつ、ライン上流域を支配した勢力が時代とともに変化したことを描き出した。また皇帝マクシミリアン一世によって年代記の執筆を委託されたヤーコプ・メンネルは、ハプスブルク家はメロヴィング家に連なる家門であるとし、最初の伯オットーベルトとその子孫は「ハプスブルク、アルテンブルク、キーブルク、ユヒトラント、アールガウ、トゥルガウ、ズントガウ、エルザス、シュヴァルツヴァルトを伴うブライスガウ[25]」、つまりスイス北部からライン上流域を支配下に置いたことを強調した。こうしてライン上流域は「次第にハプスブルク家の祖先や親戚で満たされ[26]」、ライン川によって分断されないハプスブルク王朝の故郷ないし支配地域として描かれた。メンネルの手書きの年代記は、皇帝マクシミリアン一世が亡くなる直前の一五一八年に彼に届けられたが、印刷されることはなかった。それゆえ同書の影響力は限られたものであっただろうが、メンネルないし皇帝のライン上流域のイメージは人文主義者の一部に受け継がれ、さらに後述するハプスブルク家の領邦政策と呼応するものであった。

以上のようにライン上流域では、分析対象を人文主義者に限ってみても、彼らが「ラント」とみなしたものは多様であり、一つの「ラント意識」について語るのは困難だといえる。これはライン上流域の流動性や重層性に由来していると考えられ、どこに力点を置くのかによって言説が変化したのだとみなし得る。したがってここでは、人文主義の時代にエリートの一部が「エルザス意識」を抱いていたことを確認することで十分であろう。

(二) 活版印刷術と宗教改革

ここまで見てきた人文主義やここで取り上げる宗教改革の普及には、ヨハネス・グーテンベルクによる活版印刷技術の確立と印刷業の隆盛が不可欠であったといわれている。

グーテンベルクはマインツの出身であるが、一四三〇年代にシュトラースブルクに移り住み、活字を木製ではなく摩耗しにくい鉛製で鋳造した印刷機を試作した。さらに、亜麻布圧縮機あるいはブドウ絞り機を応用した印刷機を樽屋に製造させていたようだが、工房の火事により本格的な印刷には至らなかった。彼はマインツに戻って印刷機の製作に再挑戦し、一四四五年頃に活版印刷に成功したといわれている。こうした経緯から、活版印刷術がグーテンベルクによってシュトラースブルクで「発明」されたとはいえないだろうが、この都市が一六世紀半ばまで出版業の中心地の一つをなしていたことは間違いない。出版数でいうと、ドイツ語圏ではケルンとニュルンベルクに次いで三番目に多く、ヨーロッパのなかで一〇本の指に数えられた。かつての高額で貴重な筆写本を手にできたのは王族、貴族、高位聖職者など少数の者に限られていたが、活版印刷術の確立と印刷業の隆盛によりその市場は広がった。ジャンルはというと、聖職者を対象とした神学書、ラテン語学校やギムナジウムに通う者たち向けの教育書、医学や法学を専攻する者たちの専門書、そして市民向けの文学作品や宗教啓蒙書など多岐にわたっていた。もちろん当時の識字率は今日とは異なり、たとえ本があってもみなが読めたわけではない。それでも「十六世紀初頭に読み書きができるひとは五パーセント以下だったが、その世紀の終わりになると、都市部では三〇から五〇パーセント近くまで上昇した」[27]という。こうして以前よりは身近になった出版物は、人文主義のみならず、宗教改革を広める情報伝達手段として役立つことになる。

宗教改革が生じた理由は複数あるが、ローマ・カトリック教会による贖宥状の販売とこれに対する批判が、最も重要な理由の一つといわれている。中世カトリック教会には、罪を悔い改め、司祭の前でそれを告白し、贖罪、すなわち巡礼・断食・慈善活動などをすれば赦される仕組みがあった。これが徐々に教会への寄進や献金により代替可能になり、贖宥状販売への道が開かれた。また煉獄への恐怖も、人びとを贖宥状の購入に向かわせた。煉獄は、天国と地獄のあいだにあり、厳しい業火に耐えて罪が浄化されれば天国に昇ることのできるルートだと信じられており、その苦しみを極力減らすことが多くの人の関心事だったのである。こうしたなか、贖宥状の販売を請け負ったドミニコ会修道士ヨハネス・テッツェルは、「煉獄から魂を救い出しなさい！　グルデン金貨が箱のなかでチャリンと音を立てるやいなや 魂は天国に飛びあが

贖宥箱

るのだ」[28]という謳い文句で、贖宥状をあたかも「免罪符」であるかのように販売して回った。当時ザクセン選帝侯領内のヴィッテンベルク大学で聖書学を教えていたルターは、九五か条の論題のなかで、悔い改めによる罪の赦しではなくお札を購入すれば救われるという考えを咎めた。その後の論争において教皇の権威まで批判した彼は、一五二一年に教皇から破門され、さらに皇帝カール五世のヴォルムス勅令により帝国の法的保護外に置くと宣言された。ただし彼はザクセン選帝侯フリードリヒのヴァルトブルク城でかくまわれ、聖書のドイツ語訳に従事することになる。

こうして始まった宗教改革運動は、人文主義の浸透や特権と富をもつ聖職者への懐疑心を背景として、ライン上流域でも大いに広まった。なかでもシュトラースブルクでは、ルターの著作や関連文献が大量に出回り、その教えはマティアス・ツェルをはじめとする説教師らを通して口頭でも流布し、多くの市民の共感を呼んだ。当初は宗教改革に明確な態度を示していなかった市参事会も、一五二二年にはルターとその支持者を風刺したトーマス・ムルナーの『ルター派の大阿呆』を発禁処分とし、押収と焼却を指示した。その後は福音主義の立場をとる市参事会員が多数派をなし、改宗を理由に解任された司祭の復職、修道院財産の接収、聖職者に対する市民権取得の義務付け、ミサと洗礼式のラテン語ではなくドイツ語での実施などを命じ、宗教改革運動を推進した。主に改革を主導したのは、人文主義のところで言及した市参事会員ヤーコプ・シュトゥルム、そして神学者マルティン・ブツァーである。シュレットシュタット出身のブツァーは、ドミニコ会に入ったのちハイデルベルク大学教授となっていたが、ルターの教えに共鳴してカトリックから離反した。彼はシュトラースブルクに逃れ、一五二三年に同市の市民権を獲得し、牧師として、さらには大聖堂説教師として活動した。

こうした宗教改革の動きは、都市部のみならず農村部にも広がった。ライン上流域の農村部では、中世の過程で平和、秩序、法的権利の維持や拡大を目的とする互助的な村落共同体が組織されていたが、それらは一五世紀に領主権の反動的強化や領邦化による自治の抑制、地代・課税といった諸負担、農民層の階層分化による共同体瓦解の危機などに直面した。そして一四九三年、ブントシュー（長い革紐のついた農民靴）と呼ばれる農民一揆の未遂事件をもたらした。首謀者は処刑され、共犯者は追放されたが、これは根本的な解決を意味しなかった。こうして宗教改革期の一五二五年、富農層を中核とする共同体が宗教改革理念ないし反教権主義に基づく農民戦争を組織し、シュトラースブルク司教をはじめとする聖界領主を攻撃する事態となった。すでに近隣のシュヴァーベンでは前年六月からハンス・ミュラー率いる蜂起が福音の名のもとに始まっており、一五二五年三月には「聖俗の権力によって苦しめられていると感じている、その支配下にあるすべての農民と隷農の基本的にして正当なる主要箇条」[29]が作成されていた。この「十二箇条」と呼ばれる要求を参考にしつつ、エルザスの農民団は独自の要求箇条をもたらした。その主な内容は、改革宣教の確保、共同体の権利の保証、税の負担軽減である。このように社会的・経済的な要求と宗教改革思想を結び付けた運動は、四月半ばから五月末にかけて広範に広がり、若干の都市も関与した。農民団は各地の修道院を略奪したのち、五月にはシュトラースブルク司教の居城があるツァーベルンに向かい、無血入城を成し遂げた。これに対して、司教から救援を求められたロートリンゲン公は三万人からなる傭兵軍を送り込んだ。ツァーベルンは包囲され、降伏した農民の多くは殺された。さらに傭兵軍はやや南に位置するマウルスミュンスター修道院を奪回し、シュレットシュタット近くのシェルヴァイラーにて農民団を追撃すると、二二日に撤退した。この過程で、二万五〇〇〇人以上が殺戮されたといわれている。「この心理的外傷は集合的心性に大きな影響を残し、持続的な反ロレーヌ感情を生み出した」[30]ようである。その後も蜂起は散発し、南部では一五二五年の秋頃まで続いたが、こちらも農民団の敗北に終わった。

シュトラースブルクに話を戻すと、一部の市民が農民戦争に参加していたものの、同市は諸侯軍による報復を免れた。また、皇帝カール五世のヨーロッパ政治における困難な状況を背景として帝国ではルター派が黙認されたため、同市もカトリックのミサの廃止に至るまで宗教改革運動を進展させていた。そうしたなかで一五二九年に開催された第二回シュパイアー帝国議会は、ルター派に譲歩した第一回シュパイアー帝国議会の最終決定を無効とし、ルターを異端者として帝国から追放することを定めたヴォルムス勅令の再施行を決めた。このとき福音主義の立場をとる諸身分が抗議（プロテスト）したため、彼らはプロテスタントと呼ばれることとなる。カール五世はというと、長らく対立していたフランスとカンブレ和約を結び、オスマン帝国軍によるウィーン包囲もやり過ごし、ボローニャにてローマ教皇から帝冠を授かると、九年ぶりにドイツに戻って帝国内の宗教分裂を終息させようとした。彼は一五三〇年にアウクスブルクで帝国議会を開催し、プロテスタントにその神学的立場の説明を求めた。これに応じてザクセン選帝侯はメランヒトンがまとめた「アウクスブルク信仰告白」をシュパイアーの抗議者の名において提示したが、そこに含められなかった者たちもいた。シュトラースブルクは、まさにその代表格である。同市は、とくに聖餐（せいさん）――「キリスト者がパンとぶどう酒をもって象徴的に食事を共にすることによってキリストの死と復活を記念する儀礼」(31)――をめぐる議論において多数派と一致せず、独自の信仰告白を作成した。これはほかの複数の都市代表の前で読み上げられたが、最終的にコンスタンツ、メミンゲン、リンダウの三都市のみが署名し、「四都市信仰告白」として帝国議会に提出された。また、チューリッヒで宗教改革に取り組んでいたツヴィングリも、個人の文書として「信仰の弁明」を皇帝に送った。

このうち帝国議会で朗読が許されたのは、「アウクスブルク信仰告白」のみであった。また、複数の信仰告白が提示された結果プロテスタントの分裂が露呈し、最終的にアウクスブルク信仰告白派（いわゆるルター派）も論駁（ろんばく）され、ヴォルムス勅令の執行が一定の猶予期間を伴って決定された。こうした皇帝側の厳しい態度を前に、プロテスタントの諸侯と都市は一致した信仰告白を前提とすることなく同盟を締結し、そこにはシュトラースブルクをはじめ上部ドイツ諸都市も含まれた。このシュマルカルデン同盟の結成により宗教戦争の勃発も予期されたが、カール五世が再び対トルコ（オスマン帝国）と対フランス政策に追われたため、それには至らなかった。皇帝がドイツを離れているあいだ、宗教改革運動はさらなる広がりを見せ、シュマルカルデン同盟の加盟者が増えただけでなく、アウクスブルク信仰告白派と四都市信仰告白の支持者が歩み寄って「ヴィッテンベルク一致信条」が成立した。

この間にシュトラースブルク内部では、ブツァーの主導のもとにカトリックとは異なる固有の教会会議が設立された。また同市は、イタリア、ネーデルラント、イングランド、フランスなど各国において追放ないし抑圧された者たちの亡命先となっていた。とくにカトリックを誹謗する檄文がパリやオルレアンなど各地で張り出された「檄文事件」（一五四三年）のあとには、フランスから多数の亡命者が流入した。カルヴァンもこの迫害を避けてバーゼルに亡命し、その後ジュネーヴで活動するも当局から追放され、一五三八年にブツァーの招きに応じてシュトラースブルクに移ってきた。そして一五四一年まで、亡命フランス人らの牧会を担った。さらに同市には、再洗礼派や神秘主義者など「異端」とされる者たちさえ、一時的にせよ逃れてきていた。

しかしこうした状況も、シュマルカルデン戦争の敗北と仮信条協定の発布を境に大きく変化する。一五四六年二月にプロテスタントの精神的指導者であるルターが没してから約半年後、対フランス戦争を終わらせて周到な準備をしたカール五世は、帝国のプロテスタント勢力に対する戦争を開始し、シュマルカルデン同盟を破った。こうして一五四七年のアウクスブルクの帝国議会で取り決められ、一五四八年に帝国法として制定された「仮信条協定」は、公会議で結論が出るまでプロテスタント側に聖職者の結婚と二種陪餐（一般信徒を含め、聖餐式で聖別されたパンとぶどう酒を共に食すること）を容認しつつも、信仰内容や礼拝形式はカトリックと同じかたちにとどめることを定めた。このときシュトラースブルクをはじめとする南西ドイツのプロテスタント諸都市は、膨大な戦費や賠償金ゆえに重い財政負担を強いられたほか、市政の体制変革も命じられた。市参事会員の選出母体でもあるツンフトは解散を命じられ、都市貴族が市参事会の実権を再び手中にし、門閥政治に向かっていった。またカトリックとの併存を求められただけでなく、ツヴィングリ派、カルヴァン派、再洗礼派などの排除を強いられた。シュトゥルムとブツァーは仮信条協定への署名を拒んでいたが、前者は屈服して受け入れる道を、後者は拒絶してイングランドに亡命する道を選んだ。市参事会としては、シュトラースブルク司教とのあいだに仮信条協定に基づく一〇年間の契約を結び、カトリックのミサを行うために大聖堂といくつかの教会を明け渡した。

ただし仮信条協定は、カトリックとプロテスタント両派の諸侯にとって受け入れがたいものであった。加えてカール五世がシュマルカルデン戦争後に強硬姿勢を強めたこともあり、一五四八年にザクセン選帝侯モーリッツがカール五世を裏切り、カトリックのバイエルン公さえ皇帝に対峙した。こうして始まった諸侯戦争で大敗を喫したカール五世は、自らが王位を有するスペイン王国に退き、帝国政治を弟フェルディナントに委ねた。このフェルディナント一世（一五三一年より国王、五六年より皇帝）は、一五五五年のアウクスブルクの帝国議会においていわゆる「アウクスブルクの宗教平和」を取り決め、信仰対立に起因する利害対立を政治的に調整・妥協させた。そこには「一人の支配者のいるところ、一つの宗教」という原則が浮かび上がるが、これはつまり領民ではなく領主たる諸侯にカトリックかルター派のいずれかを選べる権利を認めるということである。この宗派選択権は帝国都市には与えられず、それまでカトリックとアウクスブルク信仰告白派の二つの宗教が行われてきた場合、今後もその状態が維持されることとなった。これは宗派同権の保障を意図したものではなく、都市内で少数派のカトリックを擁護するためであったといわれている。

ここへ来てシュトラースブルクは、人文主義の精神に根差し、ほかの宗教的思想をある程度容認してきたシュトゥルムやブツァーの時代を終え、ルターの愛弟子で教会会議の長となったヨハネス・マールバッハのもとで厳格なルター主義に向かっていった。たとえば同市は、一五六一年にアウクスブルクの宗教平和に反して大聖堂を取り戻し、カトリックの排除に取り組んだだけでなく、カルヴァン派をはじめとする異なる宗派に対する迫害も行った。

シュトラースブルクの周囲を見渡してみると、ハプスブルク家のズントガウやシュトラースブルク司教領をはじめとする聖界領邦はほぼカトリックにとどまった。そしてトリエント公会議（一五四五〜六三年）のあとには、シュトラースブルク司教がイエズス会とカプチン会との協力のもとで、またハプスブルク家とバーゼル司教がエンジスハイムの主任司祭ヨハン・ラッサーを介して、カトリック教会の刷新に取り組んだ。この過程で一五七九年にエンジスハイム、一五八〇年にモルスハイムに神学校が開校し、将来的に司牧を担う者たちの養成に尽力した。一方ハーナウ＝リヒテンベルク伯をはじめ北部の中小諸勢力は、宗教改革を積極的に取り入れる傾向にあった。帝国都市はというと、一五一五年以来スイス盟約者団に属していたミュールハウゼンが、一五二九年以降バーゼルの宗教改革モデルに従って改革派（カルヴァン派）の都市となっていた。農民戦争において蜂起者を支持したヴァイセンブルクでは、敗北後にカトリックが力を取り戻したものの、一五六〇年代以降はプロテスタント優位となった。ミュンスターでは、司祭の任命をめぐるカトリックとルター派の血みどろの対立の末に、後者が主導権を握った。コルマールは長いあいだ宗教改革と距離を置いていたが、市参事会は修道院との対立のなかで一五七五年頃にルター派を取り入れた。ただしこの動きに従ったのは、主にエリート層であった。ハーゲナウでは、宗教改革の動きが見られたものの、多数派のカトリックがハプスブルク家の助けを借りて主導権を維持した。

二　前部オーストリア、エルザス、オーバーライン

一六世紀から一七世紀にかけてのライン上流域では、各宗派が固有の教義や制度を確立する宗派化と相まってモザイク状の分裂が進んでいくように見える一方で、比較的広範な政治的まとまりも形成されつつあった。まず領邦ないしラントのレベルではとくにハプスブルク家の前部オーストリアが重要であるが、それはライン両岸に広がる領地を基礎としつつ、さまざまな権利、影響力、人的ネットワークなどを組み合わせたものであった。これと関連しつつ、地域のレベルではエルザスの諸権力が「エルザス・ラント等族」という結合体を形づくり、宗派対立を抱えながらもさまざまな問題に共同で取り組んだ。また彼らの多くは、帝国レベルの組織の一つであるオーバーライン・クライスにも包摂されていた。

(一)　前部オーストリア

ハプスブルク家は、もともとエルザス、北スイス、シュヴァーベンなど帝国南西部において権利や領土を集積していたが、一三世紀後半から一四世紀にかけて東部の諸地域とこれらのあいだに位置するティロル伯領やフォアアールベルクを手に入れ、「帝国南部の東西を横断するハプスブルク家の直轄領域形成が現実味を帯びた」[32]。こうしたハプスブルク世襲領は、一五世紀初頭にオーストリア大公領、シュタイアーマルク・ケルンテン・クライン、ティロル・西部所領の三つに分けられたが、われわれが対象とするライン上流域のハプスブルク家領は三つ目に含まれる。そのなかでも、【地図6】に示したエンジスハイムの政庁のもとに置かれた地域を「前

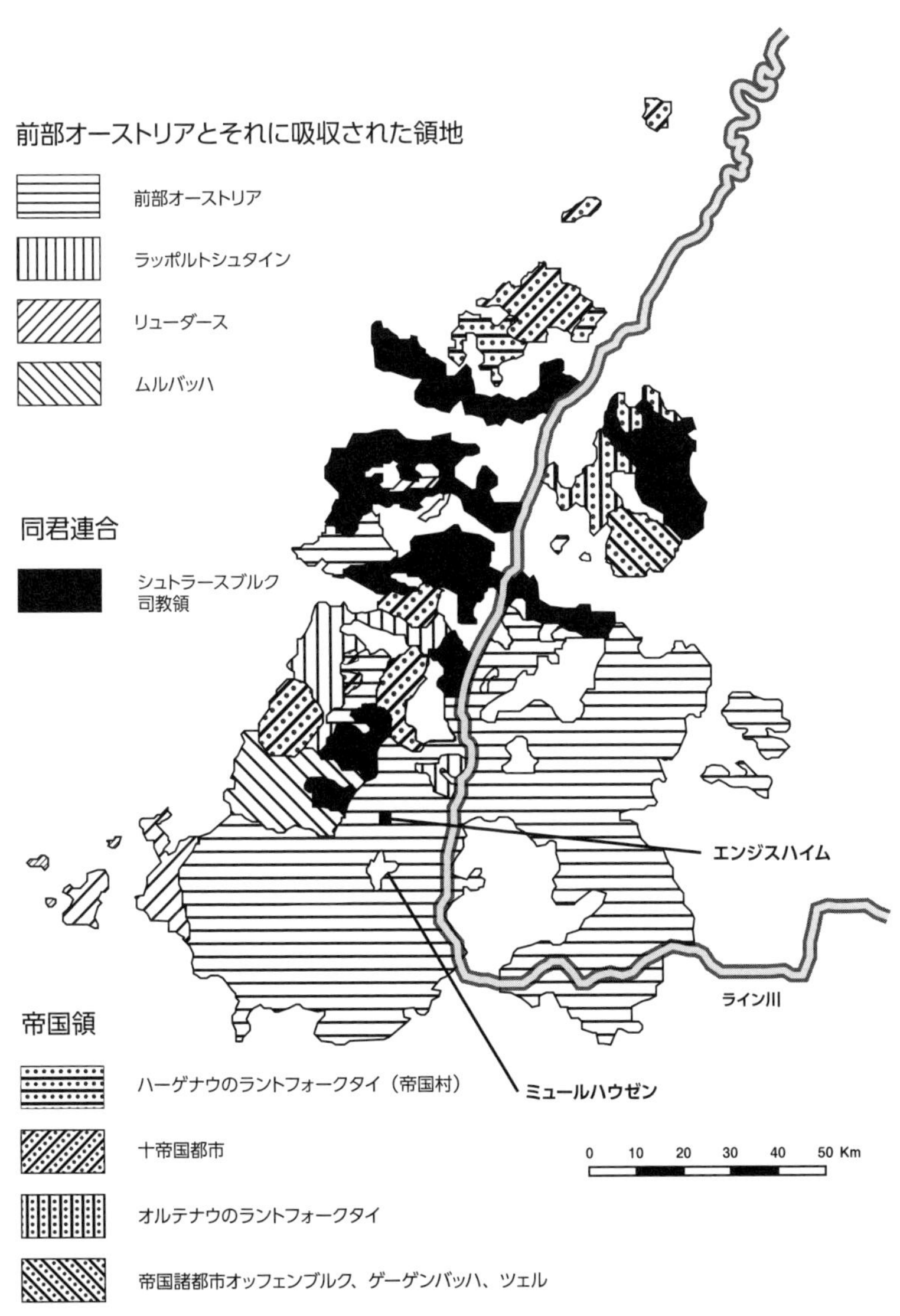

【地図 6】1648 年ライン上流域におけるハプスブルク家

部オーストリア」と呼ぶ。これはライン上流域の南部を中心に広がっていたが、高地ライン沿いに位置する四森林都市やシュヴァルツヴァルトの向こう側に位置するフィリンゲンとブロインリンゲンなども含んでいた。

エンジスハイム政庁は、ティロルのインスブルックにおける中央機関のもとに置かれ、領邦君主であるティロル伯の代理（ラントフォークト）によって代表された。ただしラントフォークトはますます名誉的な地位となり、その代理であるシュタットハルターが実権を握ったが、時として書記長が力をもつこともあった。この政庁は、行政司法当局と財政当局の二つからなる。前者はローカルな行政機関に対する監督官庁として、また村落や都市の裁判所で始まった民事訴訟に対する上訴裁判所として機能した。後者の財政当局は、行政司法当局の傍らで独立した組織をなしており、インスブルックの中央機関に直属していた。また、前部オーストリアの高位聖職者、騎士、その他の等族は、政庁による比較的緩やかな統治のもと、ラント議会において助言と援助を与える代わりに、自らの領地における諸権利と自由を認められた。

前部オーストリアの領域形成の過程では、ラントフォークタイなどを介して、以前の帝国財を獲得することが試みられた。ラントフォークタイは、前述のように大空位時代後に帝国領を管理するために設置されたが、その後は当該地域の貴族に質入れされることも少なくなかった。ライン右岸ではオルテナウのラントフォークタイの質権をフュルステンベルク伯やシュトラースブルク司教が有していたが、一六世紀半ばに皇帝がそれを請け戻し、ハプスブルク家に与えた。ライン左岸では、ハーゲナウのラントフォークタイがプファルツ選帝侯家に質入れされていたが（一四〇八～一五〇四年および一五三〇～五八年）、それを請け戻した皇帝は、やはりハプスブルク家に質入れした（一五〇四～三〇年および一五五八～一六四八年）。ハーゲナウのラントフォークトは、帝国諸都市に対する一定の権利を有しており、一六世紀後半には一時的に市政に介入することもあった。それに対して都市は、都市領主としての皇帝とラントフォークタイの質権者としてのハプスブルク家を区別することにより、後者からの自立性をある程度保つことができていた。このバランスが三十年戦争前夜には崩れ、ラントフォークトの介入が強まっていくこととなる。

さらに前部オーストリアは、周囲の諸勢力を支配下ないし影響下に取り込もうとしたが、一番の狙いはハプスブルク家領が四方を取り囲む帝国都市ミュールハウゼン（89頁【地図6】を参照）であった。同市はもともと十都市同盟の一員であったが、一五〇四年にラントフォークタイの質権がハプスブルク家の手に渡ると、一五〇六年にバーゼルと同盟を結び、一五一五年には十都市同盟を離脱してスイス盟約者団に加盟した。こうしてミュールハウゼンは、ハプスブルク家の領邦都市になることを免れた。他方で同家は、中世以来有するズントガウのラントグラーフシャフトないし「上エルザス方伯領」（48～50頁を参照）を介して、あるいは諸権利の承認と引き換えに、周囲の領主たちを前部オーストリアに結び付けることに成功した。このことは【地図6】にあるように比較的大きな領地を有していた帝国直属のラッポルトシュタインにもあてはまり、一六世紀半ばに前部オーストリアに吸収されていった。一五世紀末に帝国等族として認められたムルバッハおよびリューダースの修道院も、古くからの保護関係の強化によって前部オーストリアに結びつけられ、一六世紀末以降は修道院長の多くがハプスブルク家から輩出された。

以上のように前部オーストリアは、エンジスハイムを中心とする比較的まとまりのある領地を基礎としつつも、一円的な支配領域というよりは、ライン上流域に広がる複数の領土、権利、影響力、そして人的ネットワークの複合体であった。W・H・シュタインが指摘するように、「直接的な領土的アプローチと並んで、インフォーマルな優位を構築する試みも、前部オーストリアの統合政策の目的とみなされねばならない」[33]だろう。この「インフォーマルな優位」という特徴は、次に見るエルザス・ラント等族の諸会議にも読み取ることができる。

(二) エルザス・ラント等族

エルザス・ラント等族（Elsässische Landstände）という結合体は、一六世紀前半に形成された。一般に"Landstände"は、領邦君主のもとで領邦議会への出席資格を有する諸身分、すなわち領邦等族のことを指すが、これは一体性のある領邦を一人の領邦君主が支配することを前提としている。しかしこの定義は、モザイク状の領土的分散が支配的なエルザスにはあてはまらない。この地域では、帝国直属の諸侯、騎士、都市といった地域諸権力が、個々の支配の枠組みを超えて対外的・対内的安全に共同で取り組むために、エルザス北部、エルザス南部、エルザス全体の諸会議で協議を重ねた。これは先に見たラント平和運動に由来していると思われるが、その都度異なる勢力が同盟の締結や更新を行っていた中世後期とは異なり、公示事項担当諸侯の通達のもとに一定のメンバーが右記の諸会議に集い、協議の末に決議を出すようになった。

その契機は、農民反乱に共同で対応する必要性であったと考えられる。前述のように一五世紀末にブントシュー一揆未遂事件が発覚し、首謀者は処刑され、共犯者は追放されたが、シュトラースブルク司教をはじめとする地域諸権力は余燼（よじん）がくすぶっていることに警鐘を鳴らしていた。一五〇二年四月には、前部オーストリア、プファルツ伯、シュトラースブルク司教、十都市、その他の地域諸権力がシュレットシュタットに集まり、農民反乱への対処について話し合った。

こうした集会は一五一五年頃に繰り返し開かれるようになったが、このときのイニシアティブは地域諸権力というよりも、皇帝マクシミリアン一世とその代官にあたるハーゲナウのラントフォークトにあった。きっかけは、ロートリンゲン公と訴訟中のヴィントシュタイン城主バルタザール・フォン・エンディンゲンが、ハーゲナウ付近でロートリンゲンの商人から積み荷を奪うという平和破壊事件を起こしたことである。神聖ローマ帝国では、一四九五年にヴォルムス帝国議会において永久ラント平和令が制定され、帝国内でのフェーデを禁じ、訴訟手続きによる紛争解決のみを認めていた。したがってエンディンゲンの行為は、永久ラント平和令への違反に該当した。この紛争は帝国最高法院の仲裁により終結するかに思われたが、今度はロートリンゲン公が一五一五年にヴィントシュタイン城に急襲を仕掛けた。こうした裁判での紛争解決に反するロートリンゲン公の行為は、皇帝ないし帝国に対する侮辱だと認識された。そこでハーゲナウのラントフォークトは周辺の地域諸勢力を召集し、戦闘が生じた場合の対応について話し合いを重ね、防衛すべき場所や兵力の分担などを取り決めたのである。この集会はハーゲナウのラントフォークトが主導し、主にエルザス北部の等族により行われたものであり、一般に「下エルザス会議」と呼ばれている。

以上のように領内の秩序維持と対外的な防衛のために始まった下エルザス会議は、一五二五年の農民戦争における蜂起者の計画的な行動を目の当りにすると、再発防止のために穀物・食肉の価格統制や公安に関する全般的な取り決めに着手した。一五三〇年までラントフォークタイはハプスブルク家の皇帝により同家に委ねられており、この会議も皇帝の代理によって開催されていたといえる。しかしその後ラントフォークタイはプファルツ選帝侯家に質入れされ、質権者の代理が会議を召集するようになった。その正当性が問題視されるなか、シュトラースブルク司教が等族のなかの第一人者として頭角をあらわし、近隣勢力の求めに応じて、また近隣勢力との合意のもとに会議を開くようになった。それに伴い、開催地もラントフォークトの拠点であるハーゲナウからシュトラースブルク司教都市モルスハイムに、さらには交通の要衝である自由都市シュトラースブルクに移された。下エルザス会議は、G・ビショッフに従えば、一五一〇年代から一六八〇年代にかけて計一三八回開催された[34]。

「全エルザス会議」は、地域の防衛について話し合うために、恐らく下エルザス会議に南部の等族が加わるかたちで、一五二八年にはじめて行われた。このときはラントフォークトによる召集のもとハーゲナウで行われたが、一五三七年以降はエンジスハイム政庁またはシュトラースブルク司教の召集のもと、シュレットシュタットまたはシュトラースブルクで開催された。開催頻度は下エルザス会議に劣るものの、一六一六年までの約一〇〇年間で計五三回行われている。等族はたいてい自ら参加するのではなく使節を派遣したが、F・W・ミュラーによれば、使節は基本的に以下の順序で着席した。

①エンジスハイム政庁、②ハーゲナウのラントフォークタイ、③シュトラースブルク司教、④〔同司教座〕聖堂参事会、⑤ヴュルテンベルク公、⑥ハーナウ＝リヒテンベルク伯、⑦ライニンゲン＝ダグスブルク伯、⑧ライニンゲン＝ヴェスターブルク伯、⑨リュッツェルシュタイン伯、⑩フレッケンシュタインのフライヘル〔自由人たる貴族〕、⑪ラッポルトシュタイン領主、⑫バール領主、⑬ヴァイラータール領主、⑭マウルスミュンスター修道院のマルク〔長〕、⑮シュトラースブルクにおける聖シュテファン女子修道院長、⑯ムルバッハ修道院〔長〕（⑮と⑯は散発的にすぎない）、⑰都市シュトラースブルク、⑱下エルザスの騎士身分、⑲～㉘十帝国都市ハーゲナウ、コルマール、シュレットシュタット、ヴァイセンブルク、ランダウ、オーバーエンハイム、カイザースベルク、ロスハイム、ミュンスターそしてテュルクハイム[35]

この会議には、帝国議会や次に扱う帝国クライス会議には参加しなかった諸勢力、たとえば帝国騎士や前部オーストリアの領邦等族となったラッポルトシュタイン領主なども含まれていた。またその議題は、「（一）公安の維持、対外的危険の回避、（二）公安・秩序維持のための財政・軍事、（三）経済・金融・司法面に関する規則発布、（四）乞食・浮浪者対策、（五）飲酒・祝祭における奢侈規則、（六）小麦・食肉価格の公定、（七）日雇いや職人の賃金決定、（八）度量衡・通貨の統一（ただしこれは計画倒れに終わった）など[36]」であった。

「上エルザス会議」は、エンジスハイム政庁のもとで行われた前部オーストリアのラント議会と密接に結びついていた。この議会には周辺の帝国直属身分が招かれる場合も少なくなかったため、上エルザス会議の始まりを特定することは困難である。ただしビショッフに従えば、一五三〇年代から一六二〇年代にかけて計四八回開催されたという。[37] ここには、全エルザス会議のリストには載っていなかったバーゼル司教および聖堂参事会も定期的に出席し、時には都市バーゼルも使節を派遣したという。

以上のようなエルザス・ラント等族という結合体は、領土的分散が支配的なエルザスに、一定のまとまりをもたらしたと考えられる。またそこには、ハプスブルク家の影響力も見て取れる。同家は一五三〇年までハーゲナウのラントフォークトとして下エルザス会議を召集し、一五三〇年代以降は前部オーストリアのラント議会と上エルザス会議を結び付け、帝国直属者も含めて近隣諸勢力を政庁のもとに召集した。さらにシュトラースブルク司教がハプスブルク家から輩出された一六〇七年以降は、上エルザス、下エルザス、全エルザスのすべての会議を同家の者が召集することになり、この地域における優位は明白になったといえる。加えて同家は、これらの会議にライン右岸の等族まで招くことがあり、その範囲をライン上流域に広げようとしていたとも考えられる。

(三)　オーバーライン・クライス

前部オーストリアやエルザス・ラント等族よりも広い範囲をカバーするものとして、帝国クライスがある。前部オーストリアがオーストリア・クライスに含まれた一方で、エルザスのほかの帝国等族はオーバーライン・クライスに属した。

帝国クライスは、ラント平和の維持をはじめとする任務のために、ベーメンを除く神聖ローマ帝国内を十の地域に分け、同一地域に属する帝国等族を結び付けたものである。クライスの設置は、一五世紀初頭から一六世紀半ばにかけて行われた帝国改造のなかで、主に皇帝・国王の側から繰り返し提案された。一五〇〇年には、国王に代わって帝国等族の代表が運営する行政上の最高機関として帝国統治院が設置され、その参議官を選出するための地理的区分として六つのクライス（フランケン、バイエルン、シュヴァーベン、ヴェストファーレン、ニーダーザクセン、オーバーライン）が設けられたものの、この統治院は早くも一五〇二年に解散した。その後クライスは一五〇七年に帝国最高法院の陪席判事を選出する単位となり、一五一二年には新たに四つのクライス（オーストリア、ブルグント、クールライン、オーバーザクセン）が設置され、ここに「ラント平和の維持」という任務を与えられた。さらに一五三〇年以降、クライスはオスマン帝国のヨーロッパ侵攻に対する「防衛」という文脈において、帝国軍の徴集や帝国税の徴収という任務を帯びた。皇帝・国王主導で展開してきたクライスであるが、次第に自律的な活動を見せ、一五五五年の帝国執行令により帝国の執行機関として整備された。基本的に各クライスは、ラント平和の維持・執行の軍事指揮官である長官一名、その補佐官数名、そしてクライス会議の通達と皇帝・帝国議会からの諸通知を伝える公示事項担当諸侯により率いられていた。各クライスには、そこに属するすべての等族によるクライス会議があり、評決に際しては各等族が一票ずつ投じる仕組みになっていた。それゆえ、面積と人口の点で大きな聖俗諸侯が少数派となり、弱小の帝国等族の利害が促進される可能性があった。

オーバーライン・クライスは、サヴォワからエルザスを通ってヘッセンまで南北に点々と連なるクライスであり、一五三二年の段階で七二名の等族により構成されていた。そのメンバーは四つのグループ、すなわち聖界諸侯と高位聖職者（二〇名）、俗界諸侯（八名）、伯と領主（二二名）、そして帝国都市（二二名）に分けられる。基本的に一つ目のグループのうちヴォルムス司教が第一の公示事項担当を、二つ目のうちプファルツ伯が第二の公示事項担当を担った。クライス長官には、すべての俗界諸侯がその職を断ったために、三つ目のゾルムス伯が選ばれた。ほかのクライスでは世俗の公示事項担当諸侯が長官を兼ね、運営の中心となることが多かったが、オーバーライン・クライスの長官に何より求められたのは軍事的な専門家としての役割であったと思われる。一五九二年には俗界の公示事項担当諸侯であるプファルツ＝ジンメルン公ライヒャルトが長官を兼ねることとなったが、ヴォルムス司教の優位が保たれたために、一極集中にはならなかった。クライス会議は通常ヴォルムスで開催されたが、シュパイアーやフランクフルトで行われる場合もあった。

このクライスは、一六世紀から一七世紀にかけて主に二つの点で大きな試練を経験した。一点目は、少なからぬメンバーの離脱ないし不参加である。クライスへの無関心、過大な財政負担の回避、あるいは帝国からの離脱などの理由から、三十年戦争が始まる一六一八年までにメンバーの半数近くがオーバーライン・クライスから遠ざかった。たとえば聖界ではブザンソン、ジュネーヴ、ローザンヌ、メッツ、トゥール、ヴェルダンの諸司教、俗界ではロートリンゲン公やサヴォワ公などが挙げられる。クライスの役割の一つは対トルコ戦争における帝国援助の提供であり、一五三二年にはクライス全体で一万八五六九グルデンが割り当てられていたが、先に挙げたロートリンゲン公とサヴォワ公は併せて三〇四四グルデンを分担することになっていた。このように分担額の大きい帝国等族がクライスから距離を置くことにより、同クライスの支払い能力は著しく損なわれたといえる。また、このような等族はクライスの西・南に多かったため、クライスの重点は東・北に移っていった。

二点目は宗派対立であり、これはオーバーライン・クライスを繰り返し麻痺させた。その典型的な事例の一つが、シュトラースブルク司教戦争（一五九二―一六〇四年）とそれをめぐるクライス内部の対立である。一五九二年にカトリックのシュトラースブルク司教ヨハン・フォン・マンダーシャイドが亡くなったとき、司教を選出する母体である司教座聖堂参事会の多数派を占めていたのはプロテスタント側であった。しかし彼らは、少数派のカトリック側が聖堂参事会に迎え入れたカール・フォン・ロートリンゲンの影響力を憂慮していた。というのもカールは亡きフランスの母后カトリーヌ・ド・メディシスの孫、ロートリンゲン公カール三世の次男、バイエルン選帝侯ヴィルヘルム五世の義甥であり、カトリックの強力かつ広範な親戚ネットワークをもち、さらにメッツ司教でもあったからである。この状況でプロテスタントの聖堂参事会員は、ルター派の都市シュトラースブルクを味方に付け、ブランデンブルク選帝侯の孫にあたるヨハン・ゲオルクを後任司教、正しくは世俗財産の管理者に選出した。ヨハン・ゲオルクは、兄のヨハン・ジギスムントとともに一五八八年からシュトラースブルクに学びに来ていたプロテスタントの神学生であり、当時まだ一五歳であったが、この選択にはブランデンブルク選帝侯やほかのプロテスタント勢力を味方に付ける狙いがあったといえる。なかでもライン左岸に飛び地をもち、ロートリンゲン公と敵対していたヴュルテンベルク公は、若きヨハン・ゲオルクの地位を安定させるために多額の費用を用立てた。その見返りは、六歳の息子への司教座聖堂参事会員職の確保であった。これらの画策に対して、カトリックの聖堂参事会員は当時二五歳であった前述のカールを後任司教として選出した。その後はプロテスタント側とカトリック側の武力対立となり、一六〇四年に前者のヨハン・ゲオルクが司教位を断念するまで続いた。

こうした二重選挙は、シュトラースブルク司教がオーバーライン・クライスに議席と票を有していたがために、どちらの候補をメンバーとして受け入れるのかという問題をこのクライスに突き付けた。クライスの正式メンバーとしてはヨハン・ゲオルクの方がプロテスタント等族の支持で承認されたものの、カトリックの等族はそれを認めようとはせず、公示事項担当諸侯であるヴォルムス司教がカールを差し当たりメッツ司教として会議に招いた。さらにカトリックの等族は、聖職者の指揮のもとに議場をあとにすることで抗議の意を示した。これに対し、ほぼプロテスタントの等族で占められたオーバーライン・クライス会議は、一五九二年一〇月一三日の特別決議においてカトリック側への抗議を表明した。この宗派対立は、皇帝のもとでの調停によっても解決に至らず、クライスの機能を一時的に麻痺させた。この状態に変化を迫ったのは、一五九四年の対トルコ援助という急を要する案件である。このときカトリックの等族は、宗派対立を棚上げにし、一先ずヨハン・ゲオルクをシュトラースブルク司教として受け入れ、皇帝の援助要請に対して共同で対応する道を選んだ。その結果同クライスは、援助の増額を回避することができた。しかしその後、カトリック側のカールが司教戦争で優勢となり、皇帝が彼に司教領を授封し、さらにハプスブルク家のレオポルトが司教補佐に据えられるなかで、かつての宗派対立が再燃した。一六〇〇年のクライス会議にはカールがシュトラースブルク司教として出席することとなり、プロテスタント等族は抗議文を提示したものの、それが読み上げられることなく解散した。翌年の会議も同じ理由で解散に至り、オーバーライン・クライス会議はシュトラースブルク司教の問題に対する皇帝の決断まで召集されないことが決められた。それゆえ次の会議が開かれたのは、カトリック側が莫大な補償と引き換えにシュトラースブルク司教座を死守し、ハーゲナウ和約により司教戦争が終結したあと、すなわち一六〇五年のことであった。

以上の例から明らかなように、オーバーライン・クライスは内部に宗派対立を抱えており、宗派の時代に精力的な活動を展開するのは困難であった。それでもクライスという比較的大きな枠組みは、そのメンバーを、たとえ宗派ごとであれ地域を超えて結びつける役割を果したように思われる。また、対トルコ戦争における帝国援助といった喫緊の課題に対しては宗派問題を脇に置いて共同で取り組むなど、最低限の機能は果たしていたといえる。ただし一六〇七年に対トルコ戦争が終結すると、同クライスは未解決問題を先送りにして会議を解散し、その状態で三十年戦争を迎えることになる。

三　三十年戦争と「エルザス譲渡」

三十年戦争は、神聖ローマ帝国における宗派対立に端を発し、帝国の諸権力と諸王朝のさまざまな利害が絡み合い、ヨーロッパ規模に拡大した戦争である。この戦争を終結させたウェストファリア条約では、神聖ローマ皇帝からフランス王への「エルザス譲渡」が取り決められたが、それは近代的な領土割譲とはやはり異なるものであった。

(一) 三十年戦争

三十年戦争の展開は、一般的に以下四つの段階に分けられる。第一にベーメン・プファルツ戦争(一六一八～二三年)、第二にデンマーク戦争(一六二五～二九年)、第三にスウェーデン戦争(一六三〇～三五年)、第四にフランス・スウェーデン戦争(一六三五～四八年)である。当初ベーメンでは、皇帝ルドルフ二世の勅許状(一六〇九年)によりプロテスタントに信仰の自由が認められていたが、フェルディナント(のちの皇帝フェルディナント二世)は勅許状を軽視して彼らの権利を阻害した。これに対してプロテスタントは、一六一八年にプラハ城の窓から皇帝の代官を投げ落とす、いわゆる窓外投擲事件を引き起こした。彼らはフェルディナントを領邦君主とは認めず、「プロテスタント同盟」を率いるカルヴァン派のプファルツ選帝侯フリードリヒ五世をベーメン王に選挙した。これに対して、一六一九年に皇帝となったフェルディナント二世は、ハプスブルク家のスペイン王フェリペ三世とバイエルン公が率いる「カトリック連盟」とともに、ベーメン反乱を鎮圧した。その後、戦場はライン付近のプファルツ選帝侯領、さらにプロテスタントの主領域である帝国北部へ移っていった。戦場の移動は、デンマーク王クリスティアン四世の介入をもたらした。同王は、帝国にシュレースヴィヒとホルシュタイン両公領をもつ帝国諸侯でもあり、一部のプロテスタント諸侯とともに参戦したが、カトリック連盟軍と皇帝軍を前に敗北を喫した。皇帝は勝利のなかで一六二九年に「復旧勅令」を布告し、世俗化された教会領をカトリックに復帰させることを試みた。この勅令は、プロテスタントのスウェーデン王グスタフ・アドルフに介入の口実をもたらした。同王は、皇帝軍が対デンマーク戦争の過程でバルト海に勢力を拡大したこと、また対戦中のポーランドを皇帝が援助したことなどから、すでに皇帝との紛争の火種を抱えていた。スウェーデン軍は一六三一年九月にブライテンフェルトの戦いを制すると、プロテスタント諸勢力の支持を集め、南下していった。さらに一六三五年にはフランス王ルイ一三世が軍事介入し、一六四八年まで断続的に戦争が展開されることとなる。

この戦争の過程で、ライン上流域は軍隊の通行や駐留が繰り返され、さまざまな勢力のもとに置かれることとなる。なぜならこの地域は次頁の【地図7】にあるように、北にプファルツ、南にオーストリア＝ハプスブルク家領、南西にスペイン＝ハプスブルク家のブルグント自由伯領があり、さらにはイタリア方面からライン川沿いのブライザッハを通ってスペイン領ネーデルラントにつながるスペイン街道沿いに位置していたからである。まずはベーメンにおける戦いのあと、プファルツ選帝侯フリードリヒ五世に仕えていた傭兵隊長エルンスト・フォン・マンスフェルトと傭兵らが、フランケン地方を通って西進し、軍隊の食糧および宿営地を求めてこの地にやってきた。彼らは北のハーゲナウを中心としつつ、南のエンジスハイムやブライザッハに至るまで略奪して回った。ベーメンを追われたフリードリヒ五世は、マンスフェルトに加えて、ライン右岸のバーデン＝ドゥルラッハ辺境伯ゲオルク・フリードリヒとブラウンシュヴァイクのクリスティアンを味方につけて戦

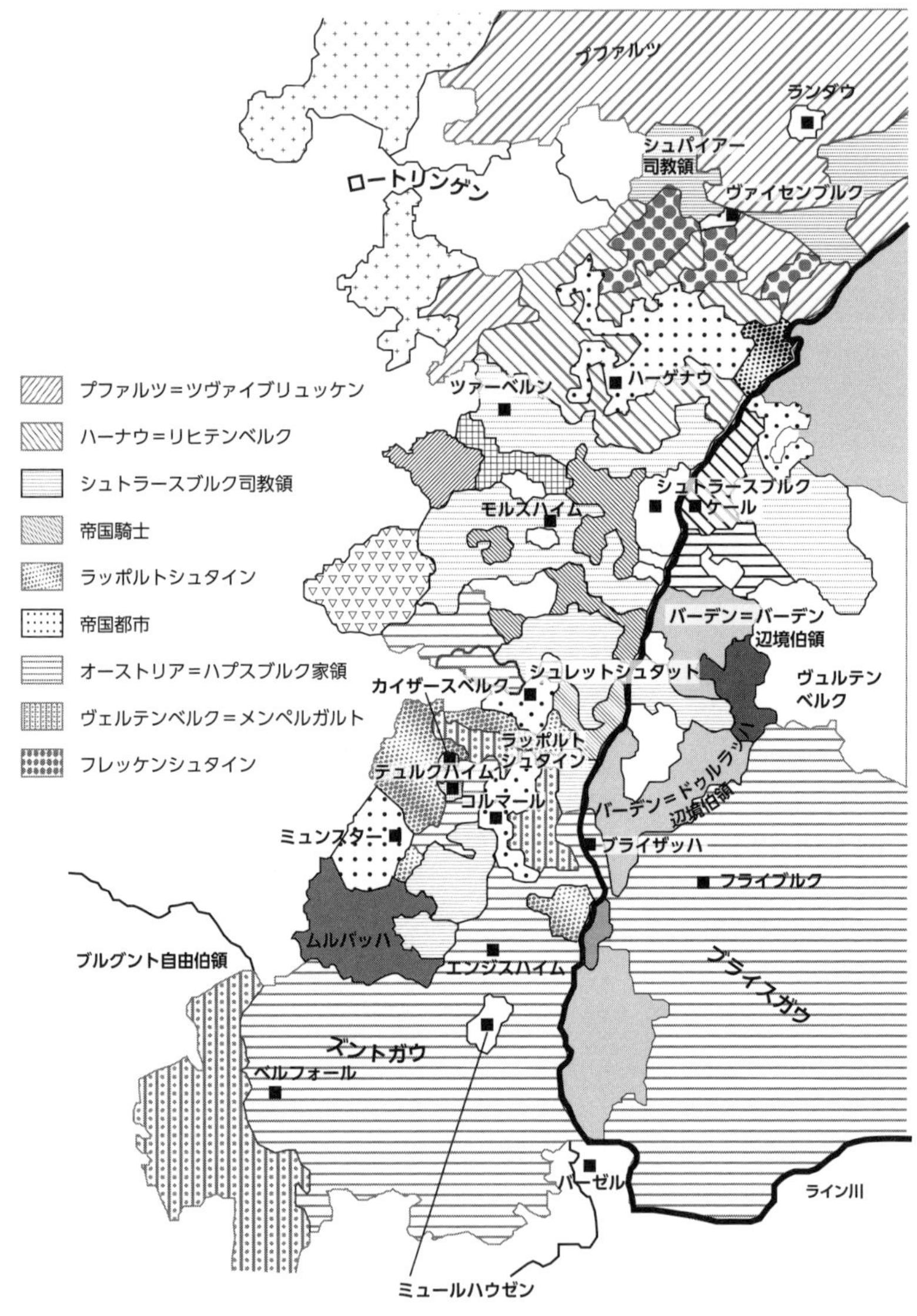

【地図 7】1648 年のライン上流域

三十年戦争の様子（ジャック・カロ《戦争の惨禍》より〈絞首刑〉、1633年）

い続けたが、カトリック連盟軍の総司令官ティリーとスペイン軍司令官コルドバの前に敗れた。ライン右岸からの後退にあたってマンスフェルトの軍団はライン左岸部分を略奪しながら横切り、一六二二年にはロートリンゲンに向かっていった。なおこの間、フリードリヒ五世とマンスフェルトに対して中立を保ったルター派の都市シュトラースブルクは、皇帝フェルディナント二世により前述のアカデミーを大学に昇格してもらっている。また、戦線が北東方向に移ったために、ライン上流域は一先ず直接的な戦闘から遠ざかった。

その後この地域では、帝国のほかの地域と同様に、カトリックおよびハプスブルク家の力が増していった。シュレットシュタットやハーゲナウでは少数派のプロテスタントがほぼ根絶され、コルマールでは改宗か移住かの二択を迫られ、多くの者がシュトラースブルクやバーゼルに逃れた。一六二九年の皇帝フェルディナント二世による「復旧勅令」は、一五五二年以降にプロテスタント側が没収した教会領をカトリック側に返還すべきとしており、再カトリック化の流れを加速させた。牟田和男によると、こうした「対抗宗教改革を背景にした宗教的熱情」のなかで、たとえばカトリックの都市シュレットシュタットでは集中的な魔女迫害が生じたが、「そこには宗派統制を世俗権力が自ら引き受け、皇帝と帝国代官［＝ハーゲナウのラントフォークト］に忠実な帝国直属都市としてカトリックの牙城たらんとする意志が作用していた」[38]という。またプロテスタント側では、たとえばルター派の都市シュトラースブルクが、大聖堂と二つの教会におけるカトリックのミサの再開、ならびに教会財産の復旧というカトリック側からの要求に直面した。このような状況下で、ルター派のスウェーデン王グスタフ・アドルフが帝国北東部から南西部に向けて成功裏に軍を進め、一六三一年末にライン右岸のケールに陣地を構えた。シュトラースブルクは一六三二年六月に中立から一転してスウェーデンとの同盟を結び、ライン川にかかる橋の通行を許可して左岸に進軍させた。その年の末にはエルザスの大部分がスウェーデン軍の影響下に置かれ、エンジスハイム政庁は前部オーストリアをあとにした。ただし一六三三年にフェリア大公率いるスペイン軍が反撃し、翌年にはネルトリンゲンの戦いで皇帝軍とスペイン軍が勝利を収めると、スウェーデン軍は帝国西部からの撤退を余儀なくされた。

以上のようなスウェーデン軍の帝国南西部への進軍やスペイン軍による奪回は、フランス王権がこの戦争に積極的に関与する契機となった。フランス王ルイ一三世は、帝国におけるスウェーデン軍の勝利を当初は歓迎していたが、帝国南西部への進軍を前に、警戒や恐れを強めていった。それゆえ、スウェーデン軍と戦火を交えることなく同軍を牽制すべく、ライン流域で「保護」政策を展開した。この政策は、スウェーデン軍の占領に先立ち、それを恐れている帝国等族と保護協定を結び、その協定に基づいてフランスの守備隊を駐屯させ、スウェーデン軍による占領を未然に防ぐというものである。この保護を最初に受け入れたのは、トリーア選帝侯フィリップ・フォン・ゼーテルンである。彼は選帝侯領の一部をスウェーデン軍によって占拠されると、一六三二年四月にフランス王と保護協定を結んだ。同王はスウェーデン軍との関係を取りなすことを約束し、ゼーテルンがトリーア選帝侯およびシュパイアー司教として有する三つの要塞トリーア、エーレンブライトシュタイン、フィリップスブルクでの駐屯権を得て、選帝侯領と司教領を保護下に置いた。一六三三年末から三四年にかけては、カトリックのロートリンゲン公の影響から逃れようとしたルター派のハーナウ＝リヒテンベルク伯や、プロテスタントからの防衛を望んだバーゼル司教など、いずれの宗派からもフランス王に保護を求める様子を見て取れる。さらに一六三四年にスウェーデン軍が帝国西部からの撤退を余儀なくされると、フランスの保護はさらに拡大していった。というのも、スウェーデンとフランス両王は、皇帝とスペイン王がこの地域を占領することを防ぐために一六三四年一〇月に契約を結び、エルザスにおけるスウェーデン占領地のうちベンフェルト要塞を除く一七の都市、村、要塞をフランス王の保護下に置くことを取り決めたからである。また同王は翌年コルマールとも協定を結び、戦争中の権利と自由の保護、ならびに戦後の復旧を保証した。

一六三四年にフランス王がトリーア選帝侯との保護協定に基づいて選帝侯領内に守備隊を配置すると、翌年三月にスペイン王フェリペ四世の軍が選帝侯領に攻め入り、フィリップ・フォン・ゼーテルンを捕らえてスペイン領ネーデルラントで拘禁した。フランス王は、この行為を帝国等族の法的権利に対する侵害とみなし、保護を掲げて五月にスペイン王へ宣戦し、翌年にはその同盟者である皇帝ないしオーストリア＝ハプスブルク家とも戦火を交えることとなった。一〇月、フランス王は元スウェーデン軍のベルンハルト・フォン・ザクセン＝ヴァイマールと契約を結び、ベルンハルトが一万八〇〇〇人の兵力を供給する代わりに、年四〇〇万リーヴルの資金、個人の年金、そして秘密条項として「エルザス方伯領」とハーゲナウのラントフォークタイを彼に保証した。こうしてエルザスの複数の拠点をコントロール下に置いたベルンハルトは、前部オーストリアの三つの要塞都市ラインフェルデン、フライブルク、ブライザッハに次なる狙いを定めた。そして一六三八年三月にバーゼル近くのラインフェルデンの戦いで皇帝軍に勝利すると、翌月ライン右岸の戦略的に重要なフライブルクを奪い、さらに一二月には八か月に及ぶ包囲の末にブライザッハを降伏させた。このブライザッハは、前部オーストリアのなかでライン両岸を結び付ける渡河地点であり、さらにはスペイン街道上に位置する重要な都市であった。ベルンハルトは占領地を自ら治めようとしたが、一六三九年には三五歳の若さで急逝したため、残された彼の軍と占領地はフランスの手に渡ることとなった。フランスの宰相リシュリューは、ベルンハルトの軍に属していたハンス・ルートヴィヒ・フォン・エルラッハに、最高指揮官としての役割とブライザッハの管理を任せた。こうしてライン上流域の広範な部分が、フランスの軍事的・行政的な管理下に置かれることとなった。

（二）ウェストファリア講和会議におけるミュンスター交渉

戦争がヨーロッパ規模で展開するなか、すでに至る所で和平の試みが生じていた。最終的に一六四一年一二月に結ばれたハンブルクの「予備条約」は、帝国北西部のヴェストファーレンにおける二都市ミュンスターとオスナブリュックにおいて講和会議を開催することを決定した。

一六四三年に始まった講和会議では、七〇弱の主君ないし集団が関与し、約一五〇名の使節によって四つの交渉が同時並行で進められた。まずプロテスタントの都市オスナブリュックでは、皇帝とスウェーデン両使節が、第三者を介さない直接交渉を行った。彼らは条約締結直前にミュンスターへ移動し、一六四八年一〇月二四日にオスナブリュック条約を締結した。次にカトリックの都市ミュンスターでは、三つの交渉が行われた。一つ目は皇帝とフランス両使節が、教皇とヴェネツィア両使節を介して行った交渉であり、オスナブリュック条約と同日にミュンスター条約を締結した。以上二つの交渉と条約には、帝国等族がさまざまなかたちで関与している。帝国等族の参加をめぐっては賛否両論あったが、彼らは一六四五年八月末に皇帝によって講和会議に招かれ、帝国議会の選帝侯部会、諸侯部会、都市部会ごとに決議を行った。ただし選帝侯部会はミュンスター、ほかの二部会は両都市に分かれ、計五つのグループを構成した。ミュンスターにおける二つ目の交渉は、フランスとスペイン両使節によるものであり、教皇とヴェネツィア両使節に加え、オランダ使節が仲立ちをすることもあった。しかし両当事者は本講和会議では和解せず、戦争を継続したのち、ようやく一六五九年一一月にピレネー条約の締結に至る。三つ目はスペインとオランダ両使節の直接交渉である。オランダ使節の到着は最も遅い一六四六年一月であったが、その後すぐに交渉に取り掛かり、一六四八年一月三〇日にいち早く条約締結を迎えた。

ライン上流域は、とくに皇帝とフランス両使節のミュンスター交渉のうち「フランス王冠への補償」の一部として扱われた。この交渉におけるフランス側の最大のねらいは、スペイン王ないしスペイン＝ハプスブルク家と皇帝ないしオーストリア＝ハプスブルク家（以下、オーストリア家）の協力関係を断ち切ることであり、この目的が交渉のほかの案件にも大きな影響を与えていた。フランスの当初の関心は、オーストリア家がライン川沿いにもつ戦略上重要なブライザッハ要塞とそこへの安全な通行路を確保することであった。しかし、フランス王は戦争当初から帝国等族の諸権利の復旧以外に何も要求しないことを強調してきたため、通行路上に位置する帝国都市への権利を主張できず、占領下にある敵方のオーストリア家領を最大限手中にとどめることを試みた。これに対して皇帝は、スペイン王を巻き込み、ブライザッハ要塞を含む前部オーストリアの喪失を回避しようとしたが、最終的にその一部を提供することとなる。

フランス使節が最初に要求したのは、オーストリア家がライン両岸に有する領地を自らに留保し、その他の占領地をすべて返還することであった。また使節は、フランス王が帝国議会における議席と票を得ることを条件に、この領地を帝国封として受領するという案を示した。つまり、ルイ一四世がライン上流域における旧オーストリア家領を皇帝から受封することによって、帝国等族となることを提案したといえる。皇帝は、ライン両岸に広がる前部オーストリアのうちエルザス側に限って譲渡を認めたが、さまざまな制限を加えていった。その代表的なものが、授封という譲渡形態の拒絶である。当時、ある国の支配者が神聖ローマ皇帝から帝国封を受封して帝国諸侯の位階をもつことはそれほど珍しくなく、デンマーク王やスペイン王は早くから帝国の一員であったし、スウェーデン女王もオスナブリュック条約によりこの地位を手に入れることとなる。しかし皇帝はフランス王の帝国封取得により生じ得る不都合、たとえばカトリックの帝国等族がフランス王から助力を得ようとする可能性、帝国議会がフランス王とスペイン王の対立の舞台となる恐れ、さらにはフランス王が将来的に皇帝位にふさわしいとみなされる危険性などを認識し、授封とは異なる形態を提案した。以下で見る「エルザス譲渡」の諸規定は、こうした皇帝側が提案した譲渡形態を基礎としているが、その後の交渉によりさまざまな変更も加えられている。(39)

(三) ミュンスター条約における「エルザス譲渡」

全一二〇条からなるミュンスター条約は、全一七条で項目総数二二五のオスナブリュック条約と同じく平和秩序、復旧・補償の問題、宗派問題、帝国国制の四点から構成されており、両条約には重複ないし類似する条文が多い。ミュンスター条約に独自の規定は計三三条のみであり、それらは主に以下五点からなる。すなわち、スペインとフランス間の戦争における皇帝と帝国等族の中立(第三条)、ロレーヌ公についての将来的な紛争解決(第四条)、トリーア選帝侯の復旧(第八条・第九条)、フランス王冠への補償(第六九条～第九一条)、そしてサヴォワ公とマントヴァ公の紛争に関する規定(第九二条～第九七条)である。

フランス王冠への補償に含まれる「エルザス譲渡」は計一七条からなり、以下のことが定められている。すなわち、皇帝はブライザッハ市、上下エルザス方伯領、ズントガウ、ラントフォークタイを譲渡し(第七三条～

第七五条）、代わりにフランス王はその他の占領地の返還と財の復旧をする（第八五条・第八六条）。皇帝、帝国、オーストリア家は、譲渡と放棄を文書で証明し（第七八条）、帝国の財産と権利の処分を禁じている諸法を廃止し（第七九条）、次の帝国議会でフランス王への譲渡を承認する（第八〇条）。帝国等族であるシュトラースブルク司教の要塞については、城壁を破壊し（第八一条）、司教都市ツァーベルンは中立を保ち、国王軍に通行を許可する（第八二条）。また上下エルザスにおける帝国直属の等族は、そのまま帝国直属性を維持する（第八七条）。フランス王は、ティロル伯領および前部オーストリアの支配者である大公フェルディナント・カールに対して賠償金を支払い（第八八条）、譲渡地と返還地の負債を王と大公で分担する（第八三条・第八四条・第八九条）。返還地に関する文書記録は同大公に返却し（第九〇条）、譲渡地に関する公的文書も、大公が望むたびに写しを発行する（第九一条）。このように「エルザス譲渡」は、皇帝が特定の領地を譲渡する代わりに、フランス王は代価を支払い、それ以外の占領地をすべて復旧するという内容であった。その際ライン川は、両岸に広がるオーストリア家領を譲渡地と返還地に分ける際の指標であって、決して王国と帝国の国境線ではなかった。

アルザス史においてとくに問題とされてきたのは、第七四条と第八七条の関係である。第七四条は、「上下エルザス方伯領とズントガウ、さらに前述の十都市と従属する土地［の両方］に対するラントフォークタイ」を、「あらゆる種類の裁判権、高権（superioritas）そして最高支配権（supremum dominium）と共に」[40]、フランス王に譲渡した。ミュンスター交渉で皇帝が授封の代わりに提案したのは〝superioritas〟を伴う譲渡であったが、これは皇帝のもとで帝国等族がもつ領邦高権、あるいはスイス諸邦のように事実上の独立と類似するもので、完全な主権ないし独立ではなかったと考えられる。これに対してフランス使節は〝supremum dominium〟という用語を追加しており、譲渡地における帝国等族の領邦高権に加えて、皇帝の最高支配権（実質的には最高封主権）を手に入れようとしたと推測できる。問題はそれらが及ぶ範囲であり、第八七条が以下のように定めている。

いともキリスト教的なる王［＝フランス王］は、シュトラースブルク市を含めて、シュトラースブルクおよびバーゼル司教だけでなく、上下エルザスの［神聖］ローマ帝国直属のその他の等族、すなわちムルバッハおよびリューダース修道院長、アントラウ女子修道院長、聖グレゴリエンタールのベネディクト会修道院長、リュッツェルシュタインの宮中伯、ハーナウ、フレッケンシュタイン、オーバーシュタインの伯とフライヘルたち、下エルザスの全騎士、ハーゲナウのフォークタイを認める前述の十帝国都市を、これまで享受してきた自由と［神聖］ローマ帝国に対する直属にとどめることを義務づけられるものとする。したがって［王は］その者たちに対して、今後いかなる王の高権（superioritas）も主張してはならず、オーストリア家に属していて、本講和条約によってフランス王国に譲られた権利で満足するものとする。ただし、現在のこの宣言によって、上で認められたすべての最高支配権（supremum dominium）について、何ら減じられないものとみなされる。(41)

このように、列挙された帝国等族は帝国直属性を維持し、フランス王は彼らに対して「高権」を主張できないことが明記された。フランス王が高権を有するのは、オーストリア家から譲渡された部分のみということである。この旧ハプスブルク家領に限っていえば、フランス王はそれまで同家の大公が有していた高権と皇帝が有していた最高支配権ないし最高封主権の両方を手に入れたために、いわば「主権」のようなものを獲得したといえるのかもしれない。同王がこの範囲を超えて「最高支配権」を獲得したのか、またそれは皇帝が帝国で有するものとどのように異なるのかについては議論の余地がある。その分析は別稿に譲ることにし、ここでは少なくとも講和会議の時点において、エルザスの地理的全体に対する主権がフランス王に与えられたとする解釈や主張は見出せないことを指摘しておきたい。(42)

一方、フランス王はラントフォークタイを介して帝国等族である十帝国都市に何らかの権限を行使できるという考えは、すでに講和会議の時点から示されていた。ただしそれが具体的にどのようなものであるのかについては、条文に明記されなかった。十都市とラントフォークタイの関係は古くからの慣習に基づいたものであり、それまで明文化されてこなかったことを踏まえると、両者がいかなる関係を築くかは一六四八年以降の条文適用に委ねられたといえよう。

以上見てきたように、フランス王はエルザスの地理的全体ではなく、基本的にはオーストリア家がライン上流域に有していたもののうち左岸部分と右岸のブライザッハを獲得し、帝国等族のうち十都市に対しては一定の権利を得た。譲渡形態については、中世的な封土の授受ではなかったものの、神聖ローマ帝国における皇帝と帝国等族のいわゆる二元的構造を前提としていた。このように一七世紀半ばの「エルザス譲渡」は、内的統一性をもつ地域を前提とした国民国家間での近代的な領土割譲とは大きく異なるものであった。

四　ウェストファリア条約後の帝国諸都市とフランス王権

一六四八年以降はアルザスという呼び方を用いることにするが、この地域には前掲の【地図7】（102頁）が示しているように、フランス王に異論の余地なく属することとなった旧オーストリア家領のほかに、比較的小さな帝国諸勢力が割拠していた。これらは一六四八年以降も一定期間その帝国直属性を保ったが、フランス側の条文解釈の変化とともにさまざまな要求に直面した。とくに帝国諸都市は、アルザス外にも領地や権利をもつ帝国諸侯よりも、帝国直属性を喪失する危険性が高かったといえる。

(一) 十帝国都市とラントフォークト

フランス王との紛争にいち早く至ったのは十帝国都市、すなわち北からランダウ、ヴァイセンブルク、ハーゲナウ、ロスハイム、オーバーエンハイム、シュレットシュタット、カイザースベルク、テュルクハイム、コルマール、ミュンスターである。これら諸都市は、前述のように一三五四年以来一時的な中断や構成員の変更を伴いながら長らく同盟関係にあり、一五二一年には右の十都市による同盟となった。一方エルザスにおけるラントフォークトは、ハーゲナウの宮廷を拠点として、その周囲の約四〇の帝国村、ハーゲナウの森、そして帝国都市などの帝国領の管理を任されていた。十都市に対するラントフォークトの権限は明文化されたことがないが、両者は対立と妥協を繰り返すなかでそれぞれの権限について一定の範囲を形成していた。

十都市は一六四八年以降も同盟関係を維持し、オーバーライン・クライス、帝国議会、そして帝国裁判所などの帝国諸機関に属し、皇帝に直属し続けた。またラントフォークトに対しても、以前と変わらず「保護」の代わりに誠実宣誓を行い、帝国税を納める義務があった。しかし、このラントフォークトを任命するのは、もはや皇帝ではなくフランス王になったのである。

フランス王ルイ一四世は、アルザスにおけるハーゲナウのラントフォークト(アグノーのグラン・バイイ)の地位および官職をフランス貴族に与え、上下アルザス地方総督を兼任させた。一人目のラントフォークトは、ダルクール伯アンリ・ド・ロレーヌである。彼はアルザス地方総督およびフィリップスブルク要塞司令官の官職とともにラントフォークタイを委ねられたが、宰相マザランに対する不満から、フロンドの乱(一六四八〜五三年)に乗じて一六五二年にブライザッハ要塞を占拠した。そして中央に対峙するための強力な基盤をアルザスに築こうとし、その一環としてラントフォークト就任への合意を十都市に強いた。十都市はオーバーライン・クライスや帝国議会でこの問題を提起し、フランスのラントフォークトの披露を皇帝の委任官が行うべきか、ラントフォークトへの誠実宣誓は必要か、都市特権を保障する文書はどのようにすべきか、帝国税は従来のように皇帝の領収書と引き換えにラントフォークトへ支払うべきか、について指示を仰いだ。その間にアルザスでは、武力も辞さないダルクール伯の圧力のもとで各都市がラントフォークトの就任を認め、彼に帝国税を納める事態となっていた。こうしたダルクール伯の強引なやり方は帝国議会で問題とされ、苦情書を受け取ったフランス使節も対応したが、決着を見ることなく先送りとなった。ダルクール伯はといえば、最終的にフランス王によりアルザスでのすべての官職を手放すよう強いられた。

これらの官職は、一六五八年に宰相マザランがすべて引き継いだ。彼は一六五二年に国王からライン川沿いのブライザッハ要塞と一六五九年にアルザス南部の旧オーストリア家領も与えられたため、この地域におけるフランスの領地と官職の大半を手中に収めたといっても過言ではない。こうした対応が取られた理由はさまざまであるが、一つはマザランがアルザスで自ら実権を握ることにより、ダルクール伯のように帝国諸機関に訴えられる事態を避けようとしたことが挙げられる。実際に彼は、一六五四年に地方長官府を、五八年に地方長官が院長を務める最高評定院を旧オーストリア家領に設置して行政の拡充を進めた一方、十都市に対してはラントフォークトの就任を認めるよう強いることはなく、また十都市に対する地方長官の強硬策も退けていた。

マザランが一六六一年に死去した際、姪婿アルマン・シャルルがマザラン公として、ラントフォークタイを含むアルザスでの領地と官職を相続した。親政を開始したルイ一四世は、マザラン公をラントフォークトとして披露するために四名の委任官を任命してハーゲナウに送ったが、十都市の拒絶に遭遇した。合意が困難なことを悟ったマザラン公は、同盟のなかで孤立しつつあるハーゲナウ市の代表に接近した。かつてハーゲナウは同盟の中心的な存在であったが、三十年戦争の甚大な被害により影響力を失い、代わりに同盟を指揮し始めたコルマールとシュレットシュタットと対立し、さらには同盟全体からも孤立していたのである。マザラン公はハーゲナウ代表との単独交渉に乗り出し、二日間の議論の末に誠実宣誓を行わせた。ほかの九都市は、ハーゲナウの対応に不満を示しつつも、同盟内の対立や解散が十都市の立場をさらに弱めることを認識していたため、一六六二年一月一〇日に一度限りという条件で宣誓を行った。一方で十都市は、一六六三年にレーゲンスブルクの帝国議会でこの事件に関する報告書を配布し、皇帝と帝国等族に繰り返し助力を求めた。その結果、皇帝はオーストリア使節と帝国議会の首席委任官に対して、帝国議会における交渉を通して都市を安全で安定した状態にするよう命じ、一人の代表派遣をフランス王に求めた。王はこの要求を受け入れ、使節をレーゲンスブルクに派遣した。

帝国議会は一六六五年に十都市とラントフォークトの紛争を調停することを決定し、六七年に八名の帝国等族がそれに着手し、六九年には調停案をもたらした。調停案は、ラントフォークトの就任式ではなくフランス王の即位に際して、十都市がドイツ語で宣誓を行い、代わりに王はこの宣誓が十都市の「帝国直属性、権利、特権、自由」を侵害しないことを文書で約束するというものであった。これはミュンスター条約の第七四条と第八七条の両立を図ったものであるが、フランス王にとっては一六六二年の宣誓で有利になった形勢が覆されることを意味していた。フランス使節は、調停者には判決を下す権限はなく、和解に導くことしかできないという口実のもとでこの調停案を拒んだ。(43)

その後フランスでは、オランダ戦争（一六七二〜七八年）を背景として、ミュンスター条約の新たな条文解釈が登場した。陸軍卿やアルザス地方長官らは、この戦争で十都市に駐屯軍を置かない場合、ライン川沿いにフランス王がもつブライザッハとフィリップスブルク両要塞が孤立する恐れを指摘した。そして、十都市に対して「主権」を行使できる、という新たな解釈をもち出したのである。一六七三年、王はレーゲンスブルクに派遣されていたフランス使節の度重なる忠告にもかかわらず、駐屯軍の設置と都市の武装解除を断行した。これに対し皇帝は、フランス王のミュンスター条約違反を訴えて九月一三日に宣戦布告し、翌年五月に帝国議会もそれを認めた。ただし、この戦争を終結させたナイメーヘン条約（一六七九年）は、フランスの占領下にある十都市を元の状態に復旧することも、またフランス王に譲渡することも取り決めず、ミュンスター条約の再確認にとどまった。ここにフランス側は、十都市の占領がすでにミュンスター条約で認められていたと解釈する余地を見出したといえる。

軍事占領を経験した諸都市は、一六七九年にラントフォークトに任命されたモンクラール男爵ジョゼフ・ド・ポンとフランス王に対して宣誓を行ったが、それでもコルマールは皇帝への忠誠を掲げて宣誓を拒絶した。しかしこの都市においても、フランス王との協調路線をとったカトリック市民がプロテスタントの市参事会に圧力をかけ、誠実宣誓を行うことになった。十都市問題はその後もフランス王と皇帝のあいだで繰り返し取り上げられたが、都市内部ではフランスの言語や政治文化が強いられ、エリート層は生き残りのために自ら言語を習得してバイリンガルとなり、フランスの政治文化を受容するという変化が始まっていた。P・G・ウォーレンスによると、彼らは王権により与えられる庇護と特権の利点を認識し、ますますフランスの言語や政治文化を受容したため、従来の慣習を保っている一般市民との距離を広げていったという[44]。L・シットラーは、コルマールが「一八世紀前半から慣習と言語の点でほぼフランス的になった[45]」と述べているが、それはエリート層に注目した場合であろう。

（二）帝国自由都市シュトラースブルクから王国自由都市ストラスブールへ

自由都市シュトラースブルクは、十都市のようにラントフォークタイをめぐる問題を抱えることはなく、またオランダ戦争で占領されることもなかった。しかし、十都市問題において条文解釈が変化したいま、シュトラースブルクを含めてアルザスの帝国諸勢力もその影響を免れなかった。ルイ一四世がブライザッハに設置したアルザス最高評定院に「統合法廷」という部門を設け、帝国諸勢力を召喚して王への臣従と誠実を誓わせ、召喚に応じない場合は一方的に領有を確認するという「統合政策」を始めたのである。

「統合政策」が始まる頃、皇帝レオポルト一世は十都市問題の関連でルイ一四世のもとに特派大使を派遣していた。というのも、十都市は一六七九年以降フランス王権への苦情を公然とかつ共同で帝国に訴えることはなかったが、コルマールをはじめ一部の都市が密かにアルザスの状況をシュパイアー帝国最高法院に報告しており、これらの苦情が皇帝に伝えられていたのである。皇帝は、帝国議会とウィーン宮廷に派遣されていたフランス使節への異議申し立て、帝国最高法院への権限行使の指示、そして特派大使の派遣を行った。ルイ一四世は、帝国で高まる抗議を前に協議に応じ、その間はメッツとブライザッハの「統合法廷」を停止すると提案した。皇帝と帝国議会はこの提案を承諾し、一六八一年八月からフランクフルトでフランス使節との会議を開始した。

シュトラースブルクが軍事的圧力のもとでフランス王に降伏したのは、まさにこの会議で儀礼的・技術的な問題が話し合われていた一六八一年九月三〇日のことである。シュトラースブルク市参事会は、九月二七日から二八日にかけてフランス軍から急襲を受けて三万人を超える大軍で攻囲された際、救援を願う書状を帝国に向けて出したが、それはフランス軍の手に渡った。効果的な対抗策を見出せなかった同市は、戦わずして降伏することを選び、旧来の特権等を維持することに注力した。その結果三〇日、シュトラースブルク代表が

フランス王ルイ 14 世への都市の鍵の引き渡し（アンリ・ノブラン『王国年鑑――1682 年版』より）

陸軍卿フランソワ＝ミシェル・ル・テリエ・ド・ルーヴォワに送り、後者による注釈が欄外に付された降伏文書のなかで、フランス王を「最高の主君ならびに保護者」として認める代わりに、同市の旧来のあらゆる特権、権利、法規そして慣習を、一定の留保のもとで維持することを許された[46]。その数日後、ルイ一四世は降伏文書を承認し、市参事会は誠実宣誓を行った。さらに同王は一〇月一三日にアルザスにやって来て、約二週間かけてライン上流域の主要地を回った。その終盤にあたる二三日、シュトラースブルクの市参事会は入市式を執り行い、フランス王を迎え入れた。

　こうしてフランス王がシュトラースブルクを降伏させたことは、ミュンスター条約のみならず、ルイ一四世自身が提案した「統合」の停止にも反していた。これに対して皇帝は帝国東部で高まるオスマン帝国の脅威にもかかわらず帝国西部の防衛を決意したが、選帝侯部会はフランス側の提案、すなわち一六八一年八月一日までに行われた「統合」と九月三〇日のシュトラースブルクの降伏を承認すれば、さらなる「統合政策」は行わないという提案を受け入れることを支持した。最終的に一六八三年のオスマン帝国によるウィーン包囲は、レオポルト一世に帝国西部での譲歩を強いた。翌年八月、皇帝はレーゲンスブルクでフランス王との休戦協定を結び、二〇年間という期限付きでフランス側の主張を承認した。しかしその期限内にプファルツ継承戦争（一六八八～九七年）が生じたため、その講和会議ではアルザスの問題が議題にのぼり、皇帝は十都市をめぐる調停の再開とその他の帝国等族の復旧を試みた。しかし結果として一六九七年のライスワイク条約は、第四条において「統合政策」の対象となった帝国西部の領土返還を定めたものの、その返還からアルザスを除外し、フランス王の権利を一定の留保のもとで承認した。皇帝はスペイン継承戦争のユトレヒト講和会議（一七一二～一三年）でも再度アルザスの問題に取り組んだが、そこでも大きな成果が得られることはなかった。

　こうして帝国自由都市シュトラースブルクは、いまや王国自由都市ストラスブールになった。内田日出海の表現を借りれば、絶対王政の基本的理念である「一人の国王、一つの信仰、一つの法」のなかで、「一人の国王」は貫かれた。ただしプロテスタンティズムが禁じられなかったという点で「一つの信仰」が、従来の特権を認めた降伏条約が部分的な修正が加えられつつも保たれたという点で「一つの法」が貫徹されはしなかった[47]。たしかに同市は、中世以来有してきた造幣権を降伏条約に反して剥奪され、賠償金と引き換えに造幣所が王立のものになることを阻止できなかったが、経済面や財政面での特権や自立性を概ね維持することができた。もっとも、王国政府への「臨時の上納」や王室の要人歓待をはじめとする「自発的負担」などの金額は案外大きく、赤字傾向にあったことも忘れてはならない。軍事面はというと、アルザス州総督に加えてストラスブール総督が市の防衛とともに軍威を誇示し、治安維持の分野でも同市の権限は縮小していった。行政・司法については、従来の構造が保たれつつ、国王代官（プレトゥール・ロワイヤル）が市政に参与することになった。主に地元エリート層から国王により任命されたこの行政官は、都市で国王を代表し、市参事会が王国の法や利害に反する決定をしないよう監視すると同時に、都市の特権や利害を擁護する存在でもあった。

（三）ミュールハウゼンとフライブルク

最後に、ライン左岸のミュールハウゼンと右岸のフライブルクの二都市に言及しておきたい。

ミュールハウゼンは、ライン左岸に位置しながらも、十都市やストラスブールとは異なる道を歩んだ。前述のように同市は、前部オーストリアの領邦都市になるのを避けるために一五一五年からスイス盟約者団に加盟し、十都市同盟から離脱していた。こうしたスイスとの関係性により、同市は一八世紀末に至るまでフランスの支配下に入ることはなかった。

一方フランス王は、ライン右岸に位置する前部オーストリアの領邦都市フライブルクを何度も獲得しようと試みていた。ウェストファリア条約ではオーストリア家のもとにとどまったこの都市は、オランダ戦争中の一六七七年にフランス王の手に渡った。ルイ一四世は一六八一年にアルザスに訪れた際、ストラスブールへの入市式を行う前に、ライン右岸のブライザッハとフライブルクに向かっている。この都市は一六九七年のライスワイク条約によりオーストリア家に返還されたが、そのときまでフランス王にとって重要な拠点の一つであり続けた。

このようにライン川は、少なくとも一六九七年まで、見方によっては近世末に至るまで、神聖ローマ帝国とフランス王国の国境線とはいい難いものであった。

五　アルザス州の形成

フランス王権は、中小の複数の地域諸権力が重層的な秩序を織りなすライン上流域のなかに、比較的まとまりのある旧オーストリア家領を基礎とする行政・司法上の枠組みを導入し、「アルザス州」と名付けた。そこにおいて王権は、とりわけ宗教面での一体性を創出することを試みたが、それが貫徹されることはなかった。またアルザス州は、王権により一方的に生み出されたというよりも、王権と地域諸権力の協調や妥協、あるいは前者に対する後者の抵抗のなかで長期的に形づくられていったものである。

(一) フランス諸制度の導入

アルザスには、一六五二年からダルクール伯アンリ・ド・ロレーヌが上下アルザス地方総督兼アグノーのグラン・バイイ（ハーゲナウのラントフォークト）として赴いていたが、彼は前述のとおりフロンドの乱に乗じて中央と対峙し、独断的な行動をとった。加えて、スペイン＝ハプスブルク側に立ってフランス王権に対峙していたロレーヌ公の傭兵部隊もアルザスに侵入し、一六五四年にフランス軍により同公が捕えられるまで略奪して回った。こうした騒乱に際して、もともと外務卿ロメニ・ド・ブリエンヌに属していたアルザスの事柄は、陸軍卿ミシェル・ル・テリエの管轄となり、その状態は一六六一年まで続いた。その後は一六七三年まで外務卿、それ以降は再び陸軍卿の管轄となる。

フロンドの乱やロレーヌ公による騒乱が収まったあと、フランス側は本格的な統治と戦後の復興に取り組んだ。それを主導したのは、アルザス地方長官である。その前身となる地方監察官はすでに三十年戦争中に配置され、主に軍事的な役割を担い、ブライザッハとズントガウの監察官ならびに上下アルザスの監察官の二名からなっていた。彼らはフロンドの乱の際に退いたが、以前にこの職に就いていたフィリベール・ド・ボッサンが二つの管轄を束ねるかたちで一六五四年に復帰した。しかし彼は翌年没したため、国王はシャルル・コルベール（のちの財務総監ジャン・バティスト・コルベールの弟）をアルザス地方長官に任命した。彼はまずブライザッハ、次にエンシサイム（エンジスハイム）を中心として各地を回り、彼自身が任免権をもつ地方長官補佐とともに、軍事、財政、治安などの任務を果たした。一六五七／五八年にはアルザス最高評定院をエンシサイムに設置し、自らその院長となった。彼が一六六三年にメッツ地方長官に任命されると、七一年までいとこのシャルル・コルベール・ド・サン＝マールが、七三年までポンセ・ド・ラ・リヴィエールがアルザス地方長官を務めた。地方長官は、はじめはウェストファリア条約において明確に譲渡された旧オーストリア家領を管轄していたが、ナイメーヘン条約以降の「統合政策」と一六八一年のストラスブールの降伏によってその範囲を広げていった。こうした変化の時期に地方長官を務めたのは、陸軍卿ルーヴォワに忠実な元軍務官ジャック・ド・ラ・グランジュ（任一六七三〜九八年）である。彼は地方長官府をストラスブールに移し、下アルザスにも一名の地方長官補佐を据えた。また、地方長官は一六七三年以来アルザス最高評定院の院長ではなくなったが、一六九八年にこの裁判所がコルマールに移転して以来、地方長官補佐のうち少なくとも一名は最高評定院メンバーから選ばれた。

旧オーストリア家領のエンジスハイム政庁のうち行財政を担ったのが地方長官であったとすれば、司法を担ったのは一六五七／五八年にエンシサイムに設置された最高評定院であった。この裁判所は、フランスの院長一名、地元の聖職者と貴族から選ばれる名誉顧問各一名、メッツ高等法院の顧問二名、ドイツ法の博士顧問一名、フランスの検事総長一名、ドイツの次席検事一名、書記一名、通訳書記四名、第一執行吏一名、巡査執行吏二名から構成されていた。その管轄は「上下アルザス、スンゴー［ズントガウ］、以下に列挙する十帝国都市のラントフォークタイ、ブライザッハ市、それらの帰属物と従属物」[48]であるとされ、開院式にはアルザスの帝国等族も招かれた。それゆえ帝国等族のなかには自らの帝国直属性の喪失を危惧する者もいたが、創設当初に最高評定院が管轄できたのは基本的に旧オーストリア家領であり、帝国等族はその後も帝国裁判所を使い続けることができた。また、最高評定院は早くも一六六一年に廃止され、メッツ高等法院に属する地方評定院に取って代わられた。しかしルイ一四世は一六七四年にこれをエンシサイムからライン右岸のブライザッハに移し、七九年に最終審を下すことのできる高等評定院に格上げすると、翌年には前述のように裁判所内に「統合法廷」を設けて「統合政策」を行わせた。この政策は、アルザス全体を即座にフランスに結び付けたわけではないが、最高評定院が管轄できる範囲の拡大をもたらした。なお一六八一年に地方総督と地方長官がブライザッハからストラスブールに移ったとき、最高評定院も同市を出ることになるが、移転先はストラスブールではなくブライザッハの対岸に築かれたヌフ・ブリザックであった。そしてフランス王がライスワイク条約でブライザッハを失うと、最高評定院は一六九八年にコルマールに移り、以後この都市に定着することとなった。

先のアルザス地方長官がキャリア形成のワンステップとしてこの遠方の地に赴いた一方、アルザス最高評定院のメンバーの多くは地域の事情に通暁する地元のエリート層から選ばれていた。そのため彼らは、中央と地方の折り合いをつけつつ、後者に肩入れすることも少なくなかった。こうした相違点を伴いつつ、地方長官府と最高評定院は相互に関連し合いながら、領土的分散が支配的なこの地に行政・司法上の輪郭を与えていった。

(二) カトリック化の試み

アルザス州をまとめあげるなかで一六八〇年代以降にフランス王権がとりわけ重視したのは、アルザスにおけるカトリック教会を自らに結び付け、なおかつプロテスタントの影響力を減ずることであった。

まずカトリック教会との関係において、ルイ一四世はシュトラースブルク司教位にフランスとのパイプをもつフュルステンベルク家の兄弟フランツ・エゴンとヴィルヘルム・エゴンが就くことを支持し、一六八七年には司教を選出する母体である司教座聖堂参事会の会員二四名中八名をフランス出身者に確保するよう求めた。ただし、候補者の父方・母方双方が四代以上にわたり貴族であることの証明を求める同会の入会規定は帝国のなかでも最も厳しいものの一つであり、フランスでこの基準を満たせるのはブルボン家、ロレーヌ家、ロアン家、ブイヨン家の四家門にほぼ限られていた。なかでもロアン家が一八世紀に複数の会員を輩出することになるが、その先駆者アルマン・ガストン・マクシミリアン・ド・ロアンは一六九〇年に会員として受け入れられた。そして一七〇一年には、フランス王の要望のもと、教皇の承認、司教の合意、そして聖堂参事会員の全会一致によりストラスブール司教補佐となった。これは司牧上必要がある場合に司教の補佐ないし代理となり、前任者が死去した場合には司教位を継ぐ権利をもつ者である。こうしてガストン・ド・ロアンは、一七〇四年の前任者の逝去とともにストラスブール司教位に就き、カトリック化を進めていった。シュトラースブルク司教座以外については、一六八一年の勅令がアルザスにおける聖職者をフランスに属する者に限定しており、「外国人」をこの地の聖職禄から排除する措置が取られていたといえる。

次にプロテスタントの影響力を減ずるという点では、主に「アルテルナティヴ」と「シムルターネウム」という二つの方法が採用された。前者は都市役人の任用においてカトリックとプロテスタントの交代制を課すものであり、カトリック市民を優遇し、逆にプロテスタント市民から機会を奪うことになった。後者はプロテスタントの町村や街区において、カトリックが七世帯以上いればミサのために教会の内陣を彼らに使わせるというものであり、両宗派の対立や問題を頻繁に引き起こした。また農村部では、プロテスタントへの頻繁な侮辱に加えて、カトリックへの改宗者に徴税や兵士の宿営を数年間免除するという優遇政策も行われた。ライスワイク条約は一六四八年にプロテスタントに認められた権利を再確認し、こうした抑圧を軽減したものの、一八世紀に入ってもなお類似の政策は続けられた。とくにカトリックの祝日の行列に際してプロテスタントに跪くことが強いられ、それに違反した者には制裁が科されることになり、一七〇三年には実際に漁師が射殺された。こうした状況下で、複数のプロテスタントの家族がアルザス、とりわけストラスブールをあとにした。

優遇政策や制裁のもとでのカトリックへの改宗、カトリック教徒のアルザスへの移住、そしてプロテスタントの者たちのアルザス外への移住などにより、この地域の宗教的様相は変化していった。カトリックの割合は、たとえばルター派の都市ストラスブールでは一六八一年にわずかであったが、一六九七年に五分の一、一七二六年には三分の一に増加した。同じくアルザス全体でも増加傾向が認められる。このようにアルザスにおける王権の力はとくに宗教面で顕著であったが、それでもこの地で「一つの信仰」が貫徹されることは決してなく、一八世紀後半には規制の撤廃や緩和に向かっていった。またフランスの大部分とは異なり、アルザスではユダヤ人共同体が王権により公認され、ユダヤ人の数は一七世紀末から一世紀ほどで七～八倍に増加した。

(三) 地域諸権力の協調、妥協、抵抗

フランス王権の影響力が増すなかで、地域の各勢力は王権との協調、妥協、あるいは王権に対する抵抗など異なる態度を示した。

たとえば一六四八年以前にオーストリア家の影響下に置かれていたラッポルトシュタイン家の者たちは、フ

ランス王権との協調路線をとった。同家のヨハン・ヤーコプは、奉仕の見返りにそれまでの権利や収入を認めてもらっただけでなく、ルイ一四世により伯に格上げしてもらった。彼の死に際して、唯一の娘の夫でアルザス歩兵連隊長のクリスティアン二世・フォン・プファルツ＝ツヴァイブリュッケン＝ビルケンフェルトがラッポルトシュタイン伯位を受け継ぎ、フランス王に誠実宣誓を行った。ほかにも軍事面でフランス王権に貢献したライナッハ家、アルザス最高評定院の創設と運営に貢献したアンドロー家、慎ましい出自ながらフランス王に仕えることで社会的上昇を果たしたクラングラン家などを挙げることができる。クラングラン家に関していえば、もともとオーストリア家に仕えていたが、一六六一年にフランソワ・クラングランが最高評定院における通訳書記に、その息子フランソワ・ロマンは一六九七年に最高評定院の副院長、もう一人の息子ジャン・バティストは一七〇七年にストラスブールの国王代官に任命された。

前述のシュトラースブルク司教フランツ・エゴン・フォン・フュルステンベルクとヴィルヘルム・エゴン・フォン・フュルステンベルクも、一般にアルザスのフランス化の推進者とみなされている。たしかにフュルステンベルク兄弟は帝国におけるフランスの政策に協力していたが、しかしシュトラースブルク司教領では同王に対して特権と自立性を保つことに努めていた。たとえば一六六八年、フランス元帥フランソワ・ド・クレキがモルスハイムの住人に宿営を課そうと試みた際、司教フランツ・エゴンは自身がフランス王ではなく皇帝の封臣であることを強調し、この要求を退けた。彼は一六七四年に帝国における財産と身分を皇帝から剥奪されてパリに逃れたが、八〇年にフランス王の「統合政策」に直面したとき、その決定を皇帝とフランス王の話し合いに委ねるという立場をとった。しかし一六八一年九月三〇日の都市ストラスブールの降伏は、問題の先延ばしが困難なことを司教に認識させた。また逆説的にも同市の降伏は、長らくルター派の市参事会のもとに置かれていた大聖堂がカトリックの手に復帰するという、司教にとっての利点を伴うものでもあった。彼は死の直前の一六八二年三月下旬に、ライン右岸では皇帝、左岸ではフランス王を封主とし、古くからの権利と特権を維持するという妥協案を示した。四月一日にフランツ・エゴンが亡くなり、次期司教に弟ヴィルヘルム・エゴンが選出されると、ルイ一四世は開封勅書で司教とその聖堂参事会の古くからの諸特権を確認した。司教がフランス王に臣従と誠実を誓ったのは、それから五年後の一六八七年のことである。このように司教は、忠誠を誓う前に開封勅書で諸特権を承認されており、ルイ一四世から大きな譲歩を得たといえる。アルザスの領地に関してフランス王を最高封主として認め、代わりに開封勅書で従来の特権の多くを認めてもらった者としては、シュトラースブルク司教のほか、下アルザスの帝国騎士身分、アントラウ女子修道院長、ハーナウ＝リヒテンベルク伯、ツヴァイブリュッケン＝ビルケンフェルト公、シュパイアー司教、ヴュルテンベルク公、ムルバッハおよびリューダース修道院長などを挙げることができる。ツヴァイブリュッケン＝ビルケンフェルト公に関するS・A・ラーザーの研究に基づけば、フランス王権と地域権力は相互補完的な関係にあり、互いの権威を制限しつつ、支配の正当性を相互に与えており、フランス革命までのアルザスではフランスの国家形成と地域権力の領邦国家形成の両方が進展したという[49]。

一方、フランス革命に至るまでフランス王権の主張を受け入れず、開封勅書を取得しなかった者たちもいた。とくにヴァイセンブルクよりも北に位置し、一六四八年にはアルザスの一部とみなされていなかったにもかかわらず「統合政策」の対象となった地域では、この傾向が顕著であった。フランス側から「争われている諸管区（bailliages contestés）」と呼ばれたこの地域では、フランス王権によっていかなる税も徴収されず、これらの管区が最高評定院の管轄に含まれるのかも不明確なままであった。

（四）ルイ一四世治世の終わり

一六九七年のライスワイク条約は、アルザスをルイ一四世にとって再び「飛び地」のような状態にした。というのもフランス王は、それ以前にアルザスの東側で保持していたケール、ブライザッハ、フライブルクなどの重要な拠点を皇帝ないし帝国に、西側で占領していたロレーヌ＝エ＝バール公国を公に返還せねばならなかったからである。たしかに南側には同王が一六七八年のナイメーヘン条約により獲得したブルグント伯領があったが、それでもアルザスを防衛するためには現地に軍を常駐させる必要があった。それを率いたのは、とくにユクセル侯ニコラ・シャロン・デュ・ブレである。彼は陸軍卿ルーヴォワによって引き立てられ、アルザスにおける司令官となったのち、一七〇三年にフランス元帥、一三年にアルザス州総督、そして翌年にはストラスブール総督になった。彼はすでに一六八九年に地方長官ラ・グランジュが退いた頃からアルザスで影響力を強め、この地域で軍事的な指揮をとっただけでなく、宮廷にアルザスの情報を伝えて助言を与える重要人物とみなされるようになっていった。

ライン上流域は、スペイン継承戦争（一七〇一～一三／一四年）により再び戦場となった。戦争の発端は、一七〇〇年にスペイン王カルロス二世が継嗣を残すことなく逝去したことである。カルロス二世の母ちがいの姉マリ・テレーズを妃とするフランス王ルイ一四世と同母の姉マルガレーテ・テレジアを妃とする神聖ローマ皇帝レオポルト一世は、いずれも早くから継承権を主張し、さまざまな分割案について話し合っていた。こうしたスペイン分割を望まなかったカルロス二世は、遺言によりルイ一四世の孫であるアンジュー公フィリップを後継者に指名した。フィリップはフランス王位継承権を放棄するという条件でスペイン王フェリペ五世となることを認められたのであるが、ルイ一四世は彼の王位継承権放棄を撤回した。ヨーロッパの勢力図を根底的に変動させかねないフランスとスペインに対して、イングランド、オランダ、皇帝がハーグ同盟を結んで宣戦布告し、帝国諸侯の大半も皇帝側についた。ライン上流域では、一七〇二年に皇帝軍がラウターブルク付近でライン川を越え、ヴァイセンブルクとランダウを占領した。対するフランス軍は、一七〇三年にライン右岸のケールとブライザッハを包囲の末に降伏させ、さらに北上してランダウを奪取したが、同市は翌年再び皇帝側に渡った。その後は戦況の大きな変化もないまま、散発的な戦闘が続いた。

一方フランドル戦線にて劣勢となったルイ一四世は、一七〇九年の和平交渉で譲歩を示し、ストラスブールを含むアルザスを同盟者のバイエルン選帝侯マクシミリアン二世エマヌエルに譲ることも考えていたという。しかし和平が成立するまでに、ある偶然がルイ一四世をこの苦境から解放した。一七〇五年に皇帝位に即位したヨーゼフ一世が、早くも一一年に三三歳の若さで継嗣を残すことなく急死し、スペインの対立国王に推されていた彼の弟カールが皇帝カール六世となったのである。カール六世が皇帝位とスペイン王位を兼ねてかつての「カール五世的世界帝国」[50]が復活するのではないかという恐れから、イングランドがフランスとの和平に向かい、オーストリアを除く各勢力もこれに追従した。こうして一七一三年にはユトレヒト条約が結ばれ、フランスがスペインを統合しないことを条件に、スペイン王位はフェリペ五世に与えられることとなった。一七一四年三月には神聖ローマ皇帝とフランス王のあいだでラシュタット条約、九月にはバーデン条約が結ばれ、当時フランス軍がライン川沿いで占領していた諸都市のうちランダウについてはフランス王に属することが確認された。

ルイ一四世が七六歳で逝去したのは、翌年九月一日のことである。彼に残されていた後継者は、孫のブルゴーニュ公ルイの三男で、当時五歳のルイ（一五世）のみであった。彼が成年に至るまで、ルイ一四世の甥で筆頭王族にあたるオルレアン公フィリップが摂政を務めた。また、それまでアルザス地方長官を務めていたフェリックス・ル・ペルティエ・ド・ラ・ウセイは一七一五年より摂政のもとで宮廷でのキャリアを歩み、代わりにニコラ・プロスペル・ボーアン・ダンジェルヴィリエが地方長官として赴任した。この行政官は、C・ミュレールによると、「枢機卿［ストラスブール司教ガストン・ド・ロアン］がこの地域において占める力の大きさによって輝きを奪われた」ようである。(51)

六　ストラスブール司教とマリ＝アントワネットから見るアルザス

前節で取り上げたアルザス州の形成は一八世紀後半まで続く長期的プロセスであるが、本節では別の角度から一八世紀のアルザスを見てみたい。それは、ストラスブール司教のプレゼンス、マリ＝アントワネットがアルザスに到着した際の祝典、そして司教と彼女が抱えた「首飾り事件」である。そこには、境界域としてのアルザスの特質やフランスとの関係を見て取ることができる。

（一）ストラスブール司教ガストン・ド・ロアンのプレゼンス

フランス王ルイ一四世の逝去は、ストラスブール司教ガストン・ド・ロアンにとって、最も重要なパトロンの喪失を意味した。ロアンはルイ一四世の庇護下で司教位に就き、さらに一七一二年に枢機卿、一三年にフランス宮廷司祭長にまで上り詰めたのであるが、摂政期のはじめには宮廷司祭長でありながら権力の中枢から遠ざかった。

ロアンはこの時期に、ウィーン宮廷に使節を派遣してある交渉を行った。というのも一七世紀後半、ストラスブール司教がライン両岸に広がる司教領のうち左岸部分に関してフランス王に誠実を誓うと、皇帝は右岸部分をプファルツ継承戦争の際に没収し、近隣諸侯に授封するという措置をとっていたのである。たしかにライスワイク条約が司教領の復旧を定め、司教は右岸に位置するオーバーキルヒとエッテンハイム両管区からの収益を得ることを黙認されていたが、右岸部分の位置づけは不安定なままであった。それゆえロアンは一七一五年にストラスブール司教座聖堂参事会員ヨハン・モーリッツ・フォン・マンダーシャイド＝ブランケンハイムを介して皇帝カール六世に司教領の授封を懇願し、授封の費用や授封に伴う帝国国制上の地位などを交渉した。最終的に一七二三年六月に授封セレモニーが皇帝の夏の居城ラクセンブルクで開かれ、ヨハン・モーリッツが司教の代わりに出席し、約六〇年ぶりにストラスブール司教領の右岸部分の授封が執り行われた。こうして司教は皇帝を封主とし、レーゲンスブルクの帝国議会やオーバーライン・クライスなどにも受け入れられ、帝国の一員としての活動を展開するようになる。

ガストン・ド・ロアン

またロアンはアルザスにおいて、たとえば一七一七年のドン・グラチュイをめぐる議論に積極的に介入した。ドン・グラチュイは、神の権利によって国家の財政負担に対する貢献から免除されていると主張するフランスの聖職者が、義務の遂行ではなく自由意志により国王に差し出した「寄付」のことである。これは実際には拒むのが難しいものであったが、新王ルイ一五世ないし摂政によりドン・グラチュイを求められたアルザスの聖職者らは一七一七年七月にストラスブールに集まって議論し、その献納を拒否した。それを聞きつけたロアンは急いでアルザスにやってきて、翌月サヴェルヌ（ツァーベルン）で新たな会議を開き、事前の入念な根回しによってドン・グラチュイの承認に導いた。ロアンが新王と摂政の意向を反映して議論に介入したのか、あるいは中央でのアルザスに対する懐疑心を回避するためであったのかは定かではないが、少なくともフランスの慣習に則って行動していたといえよう。

さらにロアンは、一七二〇年代にフランス宮廷においても地歩を固めていった。彼はまず、一七二一年に枢機卿としてローマでの教皇選挙に参加した際、摂政の腹心でカンブレ大司教のギヨーム・デュボワを枢機卿にするという任務を担った。これを実現したことにより、ロアンはデュボワから厚遇されるようになり、一七二二年には摂政会議に加えられた。続いてロアンは、宮廷がルイ一五世の結婚相手としてマリア・レシチンスカに狙いを定めたとき、その実現のために大いに尽力した。彼女の父スタニスワフ・レシチンスキはもともとポーランド王であったが、一七〇九年に王位を追われ、ヴィサンブール（ヴァイセンブルク）に亡命していた。ロアンは、腹心ジャン・フランソワ・リキウスを介して縁談をまとめ、ルイ一五世の代理のオルレアン公や数々の宮廷人、レシチンスキ家の者たち、そしてアルザスの聖職者や貴族などが出席するなか、一七二五年八月一五日にストラスブール大聖堂で盛大な結婚式を執り行った。ルイ一五世本人が出席した正式な結婚式は翌月五日にフォンテーヌ

マリア・レシチンスカ

ルイ 15 世のストラスブール訪問（マルタン・マルヴィ、ヨハン・マルティン・ヴァイス、18 世紀）

ブローで開かれたが、そこでも王と王妃に祝福を与える役割を担ったのはロアンであった。

こうしてロアンは、ヴェルサイユで宮廷司祭長を務めながら、年に数か月はアルザスに滞在してライン両岸に広がる司教区と司教領を管理し、教皇選挙の折には枢機卿としてローマに向かい、使節を派遣することで帝国議会やオーバーライン・クライス会議にも参加するなど、多方面で精力的に活動した。

このようなロアンにとって、オーストリア継承戦争はまさに懸案事項であった。一七四〇年に皇帝カール六世が逝去すると、ハプスブルク家領を継いだマリア・テレジアに対して、プロイセンをはじめ複数の勢力が異議や継承権の主張などを掲げて介入し、戦争が始まった。フランスは、それまでの平和外交路線からハプスブルク家との対決路線に傾き、プロイセンに軍事支援をしただけでなく、一七四四年春にはオーストリアとイギリスに正式に宣戦布告した。同年夏、オーストリア軍の総司令官であるロートリンゲン公カール（マリア・テレジアの夫フランツ・シュテファンの弟）はライン川を越えて下アルザスに侵入し、ローターブール、ヴィサンブール、アグノー、サヴェルヌなどを占領した。この危機的状況を前に、ルイ一五世は自ら出陣することを決意し、アルザスに向けて行軍した。ただしこのとき、プロイセン軍によるベーメンへの再侵攻の知らせを受けたロートリンゲン公カールがアルザスから撤退したため、この地域でオーストリア軍とフランス軍が戦火を交えるという事態は免れた。ロアンは、まずはカールが去ったあとに急遽復旧されたサヴェルヌの城で、続いてストラスブールでルイ一五世を迎え入れ、数々の盛大な催しで歓待した。一方のオーストリアに対しては、戦争中に明白な立場をとることはなかったが、一七四八年にアーヘンの講和により戦争が終結すると、翌年にはウィーンに使節を派遣した。彼はそこで関係を修復するとともに、新皇帝フランツ一世より司教領のライン右岸部分を受封し、神聖ローマ皇帝とフランス王の両方の封臣という地位を保つことができた。

この戦争の時期はロアンの晩年にあたるが、彼はそれまでのようなヴェルサイユを中心とする広範な活動よりも、ストラスブール司教区の監督に力を入れたといわれている。そして一七四九年七月一九日、七五歳で生涯を終えた。次期司教には同じくロアン家のアルマン・ド・ロアンが就いた。しかし病弱な彼は若くして亡くなり、一七五六年にはガストン・ド・ロアンのいとこであるコンスタンタン・ド・ロアン、七九年には前任者の甥にあたるルイ・ド・ロアンが司教となった。このようにロアン家は、聖堂参事会員による選挙であってもストラスブール司教位を確保し続けることとなる。ただしガストン・ド・ロアンの後任者らが、彼ほどの大きな影響力を持つことはなかった。

ガストン・ド・ロアン亡き後のアルザスでは、とくに地方長官ジャン＝ニコラ・メグレ・ド・セリリ（任一七五〇〜五二年）が重要な役割を担った。彼の最大の任務は、ストラスブール国王代官フランソワ＝ジョゼフ・ド・クラングラン（任一七二五〜五二年）をめぐる問題への対処であった。クラングラン家は三代にわたってストラスブール国王代官を務めた家門であり、とくに二代目のフランソワ＝ジョゼフはその血縁関係やフランスの指導層とのつながりを用いて権威を高め、公私混同により豪奢な生活を送っただけでなく、公金横領にも手を染めた。セリリはこの事件を調査するとともに、損失を補填し、再発を防止するための措置を講じた。その際彼は、ストラスブールの都市特権を維持しつつも、支出に対する王権の管理を強めるような財政規定を導入した。また、彼が作成したアルザスについての報告書は、この地域に「ドイツ的」ないし「オーストリア的」要素が根強く残っていることを問題としていた。たとえばイエズス会について、アルザスではフランス王の臣民のみがイエズス会神学校の長になれるという規則が厳格に守られている一方で、多くの者がライン右岸に位置するドイツの大学で学び、フランスよりもオーストリアの方を向いていることが指摘されている。それ以外にも、ストラスブール大学の長をルター派とカトリックが交代で担うという案や、ドイツ語使用が縮小してフランス語が普及すれば、プロテスタントの者たちは帝国からアルザスに移住できなくなるであろうという見通しなどが示されている。セリリ自身は就任後二年で没するが、彼の報告書からは、一八世紀後半になお色濃く残るアルザスの特殊性を理解しようとしつつも、できる限り「フランス的なもの」に近づけようとしていたことがわかる。

次の地方長官ジャック＝ピノー・ド・リュセ（任一七五二〜六四年）は、ストラスブール国王代官ジャン＝バティスト＝ドゥニ・ド・レジュモルト（任一七五二〜六一年）と協力して、クラングラン事件により損なわれた財政秩序の回復に努めた。この時期に、ライン上流域の力学に変化をもたらすような出来事、すなわち「外交革命」が生じることとなる。

（二）マリ＝アントワネットの祝典

「外交革命」を推進したのは、オーストリアの宰相カウニッツである。アーヘンの講和交渉においてオーストリアを代表した彼は、オーストリア継承戦争によりシュレジエンをプロイセンのフリードリヒ二世に奪われたいま、主要な敵がフランスではなくプロイセンであると認識した。そして一七五〇〜五三年にパリにおけるオーストリア大使としてフランスとの同盟を模索したが、フランス側の反対派を説得することは困難であった。しかしフランスは、自らと同盟関係にあったプロイセンが一七五六年一月にイギリスとウェストミンスター協定を結ぶと、それを背信行為として同年五月にオーストリアと防衛同盟を締結した。この関係は七年戦争（一七五六〜六三年）後も維持され、一七七〇年にはマリア・テレジアの末娘マリ＝アントワネットとフランス王太子ルイ（一六世）の結婚により強化されることとなる。

マリ＝アントワネットは一七七〇年五月七日にライン上流域に着くと、オーストリアの衣装を脱いでフランス式に着飾り、フランス宮廷の者たちやアルザスの行政官らに迎えられ、ストラスブールにやって来た。一二歳から一五歳までの子供たちがスイス人近衛部隊に扮し、一五歳から二〇歳までの少女らが「さまざまなドイツ風のファッション」[52]を身に纏い、数々の装飾や演出がなされるなか、彼女は歓喜の声で迎えられた。そのあと司教館でストラスブール司教コンスタンタン・ド・ロアンや司教座聖堂参事会員らに歓待され、アルザスの貴族の婦人らに囲まれ、夜には舞踏会に参加した。翌日彼女は、バーゼル司教、ミュールハウゼン市、アルザス最高評定院、騎士団、そしてストラスブールのルター派とカトリックの両

マリ＝アントワネット
(ジョセフ・デュクルー、1769年)

大学などさまざまな団体の代表らと面会した。そして大聖堂で司教補佐ルイ・ド・ロアンに迎えられ、ミサに出席したあと、サヴェルヌで再び司教コンスタンタン・ド・ロアンに歓待された。そこでも舞踏会、花火、晩餐会が催され、オーストリアからやってきた者たちも同席した。翌九日に彼らに別れを告げると、彼女はナンシーを通ってヴェルサイユに向かい、到着した一六日に王太子との結婚式を挙げた。

こうしたフランスとオーストリアの和解とそれを象徴する結婚は、アルザスにおいて好意的に受け止められ、盛大に祝われたことがわかる。B・フォーグレールによると、アルザスにおいてフランスとの結びつきは君主への忠誠心に限られており、一部の貴族や教養市民にのみ見られるものであったが、そのような結びつきは「ルイ一五世のストラスブール訪問（一七四四年一〇月）、王太子妃マリ＝アントワネットのケール橋からのフランスへの到着（一七七〇年）、あるいはストラスブール併合一〇〇周年記念（一七八一年）の機会に、いくつかの祝典によって表現された[53]」という。マリ＝アントワネットが到着した際の祝典は、フランスとの結びつきを示す以外にもさまざまな意図や受け取り方があり得たであろうが、このような祝典が政治の変化を可視化する効果をもったことは確かであろう。このことは当然ながら、一七七四年のルイ一五世の追悼にもあてはまる。ルイ一五世のストラスブール訪問は一七四四年の一度きりであったが、その三〇年後に彼が没すると、大聖堂は黒に包まれて喪に服し、五月半ばから六月末まで六週間にわたって追悼の鐘を鳴らした。六月末に行われた追悼ミサには、聖職者や支配者層のみならず群衆も殺到したという。

ルイ一五世の後を継いだのは、彼の孫にあたり、一七七〇年にマリ＝アントワネットと結婚したルイ一六世である。この時代の回想録で有名なアルザス出身のオーバーキルヒ男爵夫人によれば、「マリ＝アントワネットのことを記憶にとどめているアルザスは、この［ルイ一六世治世の］前途にとくに気を配っていた[54]」という。

（三）「首飾り事件」

一七七一年に司教補佐ルイ・ド・ロアンはウィーンにおけるフランス王の大使に任命され、翌年ウィーンに到着した。しかし彼はウィーン宮廷で女帝マリア・テレジアの寵愛を受けることはできず、当時進行していたポーランド分割について重要な情報をフランス宮廷に知らせるということもできなかった。また彼の芳しくない振る舞いは、在ヴェルサイユのオーストリア大使を通して王妃マリ＝アントワネットにも伝えられていた。一七七四年にヴェルサイユに戻ったルイ・ド・ロアンは、それゆえ王妃から疎まれていたが、自らの親族のおかげで立場を強化し、七七年に宮廷司祭長、七八年に枢機卿、そして七九年にはストラスブール司教になった。そんな彼が一七八五年八月一五日、聖母被昇天のミサを行うためにヴェルサイユの礼拝堂に入ろうとしたときに呼び止められ、バスティーユに連れていかれ、裁判にかけられるという事態に陥った。

事件の発端は、先王ルイ一五世が愛妾デュ・バリ夫人のために宮廷御用達宝石商ベーマーに注文し、しかしながら王が没したため引き取り手がいなくなった一六〇万リーヴル相当のダイヤモンドのネックレスにある。ヴァロワ王家の後裔を名乗って宮廷に出入りしていた詐欺師ジャンヌ・ド・ラ・モット夫人は、王妃の寵遇を得ようとしていたロアンをそそのかし、一七八四年一一月にネックレスを手に入れた。その際ロアンは、王妃がネックレスを王に知られることなく入手するために彼の協力を望んでいるというド・ラ・モット夫人の作り話や、王妃を装って夫人が作成した偽の手紙を信じ込み、約束手形と引き換えにベーマーからネックレスを受け取り、王妃の親友を称する夫人に託したという。当然ながらネックレスが王妃に届けられることはなく、ロンドンに運ばれてばらして売りに出された。一七八五年八月に第一回分割支払期日に際して王妃のもとにベーマーが訪れて真相が明らかとなり、ロアンを含め関係者が逮捕されるに至ったのである。

ロアンの裁判をめぐっては、外務卿ヴェルジェンヌが特別法廷で行うことを勧めたのに対して、王と王妃の強硬姿勢に賛同した宮内卿ブルトゥイユは、ロアンを確実に有罪判決にできると期待して、パイプをもつ高等法院に裁判を委ねることにした。しかし、ブルトゥイユと対立する財務総監カロンヌがヴェルジェンヌとともに介入した結果、一七八六年五月末に高等法院は僅差でロアンを無罪放免にした。また、王妃になりすましてロアンと密会したニコルは放免され、無期収監刑となったド・ラ・モット夫人も二年後に脱獄すると、ロンドンで王妃批判の文書を出版した。このスキャンダラスな事件は、宮廷内部の腐敗や堕落をさらけ出し、本来は無関係のはずのルイ一六世ととりわけマリ＝アントワネットに対する批判を強め、結果として国王の権威を甚だしく失墜させることになった。またその裁判は、「いままで遠い宮廷の雲の上のことだった政治の世界が、いまや身近の日常的な事件と感じられる」ようになるなど、「新しい公共圏を活性化させる」ことにつながった。[55]

一方、枢機卿ロアンはといえば、さまざまな支持者を見出すことができた。C・ミュレールによると、この出来事に夢中になった公衆の多くはロアンに味方し、無罪の判決が下されると高等法院と枢機卿に対して「万歳」の声が上がったという。[56] さらに、バスティーユから出たロアンが宮廷司祭長の辞任を要請されただけでなく、国王により中部オーヴェルニュ山中の修道院、続いてトゥールのマルムティエ修道院に追放されると、アルザスの聖職者たちは司教の釈放を求めて奔走し、フランス聖職者会議の大司教、司教、その他の代表らに陳情書を送ったという。さらにストラスブール司教領を管理するサヴェルヌ政庁は、一七八八年に司教を教区に戻すことを求める嘆願書をライン右岸に位置する司教領の住民の名において作成し、ブリエンヌ伯を介して国王に宛てている。今後詳しい分析が必要であるが、ライン右岸、つまりフランス王ではなく皇帝のもとにある司教領の住民の名において司教の解放を求めたことからは、この問題がフランスにとどまらないことを示唆する狙いも感じられる。そして同年七月には、ロアン自らがペンをとり、フランス聖職者会議に自身の扱いが不当である旨を主張した。こうした努力の末に、枢機卿ロアンはようやく一七八八年一二月に自由の身となり、アルザスへの帰還を許された。

一七八九年一月にロアンがサヴェルヌに着くと、群衆が押し寄せ、まさにお祭り騒ぎになった。それから彼はストラスブール、ベンフェルト、コルマール、ムツィグなどを回り、各地で歓待され、群衆に囲まれた。もちろんアルザスには、ロアンの不在による政治的空白を利用しようとした者たち、ロアンへの敵意を露わにする者たち、単なる興味本位で集まった野次馬などもおり、みながロアンの帰還を歓迎したわけではないことは指摘しておく必要があろう。しかも彼は、帰還からほどなくしてサヴェルヌを離れ、ライン右岸のエッテンハイムミュンスターに逃げ込まねばならなかった。というのも一七八九年にフランス革命が始まり、同年一一月に教会財産国有化が決議され、翌年一〇月にはアルザスの教会財も没収されたからである。

以上のような司教ロアンの振る舞いからは、アルザスがフランスの一部になりつつも、なお境界域として外に開かれていたことがわかる。こういった状況が、フランス革命を経てどのように変容していくのかを次章で見ていこう。

第4章

近代国民国家の周縁

一　フランス革命とナポレオン

パリとヴェルサイユで始まったフランス革命の動きは、ほかの地域と同様にアルザスにも波及した。その際にこの地域に特有な問題として浮かび上がったのが、とくに帝国等族への対応である。彼らに対してはすでに革命前夜から不満の声が上がっていたが、フランス革命はその存在自体を問題にした。最終的にアルザスは、ナポレオンのもとで「フランス市民」からなる地域に再編され、フランスへの統合が加速度的に進んでいくことになる。

(一) フランス革命前夜のアルザス

フランス革命前夜の一七八七年、各地に地方議会が設置された。これは国王直轄官僚である地方長官が担う行政に地方住民の代表らを参加させ、王政に対する世論の支持を得るために構想されたものである。アルザスでは、まずは二四名が地方長官ショモン・ド・ラ・ガレジエールによって任命され、続いて第一回の会期(一七八七年八月)に聖職者代表の一人で議長となったジャン＝バティスト・ド・フラハスランデンのもとでさらに二四名が既存メンバーにより指名された。こうしてメンバーは、聖職者一二名、貴族一二名、第三身分(都市代表、領主の役人、国王の役人など)二四名から構成された。

こうしたフランスに特徴的な三身分制は、この地方議会によりはじめてアルザスに導入された。というのもこの地域には、一六〜一七世紀にエルザス・ラント等族という結合体が存在していたものの三身分制に基づくものではなく、一七世紀末以降に新たに会議体が設けられることもなかったからである。この地方議会は、第二回の会期（一七八七年一一～一二月）で打ち切りとなったものの、一七八八年に彼らの一部からなる中間委員会がそれを引き継ぎ、租税の分配や道路管理などの分野で活動を続けた。中間委員会はパリに対して地方の利害を代表した一方で、アルザスに領地をもつ帝国諸侯に与えられた特権とそれに由来する租税負担の著しい不公平を是正することにも取り組んでいた。この点では、貴族への課税を試みる王権と類似の方向性を示していたといえる。こうした試みに対して、ヘッセン方伯、シュパイアー司教、ヴュルテンベルク公などの帝国諸侯は自らの特権を守るべく、ヴェルサイユ宮廷に訴えた。最終的に中間委員会の試みは失敗に終わったが、すでに革命以前に地域の側から帝国諸侯をめぐる問題が提起されていたことがわかる。

一七八八年八月に翌五月の全国三部会の召集が布告されると、アルザスにおいても代表選挙が行われた。全国の議員総数約一二〇〇名のうちこの地域に割り当てられた議員定数は二四名（聖職者六名、貴族六名、第三身分一二名）であり、うち九名は地方議会の元メンバーが選ばれた。全国的には聖職者代表のうち司祭が大きな割合を占めたのに対して、アルザスでは高位聖職者が四議席を確保し、司祭は二名にとどまった。また第三身分の代表についても、フランス語の読み書きができる層に限られたため、選ばれたのは主にブルジョワ知識人（法曹、国王ないし領主の役人、医師、官職保有者など）であり、農民代表は皆無であった。さらにアルザスではプロテスタントの代表が三名選出されたが、プロテスタントが人口の約二五％を占めるアルザスの宗派状況をそのまま反映しているわけではなかった。こうした代表選挙のあいだ、各選挙区ではそれぞれの陳情書が作成され、代表によって全国三部会に提出されることとなった。現在まで保存されているのは陳情書の一〇～一五％のみであるが、そこでは主に重税と財政逼迫、人口過密と土地不足、商業の衰退などの問題が指摘されたほか、とくにアルザス州の伝統的な諸特権の維持が求められており、改革志向というよりは保守的な傾向を示していたといえる。

（二）フランス革命のはじまりと展開

一七八九年五月、全国各地で選ばれた代表らが続々とヴェルサイユに集まり、五日に開会、翌六日から実質的な日程に入った。特権身分は従来どおり身分別の部会に分かれて議員の資格審査を始めた一方、第三身分代表は身分別審議と身分別投票ではなく合同審議と個人別頭割り投票を要求した。さらに彼らは自らを「国民議会」と称し、そこに多くの聖職者代表と一部の開明的な自由主義的貴族も加わることを承認した。これに対して新議会への合流を拒否した司教と貴族によって促された国王は、第三身分の集会場を予告なしに閉鎖したが、周知のように「国民議会」の議員らは屋内の球戯場に集まり、憲法制定までは議会を解散しないという「球戯場の誓い」を立てた。こうした不屈の態度を前にルイ一六世は特権身分代表に国民議会への合流を勧告し、七月九日には「憲法制定国民議会」が発足して憲法起草の作業が始まった。その一方で国王側は、約二万人の軍隊を各地からヴェルサイユとパリの周辺に集め、その圧力により国民議会を解散させることを狙っただけでなく、第三身分代表に融和的な財務総監ネッケルの罷免も行った。こうした威嚇は国民議会に向けられたものであったが、パリの市民は自衛のために武器を調達し、また春から欠乏していた食糧を確保するために、入市税門の焼き討ちや武器商店の略奪などを始めた。そして七月一四日には、武器を求めてバスティーユに押し寄せ、銃撃戦の末に占拠した。

このようなパリでの騒擾は、全国各地に波及し、アルザスもその例外ではなかった。ここでも前年からの凶作と食糧危機が深刻な状況にあったが、そこにバスティーユ占拠の知らせが届いた。ストラスブールでは群衆が熱狂し、七月二〇日に市庁舎前広場（現在のグーテンベルク広場）に押し寄せ、寡頭政治の打破を期待して市

破壊されるストラスブール市庁舎（クリスティアン・ヴィンク、18世紀）

民の直接選挙による参審員の選出を求めた。市参事会はこうした圧力のもとで要求された選出方法に合意したが、翌二一日にはそれが嘘であったという噂が広まり、市民は再び市庁舎前に集結した。穏健な抗議活動は徐々に暴徒化し、守備隊の警備にもかかわらず、石を投げて窓ガラスを破壊し、市庁舎の扉をこじ開けて乱入し、窓からモノや書類を投げ落とし、重要な公文書を含めて書類を破り捨て、金品や馬を盗むなど、破壊と略奪がしばらく続いた。こうした騒擾事件は、ストラスブールほど大規模ではないにせよ、コルマールやアグノーなどの諸都市でも見られた。

農村部はというと、「大恐怖」に見舞われた。すでに一七八九年春から領主制に対する農民の反抗は見られていたのだが、バスティーユ占領の知らせが伝わると、革命に反対する貴族らが農村に野盗を差し向けていると思い込んだ農民らが、パニックのなかで自衛のために武装した。

彼らは領主館を襲撃して古文書や土地台帳を焼却し、貴族領主のみならず役人やブルジョワ地主をも攻撃対象とした。アルザスでは、とくにスンゴーにおいて激しく、ミュルバック（ムルバッハ）修道院長の城があるゲブヴィレールには、三〇〇〇～四〇〇〇人が押し寄せて城を踏み荒らし、修道院長に全権利の放棄を迫ったという。またユダヤ人高利貸しから債権書を奪い、家を破壊し、略奪し、暴行を加える者たちもいた。類似の動きは、サヴェルヌをはじめ下アルザスでも見られた。

この「農民の革命」は、国民議会の貴族とブルジョワを含むあらゆる土地所有者にとって脅威であり、議会の多数派は当初武力での鎮圧を思案していた。しかし武力に頼るということは、それを束ねる国王に主導権を与える恐れがあったため、ほかの手段で暴動を鎮める必要があった。その結果一七八九年八月四～五日には、ある自由主義貴族による領主権放棄の発言を端緒として、旧体制の基礎となってきた「封建制」の廃止決議へ向かい、一一日には「封建的諸特権の廃止」が法令として成文化された。こうして特権身分の免税特権を否定し、領主裁判権や賦役などの人格的隷属を伴う領主権および教会に納める十分の一税を無償廃止し、さらには地域特権まで廃止となった。一方で、領主の土地を保有する農民にかかる貢租については、買い取りによって廃止され得るという有償廃止であり、多くの農民は土地を取得することができなかった。それゆえこの問題をめぐってはその後も対応が求められるのだが、差し当たり以上の措置により農民の反乱は沈静化した。

続いて国民議会は、同月に前文と一七条からなる「人間および市民の権利の宣言」（フランス人権宣言）を採択し、彼らが制定を目指している憲法の支えとなる理念をうたった。その第一条「人間は生まれながらにして自由であり、権利において平等である」は、あまりにも有名である。この人権宣言とそれに先立つ封建制廃止の法令は、フランス旧体制の社団的な国家構造を否定し、自由と平等の原則に基づく新しい国民および社会の創設を目指し、それまでのあり方に大きな変容を迫った。

　アルザスにおいても、各都市の市参事会が解散して臨時参事会が組織されるとともに、都市憲章の放棄、正規市民とそれ以外の人びととの社会的階層区分の解消、市外領地の放棄などが行われた。また一七世紀半ば以降に王権がアルザスに導入していった地方長官府、最高評定院、国王代官職なども廃止された。さらに一七八九年一二月末には、旧来の州ないし地域を廃止してフランス全土を八三の県に分割することになり、アルザスにおいても州が廃止された。そして次頁の【地図８】のように、北のバ＝ラン県と南のオー＝ラン県に分けられ、それぞれ四郡（郡庁所在地は北からヴィサンブール、アグノー、ストラスブール、ベンフェルト）と三郡（コルマール、アルトキルシュ、ベルフォール）に下位区分された。各県には四年ごとに選挙され、二年ごとに半数が交代する三六名の議員からなる県議会が設置された。各都市にも市議会が置かれ、たとえばストラスブールでは一七名の市行政官と三六名の名士がそれを構成し、一七九〇年三月に前年まで国王代官職を代行していたフィリップ＝フレデリック・ド・ディートリヒが初代市長に選ばれた。また同年、それまでヴォージュ山脈にあった関税線がライン川に移され、ストラスブールは自由港の資格を喪失した。このときフランスは、ドイツのみならずスイスとの関税国境も明確化し、スイス盟約者団に属するミュールハウゼンの周囲に税関を設置してある種の経済封鎖を行った。これによる経済状況の悪化に加えて寒波や飢餓などに見舞われたミュールハウゼンは、フランス総裁政府の影響下に置かれていたスイスからの援助も期待できず、一七九八年にフランス共和国に併合される道を選ぶこととなる。

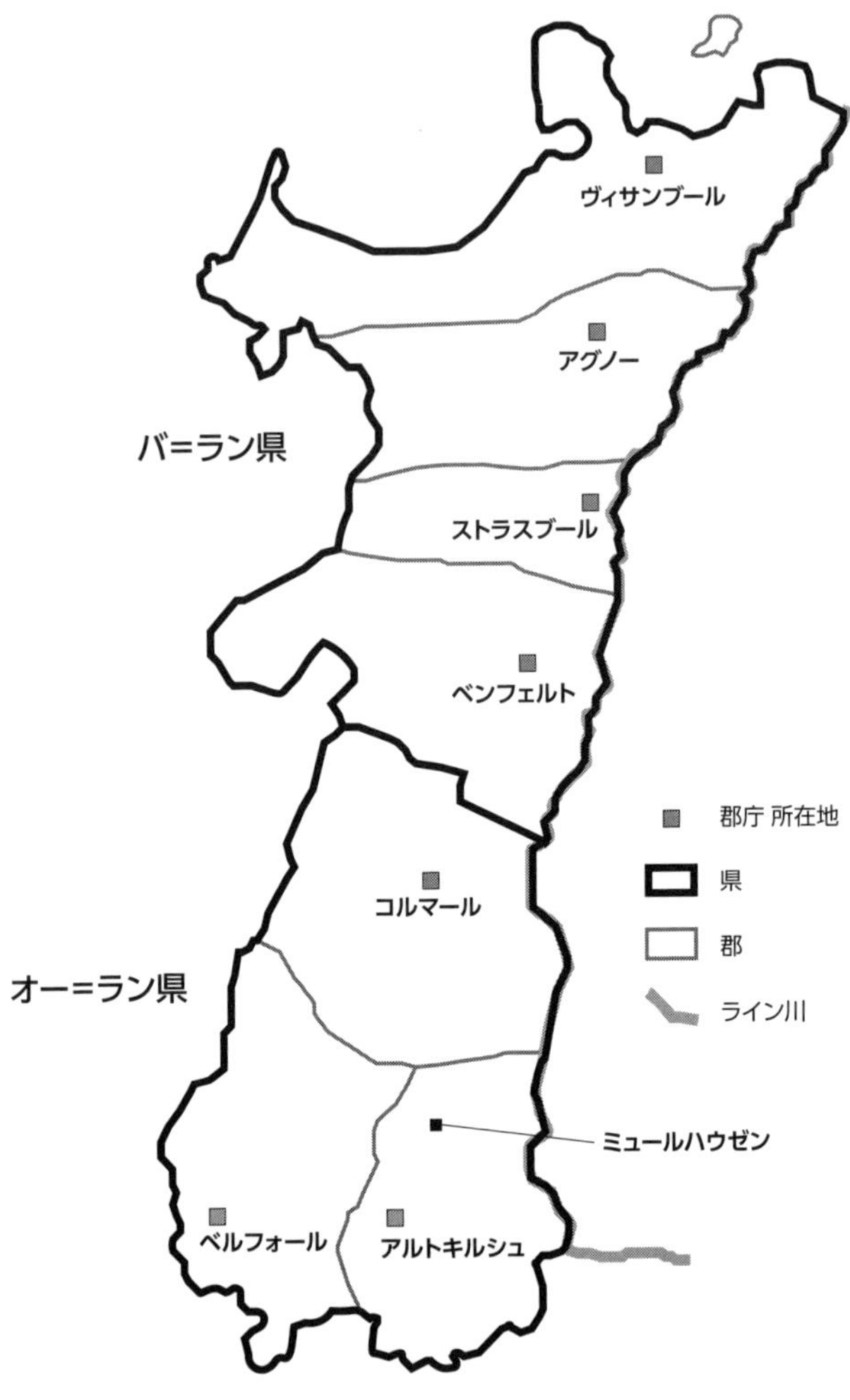

【地図 8】1790 年のアルザスの行政地図

(三) アルザスに領地をもつ帝国等族をめぐる問題

アルザスに領地をもつ帝国等族にとっては、一七八九年八月の「封建的諸特権の廃止」が自らにも適用されるのか否かが関心事であった。そうしたなかでプロイセンの外交官ゲルツは、革命に対して足並みを揃えるためにアルザスの帝国等族の各宮廷をまわり、フランスの新しい組織との交渉をしないよう説得した。

一方フランスの国民議会は、アルザスのプロテスタントの利害を守るためにパリに来ていたストラスブール大学教授クリストフ＝ギヨーム・コッホの協力のもとで、アルザス関連事案の法的問題について検討した。一七九〇年一〇月には報告書が作成されたが、D・フィッシャーによると要点は以下二つである。まず、「アルザスは講和条約［ウェストファリア条約とライスワイク条約］によってフランスに統合されているのではなく、一七八九年の全国三部会に代表を送ったこの州の人びとの意志によって、言い換えると民族自決権によって統合されているのであり、いまやアルザスをフランスに結びつける社会契約はドイツのあらゆる要求事項を無効にする」という主張である。次に、「権利を侵害された諸侯に補償する義務をフランスが一切負うべきではない理由を明らかにしたうえで、それでもなお革命的フランスの平和的意図をヨーロッパに知らしめるために寛大な態度をとる」べきという提案である。[57] この報告書に基づいて補償交渉を提案し、補償金がフランスの厚情によるものであることを示そうとしたフランス側に対して、帝国等族らは基本的に非妥協的な態度をとった。その理由としては、国際的に認められていない国民議会からの提案を受け入れるわけにはいかないということや、そもそもアルザスが帝国から切り離されることを望まないということなどが挙げられていた。こうして帝国等族をめぐる問題は、国民議会のもとでは未解決のままとなった。

ただしストラスブール司教をはじめとする聖界諸侯は、まもなく別の問題に直面した。国民議会は一七八九年一一月、深刻な財政難の解決のためもあって、「すべての教会財産は国民の処分に属する」ことを宣言し、教会財産を国有化して競売に付したのである。これにより収入源を失う聖職者は、一七九〇年七月の「聖職者市民法」に基づき、有権者による選挙で選ばれて国家により給与を支払われる公務員に位置付けられることになった。教会財産の国有化はストラスブール司教領にも及び、前述のように司教ルイ・ド・ロアンは右岸のエッテンハイムミュンスターに避難した。こうした措置は多くのカトリック住民のもとで大きな反発を引き起こしたが、反対にプロテスタント住民は比較的好意的に受け入れる傾向にあり、しばしば競売に付された教会財産の買い手になったという。

一七九一年六月に国外逃亡を試みた国王ルイ一六世とその一家がヴァレンヌで逮捕されてパリに送還されると、八月末には神聖ローマ皇帝レオポルト二世がプロイセン王フリードリヒ・ヴィルヘルム二世とともにピルニッツ宣言を発し、フランスにおける国王の地位回復を要求した。さらに一七九二年四月半ばには、レオポルト二世の後を継いだオーストリアのフランツ二世が、アルザスの特権の復旧を求めている。こうしたなかでフランスの立法議会は、一七九二年四月二〇日に全会一致でオーストリアに対する宣戦布告を決定した。このとき、ストラスブール市長ディートリヒが戦地へ向かう者たちを鼓舞するために将校ルジェ・ド・リルに依頼し、出来上がったのが「ライン軍のための軍歌」である。これがのちに「ラ・マルセイエーズ」としてフランスの国歌となる。この戦争でフランスが守勢に立たされると、国内では王権停止と立法議会の解散が生じ、九月に開会した国民公会のもとでフランスは王政から共和政に移行した。アルザスをめぐる問題に大きな動きがあったのも、この国民公会の時期である。

一七九二年一〇月、バ＝ラン県の指導者はアルザスに比較的大きな領地をもつ諸侯らに対し、その接収を言い渡した。そしてこの方法を、より小さな領地をもつ者たちにも適用していった。こうして一七九三年一月までのあいだに、以前は領主の会計係を務め、しかしいまや共和国政府により雇われた者たちが中心となって、財産の接収、目録作成、管理が行われた。その際、はじめは亡命貴族の財産没収に関する法がアルザスの全帝国等族に適用されていたが、帝国諸侯らともパイプをもつアルザスの国民公会議員フィリップ＝ジャック・リュールが対象範囲を限定するよう政府を説得した。それゆえ一七九三年五月には、フランスへの帝国戦争の宣言に抗議しなかった者に対して財産を接収する、というかたちに改められた。またこうした接収は、革命政府にとって必ずしも財政的にプラスとなるものではなく、接収した財産の維持費やそれを担う役人たちへの報酬、さらには以前の持ち主が抱えていた借金の返済など、むしろ大きな財政負担を強いることにもなった。

なお国民公会は、帝国等族をめぐる問題だけでなく、さまざまな面で急激な変化をもたらした。たとえばストラスブールでは、旧エリート層を中心とするフイヤン派により支えられていた市長ディートリヒが、ジャコバン派によって解任に追い込まれた。そして一七九三年初頭には、国民公会議員によりサヴォワ出身のピエール・モネが市長に指名された。さらに同年一〇月にオーストリア・プロイセン同盟軍がアルザス北部に侵入すると、ライン軍の再編成と同盟軍の駆逐を任務として、公安委員会によりサン＝ジュストとルバがこの地に派遣された。彼らは軍紀の粛正、反革命容疑者の逮捕や処刑、富裕市民への公債負担の強要、物資の徴発など、まさに「恐怖政治」を展開した。当初彼らのもとで革命裁判所の訴追官を務めたのは、アルザスにおいてドイツ系のジャコバン・クラブを率いていたウーロージュ・シュナイダーであり、反革命の容疑者や宣誓を拒否した司祭を厳しく処罰した。しかしこのシュナイダーも、一七九三年一二月には逮捕され、翌四月にはギロチン台で処刑された。この逮捕・処刑の理由をめぐってはさまざまな解釈が示されているが[58]、その議論のなかでドイツ語使用の問題が指摘されている。一七九三年一二月にフランス軍はオーストリア・プロイセン同盟軍を撃退することに成功したが、その際に退却する同盟軍の兵士たちとともに二万人以上のアルザス住民が脱走した。こうした脱走が生じた原因は両者の共通性に見出され、ドイツ語による反革命の宣伝のみならず、敵軍と同じ言語を話すということ自体が危険視されるようになったのである。こうしてパリのジャコバン派を後ろ盾とするストラスブール市長モネは、ドイツ語を使用するジャコバン派を一掃するために諸集団の長やドイツ移民を逮捕させたのであるが、その一人がシュナイダーであった。こうしてアルザスは、言語や習俗をはじめさまざまな領域で窒息的状況を経験し、革命に対する熱狂の冷却、失望、無気力に向かっていった。

帝国等族をめぐる問題に話を戻すと、一七九五年の国民公会解散後に発足した総裁政府のもとで、接収された領土を返還する動きがいくらか見られた。この機会に帝国等族はさまざまな理由を掲げ、一七九二〜九三年に接収された財産を取り戻そうと試みた。実際に比較的小規模な権利や領土の返還は行われたが、しかしながら大規模な諸侯領の返還については認められないままであった。

これらの領地のフランスへの正式な併合は、一八〇一年にフランスの第一統領ナポレオンがオーストリアと結んだリュネヴィルの和約によって確認された。すでに一七九五年にプロイセンがフランスと結んだバーゼルの単独講和の秘密条項は、プロイセンがライン左岸で喪失する領土を右岸の聖界諸侯領の接収により補償することを約束していたが、この措置がほかのケースにも援用されたのである。また聖界諸侯領の「世俗化」に加えて、世俗の弱小等族の領地をより大きな諸侯領に組み込む「陪臣化」の原則まで打ち立てられた。こうして一八〇一年にはライン左岸のフランスへの併合が認められ、それに伴いアルザスの帝国諸侯が被った損失は、基本的にライン右岸における「世俗化」と「陪臣化」により補償されることになった。バーデン辺境伯はこの機会を利用して、ライン左岸で失った領土の七倍以上の面積の「補償」を手に入れたが、そこにはストラスブール司教領の一部であるエッテンハイムも含まれていた。また、ハーナウ＝リヒテンベルク伯領の喪失の代わりに一〇〇〇万フローリンを取得したヘッセン＝ダルムシュタット方伯のように、フランスから金銭的な補償が行われることもあった。最終的にナポレオンは、補償が行われなかった比較的小さな領地の持ち主に対して、フランス人としてアルザスにおけるその領地を復旧されるか、あるいはドイツ人としてそれを手放すかを選択させた。こうすれば理論上、アルザスには「フランス市民」しか残らないことになるだろう。ここに、アルザスのフランスへの政治的統合は最終局面を迎えた。

神聖ローマ帝国も、同じ頃に終焉を迎えることになる。帝国では、一八世紀半ば以降のオーストリアとプロイセンの競合や外国諸国による帝国政治への干渉により弱小領邦が脇に追いやられつつあったが、一九世紀初頭にはその多くが近隣の大領邦に編入された。さらにこれらの諸侯国家は、帝国およびドイツ二大国がナポレオンに対して敗北すると、旧帝国の構造を捨て去り、ナポレオンのもとにライン連盟を結成した。こうして帝国は一八〇六年に解体したが、P・H・ウィルスンが指摘しているように「帝国が体現していた伝統と理念は、ドイツの政治に影響を及ぼしつづけ[59]」、ドイツ連邦（一八一五年～）、北ドイツ連邦（一八六七年～）、ドイツ帝国（一八七一年～）などのなかで変化を伴いながら受け継がれていくこととなる。

（四）ナポレオン治世のアルザス

総裁政府のもとで見られた地方分権化から一転、一七九九年のブリュメール一八日のクーデタにより総裁政府を打倒して統領政府の第一統領さらには皇帝にまで上り詰めたナポレオンのもとで、中央集権化が進展した。たとえば一八〇〇年の地方行政機構の再編では、バ＝ラン県は四郡・三三小郡、オー＝ラン県は五郡・三九小郡に区分され、各県と郡には第一統領が任免権をもつ県知事と副知事（郡長）が置かれた。その際、副知事にはアルザス出身者が就いた一方、地方行政の要となる県知事には基本的にアルザス外の者が選ばれた。また、県会と郡会の議員は知事により作成された名望家リストから第一統領が任免し、各コミューンの長は知事が任免したため、地方選挙は廃止となった。知事の主な任務は世論の監視、徴兵の実施、道路の管理などであり、各県において第一統領ないし皇帝の権威を体現し、その意向を実行に移した。世論の監視という点では、出版物の厳しい検閲が行われたほか、一八一〇年以降は新聞が知事の権限下に置かれ、各県に一紙しか残されなかった。

こうした統制とともに、宗教上の安定がナポレオン治世を特徴づけている。絶対王政期にフランスの公共圏で人目にふれるかたちで宗教活動を行う権利を独占していたカトリック教会は、革命期の弾圧によりそれを失っていた。これに対してナポレオンは、一八〇一年に教皇ピウス七世と政教協約(コンコルダ)を交わし、カトリックに「礼拝の公共性」の回復をもたらした。また一八〇二年には、政教協約、カトリックの付属条項、そしてプロテスタントの付属条項を束ねた国内法を制定し、カトリックのみならずルター派とカルヴァン派を公認した。この共和第一〇年ジェルミナル一八日法により、プロテスタントにも「礼拝の公共性」が保障されることになった。カトリック教会の独占的地位を認めた一六八五年のフォンテーヌブロー王令が適用されていなかったアルザスにおいても、プロテスタントの「公認」と「平等」の獲得はナポレオンに負うところが大きかったといえる。加えて一八〇八年のユダヤ教に関する政令は、若いユダヤ教徒を徴兵の対象とする代わりに、ユダヤ教を公認して公共圏での礼拝を認めた。こうして成立した公認宗教体制は、その後フランスにおいて一世紀存続し、アルザスではさらに長期の持続性を示すことになる。

またナポレオンは、アルザスに経済的繁栄をもたらしたともいわれている。フランス革命期に関税特権を廃止されたことにより著しい損失を被っていたアルザスは、一八〇六年七月に南西ドイツ一六邦がナポレオンを「保護者」としてライン連盟を結成するともはや「国境地域」ではなくなり、在外のフランス軍が物資を調達する基地として栄えたのである。また同年一一月にナポレオンがイギリスとの通商・通信や同国への寄港を大陸諸国に禁じる大陸封鎖令を出すと、ライン川は大陸における経済の大動脈として機能した。これによりアルザス、とりわけストラスブールは「フランスの港」として、ドイツ、スイス、オランダ、バルト三国などとの中継貿易によって潤った。

さらにアルザスでは、ナポレオンの軍隊に応召および志願した者がほかの地域に比して多く、ケレルマン父子やクレベールをはじめ優秀な将軍や将校を数多く輩出した。それゆえ愛国心の高揚や軍事的適性が指摘されることもあるが、この地域でも兵役義務に対する抵抗や脱走が繰り返され、それが帝政末期に明らかに増加していたことも忘れてはならない。さらに一八一三年一〇月のライプツィヒの戦いに敗れたフランス軍がドイツから撤退すると、それまで「完全なる安全という幻想」[60]のなかにいたアルザスはまさに最前線に立たされ、数か月のうちにオーストリアを中心とする軍によって占領された。一八一四年四月にナポレオンが退位してエルバ島に向かうと、翌月の第一次パリ条約によりフランスの国境は一七九二年の位置に戻され、アルザスの諸都市と拠点は復古王政下に置かれた。重い財政負担や政府の不手際に対する不満が大きかったアルザスでは、一八一五年にナポレオンがエルバ島から帰還すると、まずストラスブールの駐屯軍が彼に味方し、ほかの者たちもそれに続いた。ただしこの「百日天下」は、六月のワーテルローの戦いにおける敗戦によって終わりを迎え、アルザスは再び同盟軍に占拠された。

ナポレオンの没落後に彼を英雄として称賛したいわば「ナポレオン伝説」は、同盟軍による二度の占領にもかかわらず、アルザスにおいてひときわ顕著であった。それはまず軍人らによってもたらされたものであるが、前述の宗教的な安定や経済的な繁栄なども相まって高まり、さまざまなかたちで伝承ないし再生産されていったのである。

二　フランスのアルザス

フランス革命とナポレオンの時代を経たアルザスでは、同地域がフランスという国家の一部であるという意識が形成されつつあった。それゆえ、パリに対峙して地方分権を求めることはあっても、終焉を迎えた神聖ローマ帝国に「復帰」することやオーストリアないしドイツ諸邦に取り込まれることを待望する傾向にはなかった。もっとも、文化的・経済的にはドイツ語圏との結びつきがなお存続しており、また政治的にもフランス全体とは異なる動向を示すことがまれではなかった。そのためフランス政府はこの地域に警戒の目を向け、さまざまな措置を講じることになる。

（一）ウィーン会議と復古王政

一八一四年より、フランス革命とナポレオン戦争後のヨーロッパ秩序の回復を目的として、ウィーン会議が開かれた。審議がなかなか進まないなか、ナポレオンのエルバ島脱出とそれに対する危機感が促進力となって、一八一五年六月にはウィーン議定書が調印された。さらにナポレオンがセント・ヘレナ島へ流されたあと、同年一一月に第二次パリ条約が結ばれ、フランスの領土は「一七九〇年」の状態に縮小されることとなった。

この間のアルザスには、オーストリアやプロイセンをはじめ複数の軍団が駐留していた。彼らのなかには、ウィーン会議において同地域が自国に割譲されることを期待し、オーストリアないしドイツへのアルザスの「復帰」を促す情報戦を繰り広げた者もいた。結果的にアルザス全体の割譲は生じなかったものの、北部の国境はフランス側が主張したクヴァイヒ川ではなく、より南のラウター川に定められ、二つの河川のあいだに位置するランダウはドイツのものとなった。また南部では、バーゼルの要求のもとでライン川沿いのユナングと中洲のフォール・ルイの両要塞が破壊された。加えて、ようやく一八一八年にアルザスから撤退した同盟軍の駐留経費を、この地域が負担せねばならなかった。

一八一五年七月に再開した復古王政のもとで、ナポレオンに加勢した者たちは粛清され、厳しい検閲が行われた。各県の知事は比較的大きな権限をもち、市長と副市長の任免、道路政策、直接税の分配、市町村会議の審議統制などを行った。また市長には、主に極右の王党派が就いた。

この当時のフランス政府は、たばこの国有化、中継貿易の禁止、一八二二年の税関法などの保護政策により、ライン川の航行と商取引を後退させ、アルザス経済に大きなダメージを与えていた。こうした政策に対して、アルザスの代議員は地域の経済的利害を議会で擁護し、県会やストラスブール商工会議所も数々の陳情書を提出した。また地域からは、ローカルなポストの多くをアルザス出身者以外が確保していることを批判し、二言語話者の登用を求める声も上がっていた。

このようにアルザスはパリに対して地方分権を求めたが、たとえば一八一五年にオーストリアまたはドイツ諸邦への割譲が問題になった際にアルザスの詩人エーレンフリート・シュテーバーが「同郷の者たちはドイツ人に対して嫌悪も偏見も抱いていないが、言語と国籍を混同するつもりはない[61]」と強調したように、もはやフランスからの離脱を望む傾向にはなかった。もちろん学芸や経済の分野ではアルザスとドイツ諸邦との関係は依然として続いており、ドイツからストラスブールへの知識人の移住、プロテスタント神学を専攻するアルザスの学生のドイツ留学、ドイツで発行された印刷物の流布などが見られた。

一八二四年にルイ一八世が没すると、過激王党派の指導者で知られる王弟シャルル一〇世がフランス王に即位し、前王以上に反動的な政治を行った。市村卓彦によると「一八二八年九月、シャルル一〇世のアルザス行幸はおおいに歓迎された」[62]ようであるが、この時期には同地域においてもギリシア独立戦争の影響を受けて自由主義的な動きも高まっていた。その傾向はとくにプロテスタントのもとで顕著であり、彼らのなかには一八三〇年の七月革命を歓迎した者が少なくなかった。

(二) 七月王政

「栄光の三日間」と呼ばれる一八三〇年七月二七日〜二九日、自由主義的な新聞に対する警察の弾圧に端を発し、労働者、小市民、学生などのパリ民衆が武装蜂起を行った。その数日前には、シャルル一〇世が七月勅令を発し、出版の自由の停止、議会の解散、大地主をさらに優遇するかたちでの選挙法改正などを取り決めていたのである。パリが革命側の手に帰すなか、自由主義の政治家らが主導権を握り、ブルボン家の支配を終わらせ、なおかつ民衆が望む共和国の出現は阻止し、オルレアン公ルイ＝フィリップを「フランス人の王」とする七月王政を樹立した。

立憲君主政の七月王政においては、前政体よりも議会の力が強まった。選挙権はなお少数の有力者に限られていたものの、条件となる納税額は三〇〇フランから二〇〇フランにゆるめられた。また知事の任免権は国王にあったものの、市町村議会議員は選挙により選ばれることになった。そこでの納税額は国政選挙よりも低く設定されたため、有権者の範囲は広がった。こうした納税額に基づく選挙制度によりアルザスで恩恵を受けたのは、とくにプロテスタントのブルジョワジーである。たとえば一八四〇年、オー＝ラン県の人口に占めるプロテスタントの割合は一〇％に満たなかった一方で、県会の二九名中一一名がプロテスタントであり、比較的大きな政治的発言権を手にしたといえる。

アルザスでは、カトリックの聖職者は別として、当初は七月革命への賛同や熱狂が沸き起こっていた。しかしまもなく、大ブルジョワジー中心の政治に対する無関心や共和政を望む者たちによる抗議に向かっていった。一八三一年六月一八日から二二日にかけて国王がアルザスを公式訪問した際にも、それほど大きな反響はなかったという。その後の政府の対応も、経済不況に苦しむアルザスの不安を無視するものであった。たとえば九月、ストラスブールの畜産業者と市民が輸入牛肉の通関料率引き下げを求めてケール税関所を占拠するという事件が生じ、知事は税率の半減を約束したのであるが、政府はこれを認めなかった。こうした政府の対応に対して共和派はその後も抵抗を続け、一八三六年一〇月にはナポレオンの甥にあたるルイ＝ナポレオン・ボナパルトがストラスブールで軍事蜂起を試みたが、失敗に終わった。これは軍の策謀であったが、ナポレオンの英雄的記憶により彼を支持した者やこの機会を権力奪取に利用しようとした共和派も関与していた。

さらに自由主義者や共和主義者は、一八四〇年にグーテンベルク活版印刷術「発明」四〇〇周年の機会をとらえて、自らの運動を広めようとした。これに対してバ＝ラン県知事は、六月一四日にクレベール将軍没後四〇周年記念祭を実施し、民衆の関心をそらすことを試みた。そして軍事パレードにより治安維持能力を示し、群衆の暴徒化を未然に防ごうとした。その一〇日後に始まったグーテンベルクの祭典には、ドイツやスイスの自由主義団体の代表、パリやリヨンの印刷・出版関係者、ライン流域の見物客などが押し寄せ、ミサ、ブロンズ像の除幕式、行列、博覧会、舞踏会、晩餐会などが行われた。ここにはヨーロッパに開かれたアルザスないしストラスブールの姿を見て取れるが、このときも市長は軍事パレードを実施した。そこには自由主義と共和主義に対する示威のみならず、数多く集まったドイツ人に対する牽制というパリの思惑もあったという。なお、これらの機会に製作されたクレベールとグーテンベルクのブロンズ像（次頁参照）は、今日でもストラスブールのクレベール広場とグーテンベルク広場で見ることができる。

クレベールのブロンズ像

グーテンベルクのブロンズ像

一八四〇年代前半に経済状況が好転すると、七月王政はより多くの有権者をひきつけることができた。しかし一八四五／四六年より全ヨーロッパ的な凶作と農業危機が生じ、都市では商品が売れ残って失業や貧困が広がると、各地で騒擾が繰り広げられた。こうした混乱のなかで七月王政は弱体化し、一八四八年には二月革命が生じることとなる。

（三）第二共和政

フランスの七月王政末期には、反政府派が各地で「改革宴会」を開催し、宴会の乾杯に際して演説を行うことにより、禁じられている公開集会とは異なるかたちで世論に訴えかけていた。一八四八年二月二二日にパリで予定されていた宴会が禁止されたとき、パリの民衆は蜂起し、治安維持装置のはずの国民衛兵の一部もそこに加わり、最終的に正規軍まで対決を回避した。この「二月革命」によって七月王政は打倒され、社会主義者ルイ・ブランを含む臨時政府が樹立し、共和政の宣言と男子普通選挙の制定を決定した。

アルザスでも、同年二月二九日にストラスブールのクレベール広場で王政の廃止と自由・平等・友愛の時代の始まりが宣言され、共和国万歳の声が上がった。類似のことがほかの諸都市でも生じて市長が退任を強いられたほか、農村部では暴力を伴うデモが頻発した。他の地域との違いは、それが主に反ユダヤ暴動というかたちであらわれたことである。川﨑亜紀子によると「農村在住のユダヤ人金貸しに大革命後も引き続き依存していたアルザス民衆は、一八四五年に始まった経済危機の打撃を受け、負債の返済も困難になったので、その不満の矛先をユダヤ人に対して向けた」のであるが、その背景には「共和主義者がユダヤ人をブルジョワ層というよりフランス共和国市民に相応しくない存在として見ていた」可能性がある。また、この地域では混乱期に増大する不安が反ユダヤ暴動として表面化する傾向にあり、二月革命時の「暴動は一七九一年の解放令以降もアルザスで頻々と発生していた反ユダヤ暴動の流れの一つ」に位置付けられるという[63]。こうした蜂起は最終的に鎮圧されたものの、とくにスンゴーやアグノーの森のあたりでは丸一年続いた。

臨時政府の時期には、フランス革命の記憶、ロマン主義、そして社会主義から影響を受けた政策が展開された。たとえば、生存権・労働権・結社権の承認、奴隷制の廃止、政治犯の死刑の廃止、出版に関する制限の撤廃、「国立作業場」の設置などである。前述の男子普通選挙に関していえば、同じ市町村に六か月以上居住している二一歳以上の男子に選挙権が与えられ、有権者数は急増した。ただし四月に行われた憲法制定国民議会の選挙で選ばれたのは、「正統王朝派とオルレアン王朝派からなる右翼が二八〇〜三〇〇名、急進共和派が約一〇〇名、穏健な共和主義者からなる中道派が約五〇〇名[64]」であった。この穏健な共和主義者は、二月革命のあとに共和主義者を自称した者たちであり、無秩序や社会革命を避けようとする傾向にあった。それゆえ議会は保守的なものとなり、二月革命の社会革命的要素は切り捨てられていった。共和国政府が国立作業場を閉鎖すると、パリで労働者が武装蜂起して「六月蜂起」が生じたが、大量虐殺を経て鎮圧されるに至った。その影響によりアルザスでも共和主義的熱狂は弱まったが、しかし翌年の夏頃まで消えることはなかった。

一八四八年一一月に採択された第二共和政憲法のもとで、立法権は三年任期の七五〇名の議員からなる一院制の立法議会に、行政権は四年任期の共和国大統領に属することになった。一二月に行われた男子普通選挙に基づく大統領選挙では、「相互に矛盾するさまざまな願望を満足させるようにみえた」[65]ルイ=ナポレオンが、予想に反して圧倒的多数で選出された。彼はアルザスでも農民や労働者などの票を集めたが、全国平均の七四%に対して、この地域では六三%にとどまった。その後一八四九年五月に行われた立法議会選挙では、全国的には中道派が票数を大きく落とし、左翼が躍進したものの、右翼の圧倒的な勝利となった。しかしアルザスでは、オー=ラン県の一〇議席中八議席は左派、バ=ラン県の一二議席中七議席は左派、一議席は中道派、四議席は左派と中道派のあいだに位置する者で占められ、左派の圧倒的な勝利であった。

こうしたフランス全体の傾向とは異なるアルザスの状況は、ドイツとの関係も相まって、議会や政府の警戒心を掻き立てた。やや時期が前後するが、一八四八年一〇月にウェストファリア条約およびフランス帰属二〇〇周年の祝典を執り行ったストラスブール、コルマール、ミュルーズでは、アルザスのドイツへの復帰を否定しつつも、ドイツ人との和解の意志やアルザスが和解の地になるという期待が表明されていた。こうしたアルザスに、二月革命から影響を受けてドイツで生じた三月革命が飛び火することを、フランス政府は懸念していたのである。三月革命は、全体としては後退に向かっていたものの、アルザス近隣のプファルツやバーデンでは一八四九年春に再び高まりを見せた。とくにバーデンでは、革命派に正規軍の兵士が加わって暴動が勃発し、社会民主共和国の宣言と臨時政府の樹立に至り、ドイツや周辺地域の革命家が集結していた。このときアルザスでもいくつかの蜂起が試みられ、首謀者が逮捕された。その後バーデンの革命運動はプロイセン軍を中心とする反革命派により鎮圧されたものの、ドイツ革命家へのフランス政府の懸念はなくならなかった。それゆえ政府は、ライン川のコントロール強化やドイツ諸都市と密接な関係にあったヴィサンブール管区への対処などを行った。

一八五〇年八月に大統領ルイ＝ナポレオンがアルザスを訪れた際、温かく迎えたベルフォールとは対照的に、コルマールやミュルーズでは国防軍が敵対的な声を上げ、ストラスブールも冷ややかな態度をとった。すると三都市では国防軍は解体させられ、左派ないし共和派は権力の座からふるい落とされ、たとえ抵抗運動を行っても逮捕や追放などによって抑圧された。

一八五一年一二月、大統領の再選禁止条項をめぐり議会と対立したルイ＝ナポレオンは、クーデタにより議会を解散させた。これは、すでに左派ないし共和派が力を失っていたアルザスでは大きな抵抗もなく受け入れられ、ストラスブールとミュルーズで生じたデモもすぐに抑え込まれた。クーデタ後に行われた人民投票では、バ＝ラン県が反対九五〇〇に対して賛成一〇万五七〇〇票、オー＝ラン県が五八〇〇に対して九万九五〇〇票であり、賛成の割合は九三％にのぼった。ただしストラスブールでは賛成の割合がはるかに低く、ミュルーズにあっては反対票が多数を占めた。

（四）第二帝政

一八五二年一一月、帝政の「復活」を問う人民投票が行われ、フランス全体では八一〇万票のうち賛成七八二万票、アルザスでは反対六六五九票に対して賛成二〇万七〇〇〇票という圧倒的多数で支持された。こうしてルイ＝ナポレオンは一二月二日に帝政を宣言し、ナポレオン三世として皇帝に即位した。B・フォーグレールいわく、「全般的に、あらゆる由来の保守主義者（オルレアン派、正統王朝派、穏健共和派）が新政体に与した」[66]。また、ストラスブールでは投票市民の賛成率は全体の平均と比べるとやや低いものの、約八〇％を記録した。背景には、前述のような反体制派の抑圧だけではなく、鉄道建設をはじめとする近代化政策の効果とそれに伴う不満の解消という面もあったという。

鉄道に関していうと、アルザスは先進地の一つに数えられる。鉄道網の建設は、オランダやスイス方面の旅行客や商人を呼び込むためのライン両岸の競争のなかで、一八三〇年代末から始まっていた。まずはミュルーズで繊維企業を営むニコラ・ケクランが資本を投じ、一八四一年にストラスブール＝バーゼル間の路線が敷かれ、機関車の製造も進んだ。その後はパリ＝ストラスブール間の鉄道建設が優先されて一八五二年七月一三日に開通し、一九日にはルイ＝ナポレオンがストラスブールの鉄道開通式を訪れて喝采を受けた。同路線の開通によりパリまで一二～一三時間、すなわち一般的な馬車の四分の一、郵便馬車の三分の一ほどの時間で移動できるようになった。ここには交通環境の改善だけでなく、アルザスのフランスへの統合を促すという意味合いもあった。その後一八六〇年代になると、対岸のバーデン大公との合意によりライン川に鉄道用の橋が築かれ、ストラスブール＝ケール間の路線も敷かれるようになる。

第二帝政の政治・行政組織について述べると、国のレベルでは法律を起草する国務院、憲法厳守を監視する元老院、そして政府を構成する大臣がいずれも皇帝により任免された。また法律を討議して採択する立法院は男子普通選挙により選出されたが、それほど自由や権限は持たなかった。地方行政では、県会、郡会、市町村議会の議員は男子普通選挙によって選ばれたものの、知事、副知事、市町村長の任免権は政府にあり、アルザスではヴォージュ以西の出身者が知事や副知事をはじめ各ポストに任命され、権威主義的な政策を行った。

第二帝政は一般的に一八五二～六〇年の権威帝政と六〇～七〇年の自由帝政に分けられ、前半の時期にはさまざまな自由の制限措置がとられた。たとえば検閲の強化であり、社会主義的な出版物はすぐに消えていった。この時期のアルザスでは、定期刊行物は以下三つに限られた。一つ目はリベラルなプロテスタントの「バ＝ラン通信（*Le Courrier du Bas-Rhin*）」であり、禁止事項に抵触しないよう慎重を期していたが、一八六〇年以降は抵抗の代弁者となり、読者を三倍に増やした。二つ目は教皇至上主義的なカトリックの「アルザス人（*L'Alsacien*）」であり、当初は第二帝政に賛同を示していたが、ナポレオン三世が支援したイタリア統一が教皇領との問題を生じさせると、聖職者の抵抗を示す場となった。三つ目はミュルーズの「アルザス産業（*L'industriel alsacien*）」であり、一八五二年の時点では広告媒体であったが、六一年以降は「バ＝ラン通信」と類似の方向性を示す政治新聞となった。ここからもわかるように、権威帝政下で抑え込まれていた反対派は、自由帝政の時期に徐々に力をつけ、出版・集会の自由を含め政治的自由を拡大させていった。立法院選挙においても、一八六三年以降は反対派が票を伸ばしていくこととなる。

対外的には、とりわけプロイセンとの関係が問題であった。一八六八年にスペインで革命が生じてブルボン復古王政が倒れ、女王イザベル二世がフランスに亡命すると、革命政府は一八七〇年にプロイセン王家の分家の公子レオポルトを推薦したのである。これが通ればフランスの南西にプロイセン系の王朝ができ、ライン周辺まで広がるプロイセン王国とともに東西を囲まれることになる。それゆえフランス側は強硬に反対し、メディアも反プロイセンの激しいキャンペーンを行った。この状況でレオポルトは立候補を取り下げたのだが、ナポレオン三世はフランス大使をエムスに派遣し、プロイセン王ヴィルヘルム一世に一族から将来にわたりスペイン王位に立候補させない確約を求めた。プロイセン首相ビスマルクはこの会談内容を改竄（かいざん）し、フランス大使の非礼とそれに対する侮辱ととれるプロイセン王の電報を公開した。これは「エムス電報事件」と呼ばれ、ドイツの世論は「大使の非礼」に、ナポレオン三世とフランスの世論は「プロイセン王の侮辱」に激怒した。こうして一八七〇年七月一九日、ナポレオン三世はプロイセンに対して宣戦布告した。すでに入念な準備をしていたプロイセン軍は、八月にアルザスとロレーヌに侵攻して進撃を続け、九月二日にはフランス軍を降伏させ、ナポレオン三世を捕虜とした。これを受けてパリで蜂起が生じ、第二帝政は崩壊に至る。

三　ドイツのライヒスラント

一八七〇年から一九四五年にかけての諸戦争――プロイセン＝フランス戦争、第一次世界大戦、第二次世界大戦――は、ドイツとフランスのあいだのアルザス領有をめぐる戦いという側面をもっていた。比較的短い間隔でアルザスの帰属が変更され、そのたびに「ドイツ国民化」ないし「フランス国民化」が試みられることとなる。アルザスの地域意識は、西山暁義が指摘するように、「こうした頻繁な帰属国家の変更と、それに伴い繰り返し国民国家による統合にさらされるなかで形成され変容してきた[67]」のである。ドイツの「ライヒスラント」の形成は、その初期段階に位置づけられる。

(一) プロイセン＝フランス戦争とフランクフルト講和条約

一八七〇年七月一九日にフランスがプロイセンに宣戦布告したのち、最初の大規模な戦闘は八月四日に行われた。ドイツ軍はヴィサンブールを陥落させ、フランス主力軍を攻めたて、壊走したフランス東部方面軍の司令官マク＝マオン将軍を追撃する過程で、下アルザスの各地を制圧した。降伏を拒んだストラスブールは、ドイツ軍による無差別砲撃のなかで籠城したが、九月末には無条件降伏した。アルザスのほかの主要都市も、次々と攻略された。S・フィッシュによると、「ドイツの世論は、戦争の過程ではじめて国家的な戦争目的として

『ドイツの』エルザス奪還を集中的に志向した。軍事的な考慮から、少なくともロートリンゲンの一部が、予見される将来のフランスとの対決に向けてより有利な戦略的出発点をもっておくために、そのあと付け加わらねばならなかった」[68]。こうして、地理的・政治的・経済的・宗教的に一体性を有していなかった二つの地域が軍事戦略上結び付けられ、「エルザス＝ロートリンゲン」という用語で一体のものであるかのように表現された。さらにドイツでは、人種・言語・歴史により両地域がドイツ固有の領土であるという主張もなされた。

一八七〇年九月一日にスダンにてドイツ軍とフランス軍の攻防が繰り広げられたが、翌日にはナポレオン三世が停戦を求め、彼と複数の将軍が捕虜としてドイツに送られた。パリでは蜂起が生じて共和政が宣言され、臨時政府が成立し、このいわば国防政府が戦争を継続した。この抵抗に対して、ビスマルクは一八七一年一月初頭にパリ砲撃を行わせた。そして一八日には、ヴェルサイユ宮殿においてプロイセン王ヴィルヘルム一世のドイツ皇帝としての戴冠式を挙行し、ここにドイツ帝国が成立した。フランス国防政府はというと、二八日にパリの降伏を受け入れ、ビスマルクから議会選挙のための休戦を取り付けた。二月に実施された国民議会選挙では、パリをはじめとする大都市では共和派や革命派が支持された一方、地方では保守が支配的であり、全議席の三分の二を王党派が占める結果となった。一七日にボルドーで開催された国民議会は、フランス共和国行政長官にアドルフ・ティエールを指名し、ドイツとの仮条約について審議し、アルザスとロレーヌの一部の割譲ならびに約五〇億フランという巨額の賠償金に合意した。

この国民議会において、アルザスとロレーヌの議員三五名はみな領土割譲への反対の意を示した。これはのちに「ボルドーの抗議」と呼ばれるものであり、以下のことを宣言している。第一に「アルザスとロレーヌは割譲されることを望まず」、「ドイツと世界に対してフランスにとどまる不動の意志をはっきり表明する」。第二に「フランスはアルザスとロレーヌの割譲に同意できないし、署名もできない。同国は、国家の存在を危うくすることなしに、戦勝勢力の攻撃に対して国全体により防衛される権利を二〇〇年にわたる愛国的献身によって獲得した者たち［つまりアルザスとロレーヌの人びと］を見捨てることによって、自ら自国の統一に致命的な打撃を与えることはできない」。第三に、「ヨーロッパはアルザスとロレーヌの放棄を承認することも、批准することもできない。正義の規範と国際法の番人である文明諸国は、これ以上隣人の運命に無関心でいることはできない。これを黙認するならば、今度は自分たちが攻撃の犠牲者になりかねない。（中略）領土の割譲を代償とした平和は、破滅に至る休戦にすぎず、決定的な平和にはならないだろう」。そして第四に、両地域の放棄に合意した文書、条約、投票などを無効とし、「本状でもってアルザス人とロレーヌ人がフランス国民の一員にとどまる権利が永遠に不可侵であることを宣言」し、「この権利を永遠に、あらゆる手段によって、全ての簒奪者らに要求することを誓う」[69]。これに対して共和国行政長官ティエールは共感しつつも、戦争か平和か、二州の運命か祖国全体の運命かの二者択一において、この宣言を支持することはなかった。こうして国民議会は、前述の条件で条約を締結することを、圧倒的多数の賛成で承認した。これに対して議員ジュール・グロジャンは、アルザスとロレーヌの同僚議員を代表して、母国に対する愛情を帰還のときまで保ち続けるという趣旨の発言をした。彼らは抗議の意を示すために議会をあとにし、退席後に急死したストラスブール市長にして議員のエミール・キュスの遺体とともに、失意のうちに帰路についた。

一八七一年五月一〇日、フランクフルトで講和条約が結ばれた。アルザスの二県（バ＝ラン県、ベルフォールとその周辺部を除くオー＝ラン県）は、ロレーヌの一部（モーゼル県の大部分、ムルト県の約三分の一、ヴォージュ県の一部）とともに、フランスからドイツに割譲された。これらは新しい地方行政区「ライヒスラント・エルザス＝ロートリンゲン」として、新生のドイツ帝国に編入された。この地域の住民には翌年一〇月までに内地フランスに移住することを条件としてフランス国籍の選択が認められており、フランス国籍の希望を当局に提出したのは全体で一六万人超、アルザスでは一三万人超であった。これは住民の約一〇分の一にあたる。ただし故郷を離れてフランスに移住できる者は財力や受け入れ先の問題などから限られており、実際にアルザスをあとにしたのは約五万人で、その多くが上流階級、知識人、開業医・弁護士・芸術家などの自由業者であった。その後一八七二年より帝国国防軍への徴兵が始まると、その忌避者の多くは国籍選択の権利に守られることなくフランスへの移住を選んだ。

この戦争以降、独仏の異なる国民観が衝突し、アルザスで交互に実践されることになる。ドイツは、「言語」をはじめとする文化的要素に重きを置くフィヒテ、シュトラウス、モムゼンらの国民観に立脚し、日常語としてドイツ語方言を話すアルザス人はドイツ人であるとした。反対にフランスは、共に生きる「意志」に重きを置くフュステル＝ド＝クーランジュやルナンの国民観に立脚し、「ボルドーの抗議」が全住民の意志であると解釈し、アルザス人はフランス人であるとした。こうして第三共和政期フランスは、「対独復讐（＝アルザス・ロレーヌの回復）」というスローガンのもとに結集し、「意志」に反して引き裂かれた「同胞」の回復を試みることとなる。

一方ドイツ帝国に割譲されたアルザスおよびロレーヌの一部では、住民によって心情や態度はさまざまであったが、傾向としては「併合」に断固反対する路線から帝国のなかで自治を獲得・拡大する路線への漸次的な移行が見られた。以下ではドイツ時代をエルザス＝ロートリンゲン局行政長官府下の統治（一八七一～七九年）、ライヒスラント政庁の設置と総督の施政（一八七九～一九一一年）、エルザス＝ロートリンゲン基本法に基づく自治（一九一一～一八年）の三つに分けて概観する。

（二）エルザス＝ロートリンゲン局行政長官府下の統治

一八七一年に成立したドイツ帝国は、二二の邦国（四つの王国、六つの大公国、五つの公国、七つの侯国）と三つの自由市からなる連邦であり、それらは対外的な主権を帝国に委ねる一方で、各邦が独自の政府と財政をもち、邦内の立法権と行政権を備えていた。各邦の政府は連邦参議院に代表を送り、それぞれに割り当てられた投票権（プロイセン一七票、バイエルン六票、ザクセンとヴュルテンベルク各四票、バーデンとヘッセン各三票、メクレンブルク＝シュヴェリーンとブラウンシュヴァイク各二票、その他の邦は各一票）を行使した。帝国議会は、その召集、開会、停会、閉会の権限が皇帝にあったものの、議員は男子普通秘密選挙により選出された。ただしその議案と決議は、連邦参議院の同意を必要とした。

この帝国統治体制に先の戦争による獲得地をどのように位置づけるかについては、中立化の提案が示されたほか、いくつかの邦国から自邦への全体または一部の併合が要求された。この件をめぐって帝国内で紛争が生じる恐れもあったことから、帝国宰相ビスマルクは帝国の共有領地として支配する「ライヒスラント」という妥協案を提示した。こうしてライヒスラント・エルザス＝ロートリンゲン（以下、ライヒスラント）はどこかの邦国に編入されることも、また独自の政府をもつ二六番目の邦として位置付けられることもなく、まさに帝国直轄領となった。

このライヒスラントは、人口一五〇万人超を有し、バ＝ラン県を受け継ぐウンターエルザス県、オー＝ラン県を受け継ぐオーバーエルザス県、そしてロレーヌの併合部分からなるロートリンゲン県から構成され、主都はシュトラースブルクに置かれた。その運営はベルリン宰相府内のエルザス＝ロートリンゲン局が担い、その局長をビスマルク自身が務めた。差し当たり立法は、皇帝の名において帝国宰相により起草され、連邦参議院により許可されるかたちをとった。現地にはエルザス＝ロートリンゲン局から行政長官（Oberpräsident）が派遣され、一八七一年一二月三〇日に制定された「エルザス＝ロートリンゲンにおける行政の確立に関する帝国法」に基づき、地方行政を全般的に監督・指導した。その第一〇条は、以下のことを定めている。

公共の安全に対する危険が生じた場合、行政長官は遅滞なくその危険を回避するために必要と思われるあらゆる措置をとる権限を有する。同長官にはとりわけ、フランスの一八四九年八月九日の法律第九条が厳戒状態に際して軍事当局に付与していた権能を、危険にさらされた管区内で行使する権限がある。発せられた政令は、遅滞なく帝国宰相に通達されるものとする。政治的目的のため、とくに右記の措置の実施のためにも、行政長官はエルザス＝ロートリンゲンに駐留する軍隊を徴発する権利を有する。[70]

このいわゆる「専制条項」によって、ライヒスラントでは行政長官が「公共の安全に対する危険」と判断しさえすれば、軍事力を用いた措置を講じる可能性があった。

一八七四年に帝国憲法がライヒスラントにも施行されると、この帝国直轄領にも一定の権限が付与された。とくに重要なのは、ドイツ帝国議会における代表権とライヒスラント委員会（Landesausschuss）の設置である。ドイツ帝国議会では一五名の議員がライヒスラントを代表することになり、エルザスからは一一名の名望家が選出された。彼らはみな割譲に反対ないし抗議する者たちであったが、その表明の仕方は異なっていた。二月に帝国議会においてツァーベルン選出議員エドゥアール・トゥーシュが住民の是非を問う国民投票の実施を求め、住民の同意なき「併合」に対して改めて抗議を述べて退席したとき、彼に続いたのは一五名中三名のみであった。ほかの議員のなかには、フランクフルト講和条約を問題にせずに帝国内での権利を確保しようとした者も、それは併合への支持であるとして批判する者もいたが、彼らには議場にとどまって戦後の経済復興に向けた政策を要求する必要があった。その結果として認められたのがライヒスラント委員会の創設であり、行政長官が主宰して三県から一〇名ずつ委員が選ばれた。ライヒスラントの予算や立法の最終決定権は帝国議会にあるものの、それについて諮問を受けること、さらに一八七七年以降は立案にかかわることも認められた。

以上の過程からわかるように、帝国議会でライヒスラントを代表する議員のなかには、「併合」に反対して独立ないし独立性の高い自治邦にすることを要求する者たちと、「併合」をことさら問題にすることなく帝国制度内での自治を求めて条件闘争に持ち込もうとする者たちがいた。

(三) ライヒスラント政庁の設置と総督の施政

右で述べた二つの自治主義の動きは、徐々にではあるものの、ベルリンの姿勢を軟化させていくこととなる。まずは一八七九年、「エルザス＝ロートリンゲンの制度と行政に関する法」が定められ、エルザス＝ロートリンゲン局が廃止された。行政の管轄はベルリンからシュトラースブルクに移され、そこにライヒスラント政庁を設置し、皇帝により任免される総督（Statthalter）が置かれた。総督はかつてライヒスラント内で帝国宰相と行政長官が果たしてきた役割を受け継ぎ、彼のもとに置かれた行政府を次官および四名の補佐官（内政、司法と宗務、財政と商工業、農業と公共事業の行政をそれぞれ担当）とともに統括した。また前述のライヒスラント委員会も拡大再編されて定員を倍近く増やしたが、委員となったのはやはり名士たちであった。

初代総督エドウィン・フォン・マントイフェル（任一八七九～八五年）は、ドイツを構成する諸邦国とライヒスラントの同権を支持すること、ライヒスラント内の名士らを役人や高官に任命すること、そして教育、経済、福祉などの分野で環境を改善することなどに取り組み、帝国とライヒスラントの融和を促進することに努めた。それでも反併合や抗議の世論を満足させることができず、二代目のクロートヴィヒ・ツー・ホーエンローエ＝

シリングスフュルスト（任一八八五～九四年）にあっては、抵抗勢力の動きを高圧的に押さえつける方針をとった。

この間の一八八七年、エルザス出身のフランス人警察官ギヨーム・シェネブレがドイツ国境にてスパイ容疑で逮捕される「シェネブレ事件」が生じた。独仏関係には緊張が走り、フランスでは軍事的な報復を訴えたブーランジェ将軍を支持する世論が高まった。実際にはシェネブレの解放により軍事対立には至らなかったものの、国境警備の強化が図られた。一八八八年にライヒスラントへの訪問者、とりわけフランス人およびフランス国籍選択者に対して、旅券の携帯と呈示が義務付けられたのである。また翌年には、皇帝ヴィルヘルム二世が皇妃とともにシュトラースブルクを訪れ、プレゼンスを示した。旅券に関していうと、それなしにヨーロッパを旅できた時代には過剰な措置であったようで、一八九一年には廃止された。

その数年後にフランスでは、「ドレフュス事件」（一八九四～一九〇六年）が生じた。エルザス出身のフランス国籍選択者にしてユダヤ人将校のドレフュスが、ドイツへの機密漏洩容疑で逮捕されて有罪判決を受け、冤罪という主張にもかかわらず再審請求を退けられたのである。最終的に一九〇六年の無罪確定まで、フランスの世論はドレフュス派と反ドレフュス派のあいだで激しい論争を繰り広げた。この事件は、「近代化と共和主義化の進展などを背景とした、反ユダヤ主義・国粋的ナショナリズム・反議会主義勢力対人権・公正・共和政擁護勢力の対立」[71]といった性格を帯びていた。国粋的ナショナリズムという点で、また前述の「シェネブレ事件」と併せて考えるならば、独仏双方が国境地域の出身者に対して警戒ないし不審の目を向けていたことを見て取れる。

ライヒスラントの総督に話を戻すと、三代目のヘルマン・ツー・ホーエンローエ゠ランゲンブルク（任一八九五～一九〇七年）は自由化路線に転じ、一九〇二年に前述の「専制条項」の廃止をもたらした。ここに、自治主義の要求の一つが達成された。この頃のライヒスラントでは、自由主義・民主主義、社会主義、カトリックなどの立場をとるいくつかの政党が結成され、帝国全体の政党ともかかわりつつ、いずれも自治を志向していた。その成果が、四代目カール・フォン・ヴェーデル(任一九〇七～一四年)のときに「エルザス=ロートリンゲン基本法(die Verfassung Elsass-Lothringens)」の成立というかたちで実を結ぶこととなる。

(四)エルザス=ロートリンゲン基本法に基づく自治

一九一一年の「エルザス=ロートリンゲン基本法」は、憲法未満・定款以上の二六か条からなる「政体書」のようなものであり、以前から出されていた要求に応じてライヒスラントを二六番目の邦国として認めた。これにより、帝国議会のみならず連邦参議院にも代表を送る権利が与えられ、ライヒスラント委員会に代わる邦議会(Landtag)も設置され、それまで帝国議会と連邦参議院にあった立法権がここに委ねられた。この邦議会は上院議員四一名、下院議員六〇名からなる二院制であり、上院議員のうち一八名の任命権は皇帝にあったものの、ほか二三名は職能団体等からの選出であった。また法案発議権および予算決議権を有する下院の議員については、男性普通選挙で選ばれた。

もっともライヒスラントという名称に変化がなかったように、そこには皇帝や総督の影響力がなお残っており、ほかの邦国との完全なる平等を獲得したわけではない。たとえば連邦参議院にはライヒスラントより代表が三名出されることになったが、任命権は総督にあった。それでも内田が指摘するように、「同時期のフランス第三共和政のなかの一地方であった場合と比べると、一九一一年の基本法によって担保されたこの邦の自治性は相当大きかったことは否定できない[72]」。

ただし、この自治は長くは続かなかった。一九一四年夏に第一次世界大戦が始まり、軍事独裁体制が敷かれたのである。こうした軍部の独裁的な側面は、すでに一九一三年一一月の「ツァーベルン事件」においてあらわれていた。ツァーベルンに駐留するドイツ軍歩兵連隊と同市の住民が衝突する事件が生じ、軍部の独断で市民およそ三〇名が逮捕されたのである。彼らは翌日には釈放されたものの、この事件は国外でも報道され、とくにフランスでは反ドイツ感情をあおる機会となった。エルザス＝ロートリンゲンの代表らはこの「軍事独裁」を毅然として批判し、軍部への責任追及と政府への釈明要求を行った。また総督ヴェーデルも、帝国宰相に向けて軍部への抗議を示し、ツァーベルンの住民の権利を擁護した。こうして帝国議会での討議や軍法会議における裁判などが行われたものの、軍部とその将校らの責任はほとんど追及されず、反対にライヒスラントの総督と次官をはじめ文民指導者らの辞任ないし罷免となった。総督ヴェーデルに取って代わったのは、一九一一年の基本法の廃止やエルザス＝ロートリンゲンの自邦への併合を支持していたプロイセン内相ヨハン・フォン・ダルヴィッツである。こうしてライヒスラントにおいて反軍および反プロイセンの感情が広まるなか、一九一四年には第一次世界大戦が始まって総動員令が出され、フランス国籍者の追放、親フランス・反ドイツの者たちの拘留、さらには約二二万人の徴兵が行われた。そのうち一部は自ら志願した者たちであったが、徴兵を逃れるためにフランスに亡命した者も少なくなかった。

それでも終戦間際の一九一八年一〇月には、総督にシュトラースブルク市長ルドルフ・シュヴァンダーが任命され、エルザス出身者がはじめて行政のトップに立った。さらに従属的なライヒスラントという地位は廃止され、邦国の体制を自ら決定する権利を獲得した。これにより、ほかの邦国と同様の自治を手にしたといえる。もっとも、翌月にはドイツ帝国が崩壊し、エルザス＝ロートリンゲンでも混乱が生じるなかで、フランス軍が進駐してきたのではあるが。

以上のような自治拡大の気運に加えて、エルザスは工業の急成長期を迎えたドイツ帝国のなかで「同時期のフランス諸地域に比べて高い経済的パフォーマンスを獲得」しており、「とくに後期の約二〇年間における政治・

経済の質的な変容は、ドイツべったりでもなくフランスへの回帰を目指すものでもない、エルザス人の地域主義的、自治主義的な心性の形成要因[73]」となった。それゆえ一九一八年の時点では、「ドイツの邦国としてのアルザス、独立するアルザス、フランスに復帰するアルザス[74]」のいずれの可能性も開けていたといえる。

四　ドイツ国民からフランス国民へ？

アルザスがドイツのなかで自治の拡大に努めていた頃、フランスでは「対独復讐（＝アルザス・ロレーヌの回復）」の機運のなかでアルザスの「愛国的」なイメージが形成されていた。現実と理想の差が開くなかで、アルザスとフランスは第一次世界大戦において再会を果たす。当初アルザスを包んだ歓喜は、次第に違和感に変わり、この地域に「敵性」を見るフランスの政策により衝撃が走った。こうして強化されていく同化政策は、アルザスに自治主義運動を呼び起こすことになる。

(一) フランスにとってのアルザス（・ロレーヌ）

フランスにとって、プロイセン＝フランス戦争の敗北とそれに続く内乱は「単一にして不可分のフランス」ないし「国民国家」を揺るがす危機であり、第三共和政前期には「対独復讐（＝アルザス・ロレーヌの回復）」のもとに国民の再統合が試みられた。ここにおいてアルザスは、「過去の栄光あるフランス、そして未来において回復されるべき栄光あるフランスのシンボル[75]」と化した。

実際には、一八七一年の時点でアルザス住民は必ずしもフランス一色ではなく、その後もみなが一貫して同じ姿勢をとったわけでもなかった。しかしフランスでは、全住民の意志を「ボルドーの抗議」が代表しているという解釈のもとに、「一丸となってドイツに抵抗し、フランスを愛し続けるアルザス」[76]というイメージや神話が形成された。それらの形成・流布には文学界が大きく寄与したが、本書の冒頭で言及したドーデの「最後の授業」はまさにその代表例である。こうして、すでに一八七一年の時点から存在していたアルザスの現実とイメージのあいだの相違は、ドイツ時代におけるアルザス自体の変化やイメージの一人歩きとともに、さらに大きくなっていった。

フランスでは時とともに対独復讐の勢いが鎮まっていったものの、完全に消えたわけではなく、一九一四年に第一次世界大戦が始まると戦争目的としてアルザス・ロレーヌの奪還が掲げられた。開戦の数日後、フランス軍はオー＝ラン県に侵攻して一部地域を占領し、さらなる拠点をめぐって争奪戦を繰り広げた。これに対してドイツ政府は、両地域はドイツの不可分の領土であるとし、講和交渉の前提として占領地域からの撤退を要求した。そして自分たちの戦争目的が新しい領土の獲得ではなく、ドイツ帝国の統合を守ることにあると強調した。

フランス占領地域の住民はというと、基本的に敵国人として扱われ、反フランスの疑いのある者が刑務所または収容所に送られた。また徴兵適齢者も収容所に入れられ、釈放されたのは約五分の三で、そのうち三分の一は志願兵としてフランス軍の側で従軍することになった。フランスは八月五日の法律において、外国人部隊に入るという条件でアルザス・ロレーヌ人にフランス国籍の「回復」を認めたのであるが、前述の者たちにはこれが適用されたものと思われる。類似の措置は、占領地の住民のみならず、フランスにおけるアルザス人に対しても行われた。彼らは「敵性民間人」として劣悪な環境の収容所に拘留された。そして「選別」によって釈放されるか、フランス軍に従軍するか、人質ないし戦争捕虜となった。このようにアルザス・ロレーヌ人は、戦争のなかで「敵性」を疑われ、国家への忠誠を試されたといえる。

(二) 歓喜、違和感、衝撃

前述のようにライヒスラントは戦争末期に非常に大きな自治を獲得したが、帝国崩壊後にドイツ革命が波及して社会主義者による「評議会」が結成され、急進派と穏健派の主導権争いが生じていた。そうしたなか、すでにオーバーエルザス県の一部を占領していたフランス軍が一九一八年一一月半ばにミュールハウゼン、コルマール、シュトラースブルクなどに入城し、市内を凱旋した。多くの市民がその行進を三色旗で彩られた興奮と熱狂で迎えた。それは中立国を築こうとする評議会の動きや、自治主義者の声を押しのける勢いであったという。このようにとくに都市部ではフランス軍を歓迎する動きが主流であったとしても、喜びの度合いや歓迎の理由はさまざまであった。よく挙げられる理由としては、待ち望んだ平和の到来や秩序の回復のほかに、「理想のフランス」との再会がある。フランスにおいて現実とは異なるアルザスのイメージが構築されたように、アルザスにおいてもフランスは「自由・平等・友愛」に基づく「文明の国」として理想化されていたのである。しかしアルザスが再会したのは、皮肉なことに同地域の奪回をスローガンとして国民の結集を推し進めてきた、中央集権国家であった。

一九一八年一二月、フランス大統領ポワンカレと首相クレマンソーがシュトラースブルクを訪れた。大統領は歓呼する群衆に向けて、「住民投票の必要はない。住民投票はなされた」と宣言した。背景には、ロシア革命で提起された「無併合、民族自決」の講和原則がフランスのアルザス・ロレーヌ要求と矛盾するという声や、住民投票を求める声があった。そこでフランス側は、一八七一年のアルザス・ロレーヌの「併合」は住民の意志に反するものであったため、自分たちが行うのは併合ではなく「返還」ないし「併合解除」である、また「ボルドーの抗議」はなお有効であり、住民投票は不要である、などと主張した。さもないと、一八七一年以降にライン以東からアルザス・ロレーヌに移住してきた者とその子孫を中心にドイツ残留へ票が投じられ、フランスにおける両地域の「神話」が傷つけられ、さらにドイツに将来的な返還要求の機会を与える恐れがあった。それゆえ大統領は、歓迎の声が住民投票に代わり得るということを前述の宣言により訴え、投票の実施を避けたのである。

　こうして歓喜のあとには互いのイメージの違いやアルザスの意志を無視するパリの対応に大なり小なり違和感が示されたが、一九一八年一二月一四日の「選別委員会」の設置はそれを通り越してアルザスに衝撃を与えた。一一月に連合国がドイツと結んだ休戦協定はドイツ軍が占領地から即時撤退すべきことを定めていたが、フランス政府はこの規定をアルザス・ロレーヌの住民にまで適用し、「ドイツ人」を選別・追放しようとしたのである。住民は選別委員会により公布される身分証（次頁参照）の携行を義務付けられたのであるが、それは以下の四区分を採用していた。すなわち「A：フランス内地出身者、あるいは一八七一年以前から居住していた者（及びその子孫）」、「B：両親のうち一方が外国出身である者」、「C：両親が連合国、ないし中立国で生まれた者」、「D：敵国からの移住者（ドイツ人、オーストリア人、ハンガリー人など）、その子供で、アルザスで生まれた場合にも、ここに含む[77]」である。Dの場合は即時追放であり、その対象となった人、あるいは自発的・強制的にドイツに退去した人の数は、アルザスで約一〇万人にのぼったとされている。彼らに許されたのは四〇キロ以下の荷物と二〇〇〇マルク以下の現金の持参のみであり、それ以外の財産はすべて没収された。また、両親がAとD、子供がBという場合のように、付与される市民権が家庭内で異なる場合もあり、激しい抗議の声が上がった。なお、こうした「選別」に関する密告、審査、抗議において住民が主張したのは「いかに自分た

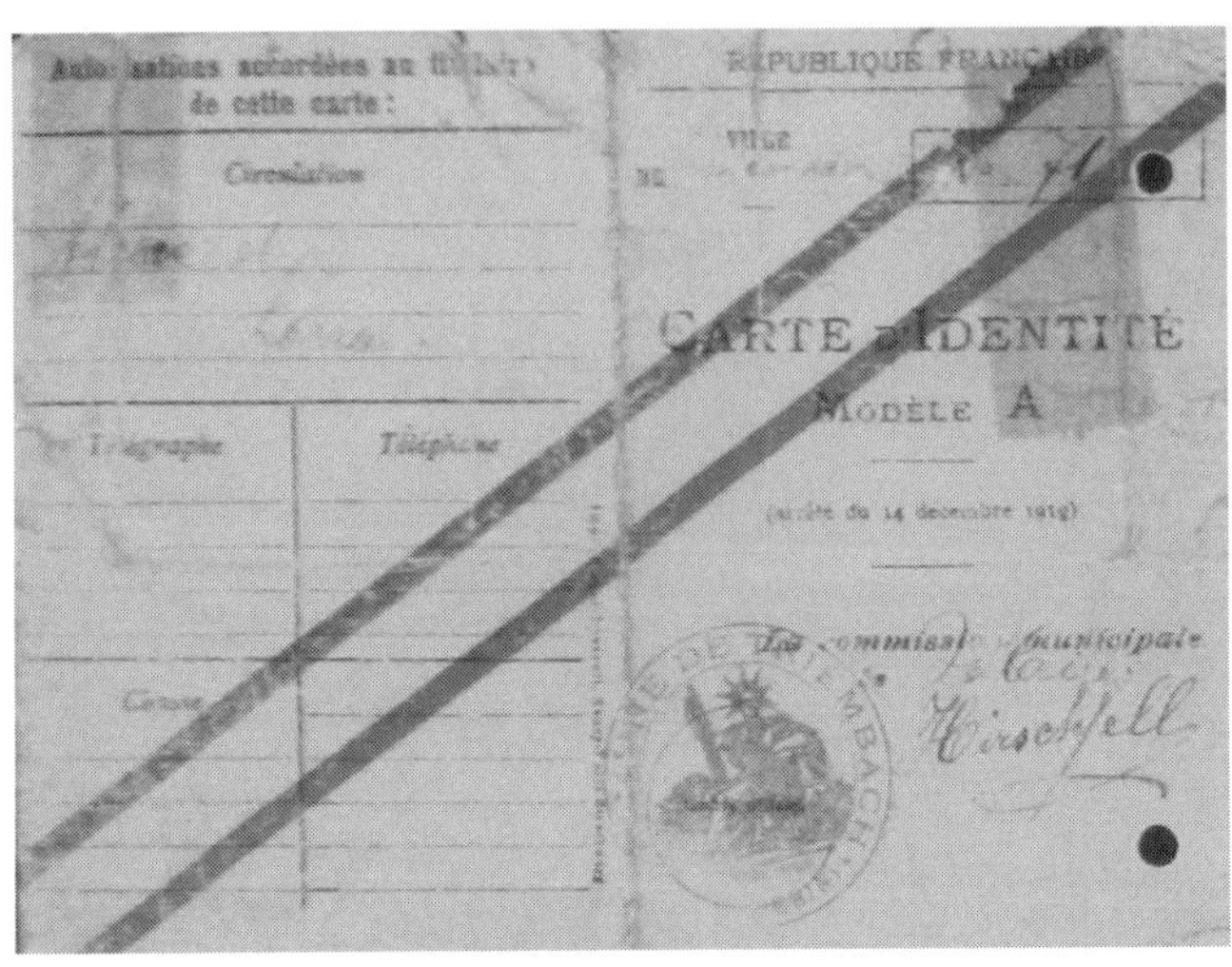
Circulation

Télégraphe

Téléphone

RÉPUBLIQUE FRANÇAISE

VILLE DE

CARTE D'IDENTITÉ

MODÈLE A

(arrêté du 14 décembre 1918)

La commission municipale

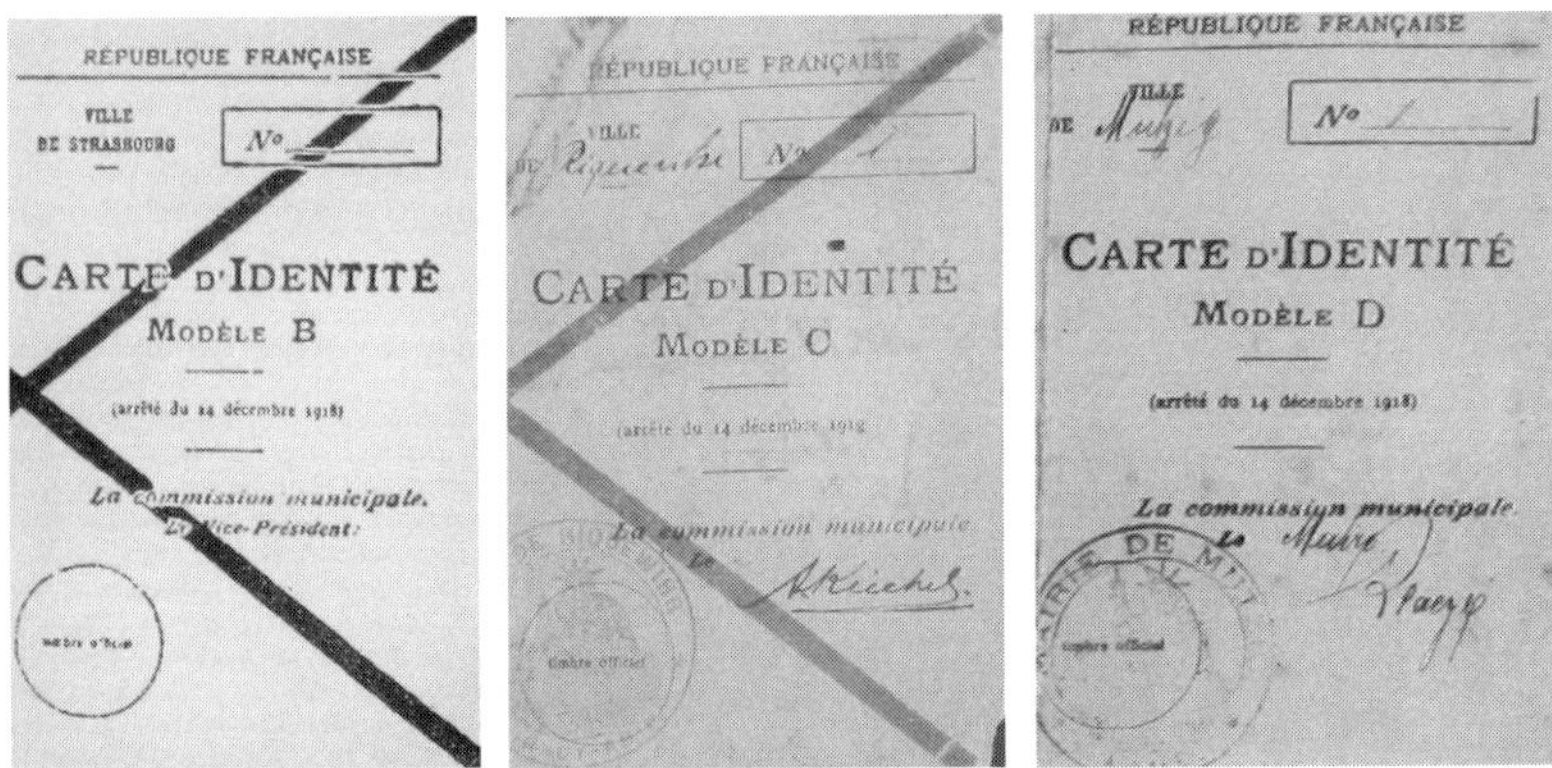
RÉPUBLIQUE FRANÇAISE

VILLE DE STRASBOURG

No

CARTE D'IDENTITÉ

MODÈLE B

(arrêté du 14 décembre 1918)

La commission municipale.

RÉPUBLIQUE FRANÇAISE

VILLE DE

No

CARTE D'IDENTITÉ

MODÈLE C

La commission municipale

RÉPUBLIQUE FRANÇAISE

VILLE DE

No

CARTE D'IDENTITÉ

MODÈLE D

(arrêté du 14 décembre 1918)

La commission municipale

4種類の身分証

ちが『良きフランス人』であるのかということであり、その証拠として戦前、戦中における『反ドイツ感情』やそれにもとづく行為が力説された[78]」という。フランス政府が政治的参加意志を問う住民投票を忌避したのと対照的に、ここには「政治的意思によるフランスへの帰属を主張[79]」する住民の姿を見て取れる。

(三)アルザスのフランス化

第一次世界大戦から第二次世界大戦後にかけて、各国で国民の同化圧力が高まりを見せたが、アルザスがそれを経験したのはまずはフランスにおいてであった。

アルザスは一九一九年六月のヴェルサイユ条約締結によりフランスへ公式に編入されるが、パリの中央集権的な政策はそれ以前から一貫性なく次々と実施されていた。パリの行政機構が持ち込まれ、内地フランス人が官庁や教育機関の重要ポストを占め、フランス語を解さないあるいは十分には使いこなせないアルザス人よりもはるかに厚遇された。また帝国内で比較的高いパフォーマンスを発揮していたアルザスの経済は混乱し、労働環境や失業をめぐる問題が噴出した。こうしてアルザスの復興が急務となるなか、クレマンソー首相は一九一八年末にパリに創設したアルザス・ロレーヌ総局を翌年三月に廃止し、同地域の独自性に理解のあるアレクサンドル・ミルランを大臣相当のアルザス・ロレーヌ担当総務長官に任命した。加えて、パリにあった三二名からなるアルザス・ロレーヌ最高評議会もストラスブールに移された。

一九一九年一一月、アルザスは「復帰」後としては初の総選挙を迎えた。主要な政党は、フランスとの一体性を前提としつつ二言語併用に代表される地域の独自性を保とうとするカトリックの共和人民連合（ＵＰＲ）、類似の立場をとりつつ都市のプロテスタントを支持層とする民主共和党（ＰＲＤ）、そして前の二つとは異なり政教分離や教育の非宗教化を掲げ、二言語併用主義を否定してフランスへの同化を推進しようとする社会党（Ｓ

ＦＩＯ）の三つであった。その他、急進社会党やアルザス共産党などが少数派をなしていた。総選挙ではＵＰＲとＰＲＤがアルザスの全議席を獲得しており、住民の多くがフランス内で地域の独自性を維持することを求めていたことがわかる。そこから数年間は、首相さらには大統領となったミルランのもとで、急激な同化政策には多少なりとも歯止めがかけられた。この間に最高評議会はアルザス・ロレーヌ地方評議会に、続いてアルザス・ロレーヌ諮問評議会になったが、後者は両地域の諸問題の検討や予算の立案・実施という権限を有していた。これは「パリの中央集権主義的な行政のなかでは異質な組織」(80)であった。

しかし一九二四年、下院選挙の結果ミルランが大統領を辞任し、首相エドゥアール・エリオ率いる急進社会党内閣が発足すると、再び同化政策の強化が図られた。エリオは六月にアルザスとロレーヌに対する共和国の法の導入を宣言し、七月にパリのアルザス・ロレーヌ総局を復活させ、一一月には諮問評議会を正式な解散に追いやった。とりわけ共和国の法の一つである政教分離法の導入は、ライヒスラント時代にも保持されてきた一八〇一年以来の政教協約体制の廃止を意味していた。フランスではすでに一九〇五年に政教分離法が制定されていたのであるが、当時ドイツのもとにあったアルザスについては非公式に政教協約体制が容認され、一九二四年まで政府がカトリック、プロテスタント（ルター派とカルヴァン派）、ユダヤ教の聖職者への俸給ならびに教会・宗教関連教育機関への維持費・補助金を払い、公立学校における宗教教育も禁じてはいなかったのである。エリオはこの特別な状態を「正常化」させ、同化を進めようとした。これに対してアルザスでは、ストラスブール司教シャルル・リュクが中心となり、プロテスタントとユダヤ教の諸集団を糾合するかたちで抗議活動を展開した。また、大部分の議員や市町村議会も反対の立場をとり、ストラスブールでは五万人にのぼる抗議デモが行われた。

渡辺和行によると、「コンセイユ・デタはエリオ案を憲法違反と宣言し、エリオは断念に追い込まれたが、エリオの同化政策が触媒となって、アルザスの自治運動に結集軸を提供する」[81]かたちとなった。

（四）自治主義運動とコルマール裁判

「自治主義」は、さまざまな意味合いをもつ用語である。アルザスでは時代や情勢に応じて、文化面での独自性を強調する比較的穏健な「地域主義」、ドイツ帝国のなかでほかの邦国と同じ地位を得ようとする「連邦主義」、中央集権的なフランス共和国のなかで一定の政治的自立を求める「地方分権主義」、そしてアルザスの独立や独仏いずれかへの復帰を目指す急進的な「分離主義」などと部分的に重なる。それぞれの自治主義運動は多様な要素を含んでいるが、先のドイツ時代が分離主義的な自治から連邦主義的な自治への移行であったとするならば、ここで扱うフランス時代には地域主義的・地方分権主義的自治を求める動きが主流であったといえる。しかしフランス政府は分離主義を疑って強硬策を講じ、またそれに対抗するかたちで自治主義運動の急進化も見られるようになる。

一九二四年以降のアルザスでは、中央集権的な政策への反発から、それまでの地域主義に加えて政治的な自立を求める自治主義運動が展開した。一九二五年五月にサヴェルヌで「自治と自由とドイツ語の擁護」[82]を標榜する週刊誌『未来（*Die Zukunft*）』が創刊され、約一年後には発行部数三万部と定期購読者数二万八〇〇〇人を記録した。これは一二世帯に一軒の割合である。さらに一九二六年六月七日、『未来』の創始者や賛同者により「エルザス・ロートリンゲン郷土同盟（Elsass-Lothringen Heimatbund）」が結成され、その宣言書が一〇〇名の署名とともに公表された。そこでは同化政策が批判されたのち、何よりもまず「フランスの枠内での完全な自治」が要求され、その後に政教協約体制と宗教教育の存続、ドイツ語教育の復活と二言語併用主義、そして地方行政への現地住民の登用などの要求が続いた。この宣言は、「教権派から反教権派まで、民主派から共産党まで含む多様な自治主義者の要求の最大公約数であった」[83]という。

フランスの政府は、こうした動きへのドイツの関与を疑っており、一九二五年一一月に『未来』の創始者の一人エミール・パンクを検挙したが、証拠不十分により釈放せざるを得なかった。続いて「郷土同盟」の結成から数日後、それに署名した公務員、公証人、国鉄職員を免職や休・停職処分にするなど、厳しい措置を講じた。右翼グループはこうした対応を支持した一方で、公務員を中心として抗議活動が広がった。また穏健派で知られていたアルザス最大政党UPR内部でも、この問題をめぐって「国民派」と「自治派」が激しく対立し、七月に自治派の指導者ジョゼフ・ロッセが解任された。さらに翌月には、UPRのコルマール支部、「郷土同盟」委員長ウージェーヌ・リクラン、そしてアルザス共産党の指導者ジャン＝ピエール・ムレールが共同で主催した自治主義の抗議集会を右翼の反対派が襲撃し、乱闘騒ぎにまでなった。

加えて、「郷土同盟」署名者に対する処分の撤回を求めるなかで、日刊紙『民衆の声』や半月刊誌『真理』といった自治派の新聞が創刊された。とくに後者は「反対派アルザス・ブロック」党の実質的な機関紙であり、さまざまなフランス批判を繰り広げた。ポワンカレ内閣のもとで監視が強化されるなか、これに『未来』を加えた三新聞は一九二七年一一月に発禁処分となり、翌月には主要な自治主義者らが逮捕された。一九二八年四月、政府は二二名を国家反逆罪の容疑でコルマール裁判にかけ、うち四名が有罪、一一名が無罪、七名は欠席判決により有罪となった。裁判直前に行われた総選挙では、自治派やその支援を受けた候補者が得票を増やし、在監中の二名も下院議員に再選されたが、フランス議会により選挙の無効が宣言されたため代わりに二名の自治派が選ばれた。

このコルマール裁判において、検察側は被告らの自治主義運動をドイツ諜報部に扇動された「分離主義」的な運動だと指摘した。一方で被告と弁護側は、フランスの枠内でアルザスの独自性やドイツ時代に獲得した諸権利などを擁護する「地方分権主義」的な運動であると反論した。このように同裁判は、「フランスとアルザスとのあいだに存在する大きな誤解をあらわにした[84]」のである。結果として親フランス派やＵＰＲ「国民派」は威信や支持を弱めた一方、自治派はとくに都市部で支持を集めた。しかし一九二〇年代末にファシズムやナチズムの伸長を受けて自治派の一部が急進化すると、それが自治主義全体のイメージに影響を与え、自治派は次第に選挙での得票数を減らしていった。

一九二九年一〇月のニューヨーク・ウォール街での株価大暴落に始まる世界恐慌は、一九三〇年代初頭にフランスに及び、一九二五年頃から上昇傾向にあったアルザス経済にも不況の波をもたらした。工業製品は売れ残り、農業にも影響が及び、失業者は増加した。こうした経済危機のなかでフランスの政局は安定せず、またドイツでは一九三二年にナチ党が第一党、翌年にはヒトラー内閣が成立して国際連盟を脱退した。アルザスでは一九二七年に設立された「独立郷土党」がナチズムへの共鳴を露にし、有権者からの支持を大きく落とした。Ｕ・ペスラーが指摘するように、「一九三三年以降、フランス国家への忠誠を示すことは、それまで以上に重要になった[85]」のである。

ドイツでは一九三四年にヒトラーが総統となり、翌年には人民投票を経てザールを編入し、再軍備を宣言してヴェルサイユ条約を公然と破棄し、同質化政策によるドイツの一元化ないし統合を推し進めた。一方のフランスでは、一九三五年七月に左翼諸党派が反ファシズムを掲げて人民戦線を形成し、翌年五月の総選挙で勝利してブルム人民戦線政府が成立した。このときアルザスでは、左翼が復調を見せたものの、ＵＰＲの支持がなお強固であった。さらにＵＰＲの下院議員が自治派の左派議員と歩調を合わせたことにより「郷土戦線（Heimatfront）」が再現し、政府の同化政策を監視した[86]」。というのもブルム内閣は、「国語＝フランス語の知識向上」を理由として教育年数を延長しようとし、二言語主義と宗教教育を特徴とするアルザスの教育制度に変更を迫ったのである。文化面での独自性を保とうとする地域主義はあらゆる自治派にとって根幹をなすものであり、再び激しい反発が生じた。このとき政府が実施を延長しただけでなく、国務院が政令を無効としたためアルザスの憤激はおさまったものの、政府への不信感が払拭されることはなかった。

以上のように、アルザスの多様な自治派は独自性の維持やパリの無理解への反発において協力したものの、反フランス・反共和政でナチス・ドイツに共鳴する分離主義的な自治主義は少数派であった。しかしフランス政府は第二次世界大戦が始まると、分離派のみならず穏健派も含めて数百人の自治主義者を捕らえた。これに対して、ナチス政権は一九四〇年六月にフランス軍に戦勝すると自治主義者の解放を求め、彼らの取り込みや利用を試みた。そして実際に彼らのなかには、ドイツ占領後に重要ポストに就いた者やアルザスのゲルマン化に積極的に加担する者もいたのである。

五　ナチス・ドイツの「併合地区」

第二次世界大戦の過程で、アルザスはナチス・ドイツの「併合地区」に位置づけられた。そこではバーデン＝エルザス大管区長が同地域の「ゲルマン化」に取り組み、非同化者の追放やドイツ人移民の「植民」、ドイツ諸制度の導入、脱フランス化の強行、ついにはドイツ軍への「強制召集」までも実行した。一九四〇年の占領から四五年の解放に至るまでのこうした過酷な体験は、アルザスにとって「永遠に塞がらない傷口」[87]となる。

（一）第二次世界大戦の始まり

一九三九年九月一日にドイツ軍が宣戦布告なくポーランド侵攻を開始すると、三日にフランスとイギリスがドイツに宣戦布告し、第二次世界大戦が始まった。ただし西部ではそれから約一年、「奇妙な戦争」と呼ばれる、交戦せずににらみ合う状態が続いた。

その間ドイツ軍による侵入が予期される国境線付近では、フランス政府により住民の疎開が指示され、アルザスでは二回に分けて全住民の三分の一にあたる四三万二〇〇〇人ほどが疎開した。そのうち九月初頭の第一次疎開の際にフランス南西部に列車とバスで向かったのは三七万四〇〇〇人であり、出発までに彼らに与えられた猶予は一日、持参できる荷物は四日分の食糧を含めて三〇キロまでであった。アルザスがフランスのどの地域とも異なる独自性を有することは自明であるが、疎開先となったフランス南西部はまさにアルザスと真逆の性格をもっていた。アルザスが政教協約体制を維持し、経済的に豊かで生活水準が高かったのに対して、フランス南西部は反教権主義の中核をなし、国内で最も貧しい地域とされていた。そのなかでの避難生活にアルザスの人びとは不満を抱いた一方、フランス語ではなく敵国ドイツの言葉のように聞こえるアルザス語を話す人びとの姿は、地元民にとって大きな違和感を与えた。フランスで流布していたアルザスのイメージや神話とは異なることが認識されたわけである。第二次疎開は、ドイツ軍の攻撃が始まった一九四〇年五月から六月にかけて行われ、約五万八〇〇〇人がヴォージュ渓谷地域に避難した。

ドイツ軍は一九四〇年五月一〇日よりベルギー、オランダ、ルクセンブルクに電撃侵攻してフランス防衛線を破り、六月一四日にはパリを無血開城させた。フランス政府は都を去ってボルドーに移り、戦争継続の立場をとった首相レノーは休戦派に屈して辞任し、第三共和政は瓦解した。一方、戦争継続派のド・ゴール将軍はロンドンに亡命して自由フランスを組織し、対独レジスタンスを指揮することとなる。二二日に老元帥ペタンを首相とする政府がドイツとの休戦協定を結び、フランスは武装解除され、北部は「占領地区」、南部はヴィシーを首都としてペタンを国家主席とする「自由地区」に分けられた。アルザスはというと、六月一五日よりドイツ軍一五万人の侵攻を受けたが、対するフランス軍は主力部隊をヴォージュ以西の防衛に向けており、約一万五〇〇〇人で応戦したものの次々に投降した。このようにアルザスの防衛はほぼ「放棄」され、二二日には主都ストラスブールを含めて全土が制圧された。前述の休戦協定においてアルザスへの言及はなく、正式な法的手続きも行われないまま、この地域はドイツの「併合地区」に位置付けられた。ナチス・ドイツの主張は、「フランスが宣戦布告した時点でヴェルサイユ条約は破られた。ゆえにアルザスはヴェルサイユ条約以前の状態に戻ってしかるべきなのである」[88]というものであった。この明確な根拠に欠ける主張とそれに基づく措置に対して、ヴィシー政府は有効な手立てをもたなかった。

(二) バーデン=エルザス大管区における「ゲルマン化」

こうしてフランスは一九四〇年六月より四年数か月間ナチス・ドイツの支配下に置かれたが、この間に「併合地区」アルザスで体験されたことは、「占領地区」や「自治地区」をなした内地フランスのものとはやはり異なっていた。たとえばナチス・ドイツは、一九一八年にフランスの選別委員会が行ったのと同じように、人種判別特別法廷における戸籍の証明をアルザスの住民に課したが、内地フランスで類似の義務を負ったのはユダヤ人のみであった。またヒトラーは、一〇年以内にアルザスを「ゲルマン化」することを掲げた。

第三帝国は、三、四十ほどの大管区に分けられており、それぞれがナチ党全国指導者兼行政長官にあたる大管区長により統治されていた。アルザスはライン川を挟んで隣り合うバーデン大管区に編入され、【地図9】のように「オーバーライン大管区」とも呼ばれる「バーデン=エルザス大管区」を構成した。一方で、第二帝国

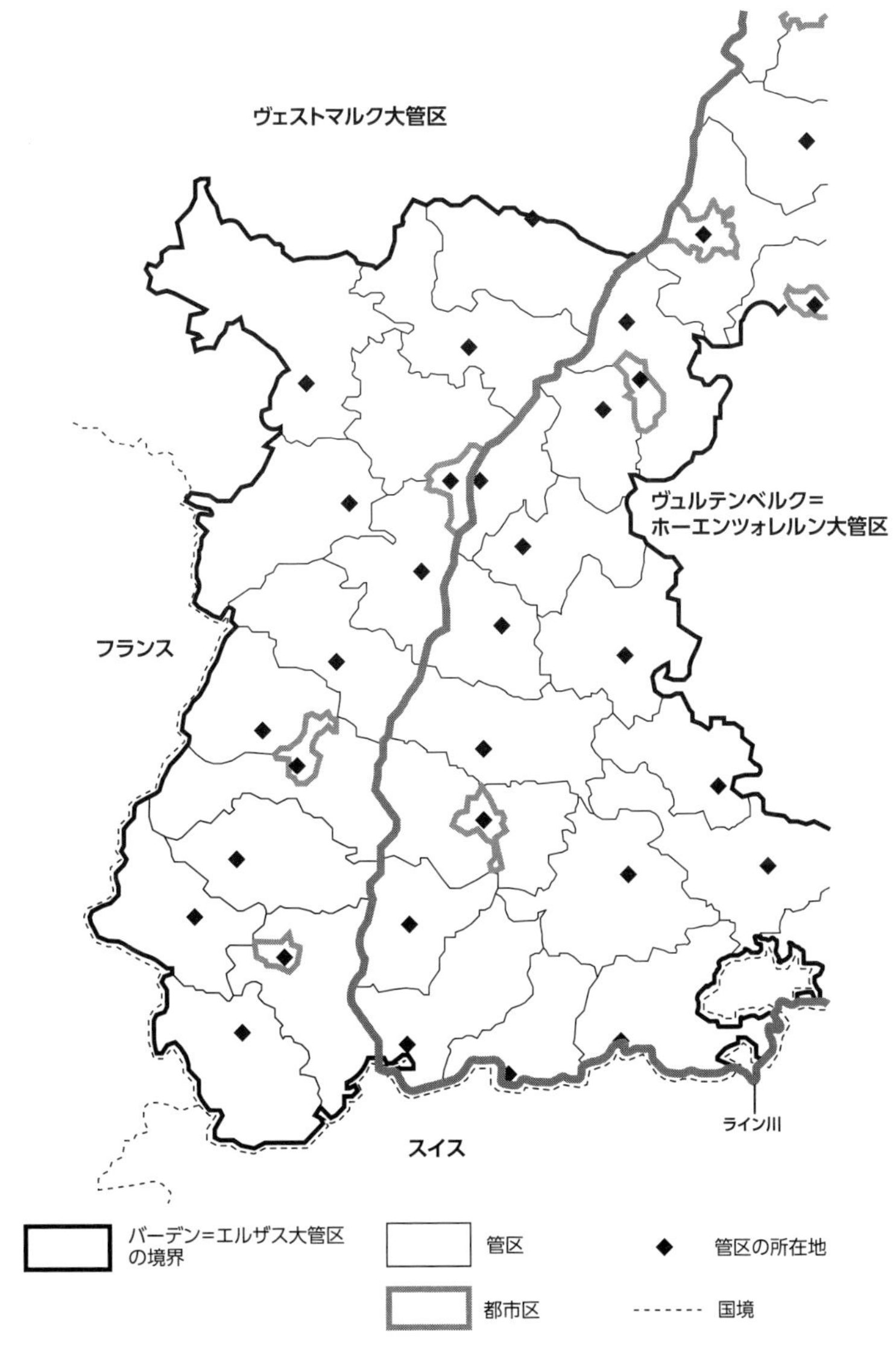

【地図 9】1940-45 年のバーデン＝エルザス大管区（オーバーライン大管区）

の時代にアルザスとともにライヒスラントを構成していたモーゼル県は、ヴェストマルク大管区に含められた。ヒトラーがエルザス＝ロートリンゲン管区を形成せず、二つの地域を別々に既存の大管区に組み込んだのは、ゲルマン化を効果的に推し進めるためであったといわれている。というのもナチ指導部は、バーデン＝エルザス大管区長にロベルト・ヴァーグナー、ヴェストマルク大管区長にヨゼフ・ビュルッケルを任命し、「ゲルマン化政策で大管区長官同士を競わせる方針であった」[89]という。ヴァーグナーは、バーデン州の農民家庭に生まれ、軍人となったのち一九二三年にミュンヘン一揆にてヒトラーとともに投獄され、釈放後はバーデン州でナチ党の活動を熱心に率いた「筋金入りの、狂信的なナチス」[90]であった。前述のようにヒトラーは一〇年でアルザスの完全なるゲルマン化を行うとしていたが、ヴァーグナーはそれを五年で実現してみせると豪語し、まさしく猪突猛進した。

ヴァーグナーは、フランス政府により拘留されていたアルザスの自治主義者を解放し、その一部を党幹部や行政官に登用したあと、戦争捕虜の釈放に加えて疎開者のフランス内地からの帰還を促した。その際、「みずからドイツ民族であると申告し、かつヒトラーと帝国にたいする忠誠誓約書を提出する」[91]という条件があったのにもかかわらず、多くのアルザス人が帰郷を選んだ。その要因の一つは、疎開先での地元民とアルザス避難者の相互の不満であったといわれている。また、帰還しない者たちに対して当局が財産没収や親族への報復などの脅しを行ったことも、少なからず関係していた。それでも一万人以上が帰郷を拒んでおり、当局は一九四二年四月の政令により、七月末日までに帰還しない場合は財産を没収すること、またそれ以降の帰郷は認めないことを言い渡した。

当局は、ナチス・ドイツへの忠誠を誓った者たちの帰郷を促すのと同時に、「好ましくない人物」の追放にも取り組んだ。とくにユダヤ人は真っ先に追放され、ヴィシー政権下の自由地区またはヴォージュ山地に逃れたが、避難先で捕らえられて強制収容所送りになるか、戦争末期にはその場で銃殺されることもまれではなかった。ユダヤ人以外にも「アルザス以外の出身の官吏、レジオン・ドヌールの佩用者、フランスの愛国的結社の代表、人権同盟や左翼の活動家、スペイン戦争の義勇兵、親仏的な名士、宗教人、金持ち、ドイツが植民するために取り上げようと計画していた土地の持ち主など」が追放され、「ドイツ人にステイタスと財産が与えられた」[92]。追放先は当初はフランス内地であったが、一九四一年以降は恐らく労働力不足を補うためにドイツ各地となった。こうして多くのアルザス住民が故郷を追われた一方で、ドイツから多数の移民がアルザスに送り込まれ、「植民」が推し進められた。

アルザスにはナチス・ドイツの諸制度が導入され、一九四〇年八月より行政用語はドイツ語となり、四一年以降はドイツ法が適用された。行政組織はバーデン＝エルザス大管区長をトップとして管区長、地区長、細胞長、ブロック長に連なるピラミッド型をなしていた。細胞長以上はナチ党のエリート、ブロック長は約五〇戸を指導するナチ党員であり、後者は管轄する住民の動向を調査して細胞長に報告する義務を負った。そこでは相互監視システムができあがり、密告によって収容所送りになる者もいた。ナチス占領下のアルザスには、シルメックとナッツヴァイラー＝ストリュトフの二つの強制収容所があった。前者は「政治犯」の拘留と再教育を目的としたものであり、彼らは監視下で数か月間使役されたのち、基本的には釈放された。ここには延べ一万五〇〇〇名が収容されたのではないかといわれている。後者のナッツヴァイラー＝ストリュトフ強制収容所は、一九四一年五月に密かに建設されたものであり、政治犯のほかに捕虜、刑事犯、ユダヤ人、兵役忌避者、宗教人、同性愛者などがヨーロッパ各地から送られてきた。収容者は採掘作業などで酷使されたが、一九四二年以降は危険人物の殺戮や研究目的での生体実験まで行われたという。これらの強制収容所はドイツ軍の退却とともに一九四四年八月末に閉鎖され、収容者はドイツ内のほかの強制収容所に移送されることとなる。

アルザス・モーゼルのゲルマン化、ドイツ語の強制

こうしたアルザスのゲルマン化ないしナチ化と同時に、脱フランス化が進められた。第一次世界大戦のモニュメント、フランス革命の記念碑、ジャンヌ・ダルクの彫像など、フランスを想起させるモノはすべて抹消されねばならなかった。フランス語の使用は禁じられ、公共空間でそれを用いた者は処罰を受けることとなった。当局はドイツ語方言であるアルザス語の禁止と標準ドイツ語の強制も試みたが、その実現はやはり困難であり、標準ドイツ語の使用は公務員にのみ徹底された。

さらにアルザスでは、一九四一年一月より志願兵の募集が行われ、志願を促すキャンペーンが展開された。それでもヴァーグナーが一九四二年八月の時点で集められたのは、ドイツ国防軍兵士と武装親衛隊員を併せて約二〇〇〇人ほどであった。彼はこれと並行して、一九四一年二月より「帝国労働奉仕団」を導入した。青年男女が宿営地で労働奉仕を行いながら、軍事訓練、肉体鍛錬、政治教育などを受けるというものである。これも当初は志願制であったが、志願者が少ないことを鑑みて、ヴァーグナーは五月より若者たちに参加を義務付けるようになった。対象者は十代後半から二十代半ばの男女であり、ドイツ各地で労働、軍事訓練、軍の後方勤務などに従事させられた。この義務から逃れようとした者たちは、シルメック収容所送りとなった。

そして最後にアルザスを待ち受けていたのは、一九四二年八月二五日に下されたドイツ国防軍への「強制召集」である。ヴァーグナーは、アルザス人の完全なるゲルマン化にとって、彼らの国防軍への編入が不可欠であると考えていた。一方で国防軍参謀本部や政府は、この徴兵制には懸念を示していた。というのも、被占領下の他国民を占領国の軍事作戦に参加させることを禁じているハーグ条約に反するだけでなく、国防軍に「不穏分子」が入り込む恐れがあったからである。また徴兵制の是非は、ドイツ国籍をもたない者を軍に入れるべきか、もし国籍を与えてから軍に入れるとすれば、ゲルマン化が完了していない者に国籍を与えても良いのかなど、国籍付与の是非をめぐる問題でもあった。それでも一九四一年六月に始まったドイツ軍のソ連侵攻が困難を極め、東部戦線での兵力が不足するなか、一九四二年夏にはヴァーグナーの執拗な要請が通った。ヒトラーが、「兵役に応じたアルザス人にのみドイツ国籍を与えるとする、帝国内務大臣の法令（一九四二年八月二三日）の発布によって、ヴァーグナーが兵役制導入の政令（同年八月二五日）を出すことを暗黙裡に認めた」[93]のである。

徴兵対象者はもともと二〇歳前後の男性であったが、次第に範囲が拡大され、アルザスから約一〇万人が動員されたという。彼らの大半はドイツ第二帝政期をそれほど経験せず、幼い頃からフランス人として育てられた者たちであり、なかには一九三九年の時点でフランス軍に召集されていた者もいた。彼らの大半は脱走や逃亡を防ぐ意図もあって東部戦線に投入され、集団化しないように各地の部隊に散りばめられた。そして東部戦線でソ連軍の捕虜になったアルザス人は、ドイツの軍服を着ている限りドイツ人として扱われた。彼らは極寒の地で苛酷な労働を強いられ、死亡率も極めて高かった。さらに戦争末期になると、アルザスの兵士はイタリア戦線やフランス戦線にまで投入された。とくにフランス方面では、のちにボルドーで裁かれることとなるオラドゥール事件のような悲劇を生むことになるが、これについては第5章で述べることとする。

(三) アルザスの解放

一九四四年六月に連合軍はノルマンディ上陸作戦を敢行し、八月にパリを解放すると、ド・ゴールはそこで凱旋行進を行った。それから数か月のあいだにフランス内地はほぼ解放されたが、アルザスとロレーヌはなおドイツ軍のもとに置かれていた。

一九四四年一一月より、アルザスの解放をめぐる戦いが開始した。ド・ゴールは、「対独復讐」のシンボルであったこの地域の解放に、フランス軍を加えるよう連合国軍総司令官に求めた。対するドイツ軍は、この「ドイツ領」を断固として死守する構えであった。さらにアルザスにおける一部の対独協力者らは「アルザス解放戦線」を結成してドイツ側の橋頭堡となろうとした一方、フランス南西部に逃れていた者たちを中心とする「アルザス・ロレーヌ旅団」は連合国側で解放のための戦いに参加した。

アルザス・ロレーヌ解放作戦は、アルザス北部、南部、ロレーヌの三方面で展開された。アルザス北部で作戦を敢行したアメリカ第七軍とこれに随行したフランスのルクレール将軍の部隊は、要衝サヴェルヌ峠を含めて次々と攻略し、一一月二三日にストラスブールに奇襲をしかけた。パニックのなかで市外戦が繰り広げられたのち、主都は解放された。一方アルザス南部ではドイツ軍がなお占領を続けており、コルマールにはヴァーグナーが逃げ込み、反撃の機会をうかがっていた。ドイツの援軍がライン右岸から押し寄せ、一九四五年一月にはアルザス北部およびコルマール周辺で再び戦闘となった。アグノーやヴィサンブールを中心とする北部は再びドイツ軍の手に渡り、連合軍側はストラスブールからの撤退も考えていたようであるが、攻防戦の末に主都は死守された。南部ではコルマールを中心として一進一退の攻防戦が繰り広げられ、多くの犠牲を払った末の二月にオー＝ラン県全域が解放された。ドイツ軍は三月にバ＝ラン県からも駆逐され、その後は国境周辺で散発的な交戦が続いたのち、五月八日のドイツ無条件降伏によってアルザス争奪戦は幕を閉じた。

第5章

現代アルザスとその行方

一　戦後フランス共和国のなかで

戦後まもなく、この甚大な被害を出した戦争について責任の追及と処罰が行われ、その波はアルザスにも及んだ。とりわけ一九五三年のボルドー裁判は、「強制召集兵」の有責性を問題とし、この地域に憤りや反発を生じさせた。ただしナチス時代を経験したいま、それが戦前のような自治主義運動に結び付くことはなく、アルザスはドイツ的要素の否定とフランス共和国との一体化に向かっていった。ただし一九五〇年代後半から、地域的要素とヨーロッパ的要素が、徐々にではあるが重みを増していくことになる。

(一) 戦争責任の追及

戦争責任について、国際的には一九四五年八月にアメリカ、イギリス、ソ連、フランスの四連合国がロンドン協定を公表し、ドイツの戦争犯罪人の訴追および処罰を決定した。周知のとおりヒトラーはベルリン陥落直前の一九四五年五月に自殺したため、その他のナチス指導者に対して同年一一月よりニュルンベルクにて裁判が行われた。七か月の審理の末に判決が言い渡され、一二名が絞首刑、三名が終身刑、四名が禁固刑に処せられ、三名が無罪となった。

アルザスでも戦争責任の追及が行われた。逃亡していたヴァーグナーは逮捕され、ストラスブールの軍事法廷にて死罪が言い渡され、一九四六年八月に銃殺刑に処せられた。また、ナチズムの先兵となったアルザスの自治主義者ムレールも銃殺された。その他の戦争犯罪や対独協力の容疑者の多くが収容所に拘置され、刑事・

民事ともに数千人が有罪判決を受けた。

対独協力者と一括りにいっても、積極的な対独協力者から、消極的な協力者や強制的に国防軍に徴兵された者までさまざまであった。ナチス・ドイツのもとで強制的に召集されたアルザス・ロレーヌの兵隊たちは一〇万人以上にのぼり、彼らは両地域において「マルグレ・ヌ」、すなわち「心ならずも（応召した兵隊）」とも呼ばれている。脱走、反乱、戦闘放棄などを疑われていた彼らは、ほとんどが東部戦線に送られ、その多くが捕虜としてソ連で抑留生活を送った。両地域の住民にとって「マルグレ・ヌ」は戦争犯罪者ではなく、ナチス支配下の脅迫により戦闘を強いられたいわば犠牲者であった。

しかしこの認識は、一九五三年一月からボルドーで開かれたオラドゥール事件の裁判において否定されることとなる。オラドゥール事件とは、一九四四年六月にフランス南西部リムーザン地方のオラドゥール村においてナチ武装親衛隊が約六五〇名の村民を納屋や教会に集め、彼らのほとんどを射撃や放火により虐殺した事件である。ボルドー裁判の被告は六〇名以上いたが、行方不明などにより実質は二一名であり、そのうち一四名がアルザス人であった。一人は志願兵だったが、ほか一三名は強制召集兵であり、ほとんどが召集時に一七～一八歳であった。こうして裁判は、ナチスの戦争犯罪のみならず、「アルザスの強制召集兵、ひいてはアルザスそのものの有責性を判ずる場」[94]ともなった。一九五三年二月一三日、ドイツ人将校一名とアルザスの志願兵一名に死刑、それ以外の者たちには五～一二年の禁固・懲役が言い渡された。

オラドゥール村を含めたリムーザン地方では判決が軽いとして抗議の声があった一方、アルザスでは強制召集兵一三名が有罪とされたことに対して、もっといえばアルザスの複雑な事情に対する内地フランスの無理解に対して憤激が表明された。ストラスブールの戦没者慰霊碑は黒い喪のヴェールで覆われ、勲章の返却、予備将校の辞任、市議会の抗議表明などが相次いだ。このときド・ゴールは、アルザスがヴィシーの降伏によって敵に併合され、大勢の若者がドイツ軍への強制編入という試練を課されたことを強調し、アルザス住民の憤りや反発に理解を示した。有罪判決から一週間後、議会は激論の末にフランス人を戦争犯罪の集団責任性から免除することを可決し、強制召集兵一三名に大赦が与えられた。アルザスではこの決定が歓迎された一方で、当然ながらリムーザンではオラドゥールの犠牲者遺族を中心として反発が生じた。「以降、こうした第二次世界大戦をめぐる地域間の『記憶の内戦』、あるいは『冷戦』の一方で、アルザス、そしてロレーヌではこの時期の記憶は口にしないという風潮が支配的となり、同時にフランス『内地』でもアルザス・ロレーヌの特殊な状況については無関心となっていった[95]」という。

（二）愛国主義と地域主義

戦前のアルザスでは自治主義が高まりを見せていたが、一部の急進派が分離主義へと逸脱してナチス・ドイツとの協力に向かったために、戦後には自治主義という用語さえもタブーとなり、フランス共和国への地域の統合が重視された。

戦後アルザスでは地域政党が消滅に向かい、政治は全国政党により支配された。多数派を形成した人民共和運動（ＭＰＲ）は、一九四四年にカトリック民主主義者らが創立した中道政党であり、そのアルザス支部は戦前の共和人民連合（ＵＰＲ）の流れを引き、カトリックの農民や中小商工業者などから支持を受けていた。同政党は国民統合を推進しつつ、宗教面や言語面でのアルザスの独自性の維持を擁護しており、地域主義的な側面も持ち合わせていた。主要な競合相手は、ド・ゴール派のフランス国民連合（ＲＰＦ）である。これは一九四六年に大統領を辞任した「アルザスの解放者」ド・ゴールが、翌年ストラスブール市庁舎のバルコニーより創設を宣言した政党であり、アルザスの国民統合という点で強力な役割を果たした。ＲＰＦは一九五一年まで全国的に支持を高めたのち、五三年の地方選挙での大敗によって解体したが、アルザスは一九五八年のド・ゴール政界復帰後にゴーリズムの砦と化した。これに伴いＭＰＲは、一九五九年以降にこの地域において明らかな後退を経験することとなる。

このように政治面では全国政党やゴーリズムを通して地域色が薄れていったが、坂井によれば「民衆意識の底辺では地域主義の水脈が尽きたわけではなかった」[96]。全般的には地方文化のドイツ的要素を否定する傾向が見られたが、人格形成にとってアルザス語がもつ重要性を論じたエミール・バース、アルザス人の心理的複雑さを分析したフレデリック・オッフェ、そしてアルザス語での風刺喜劇により「解放の笑い」[97]で劇場を満たしたジェルマン・ミュレールなどが地域主義の基盤を形づくっていた。

こうして一九五〇年代には、ドイツ語教育の復活に向けた動きも生じ始めた。戦後フランスでは、国民統合のために地域語に対して厳しい態度がとられ、とくに標準ドイツ語とアルザス語を学校や公的な場で使用することは禁じられていた。また一九五一年のディクソンヌ法により一部の地域語は学校で教えられるようになったものの、その対象からアルザス語は除外されていた。こうした状況に対して一九五二年にバ＝ランとオー＝ラン両県議会がドイツ語教育の復活を求め、小学校最高学年の二年間でドイツ語教育を任意で受けることが許可されたのである。しかし、内地のフランス人教員が多数を占めていた教育現場において、ドイツ語教育の実施は教員らにより放棄された。現場からドイツ語教育を求める声が上がり、それが実現するまでには、さらに二〇年近くの年月を要することになる。

他方で宗教面では、ナチス政権下で反宗教政策が展開されたのち、ド・ゴール臨時政府のときに政教協約の存続が取り決められ、破壊された教会や組織などの再建が進められた。そして一九五〇年代後半には、宗教や学校に関する特別な地位が政府によって確認された。

（三）経済的再建

アルザスの経済的再建は、一九五〇年代前半までなかなか進まなかった。工業地帯の壊滅、農業の荒廃、食糧・燃料危機など課題は山積みであり、またアメリカの欧州復興援助計画（マーシャル・プラン）により回復しつつあったフランス経済への同化も困難を伴うものであった。しかしアルザスは、ヨーロッパの動きと歩調を合わせて、一九五〇年代後半に経済的再建を達成することになる。

こうした道を切り開いたのは、アルザス出身のピエール・フリムランとルクセンブルク出身のロベール・シューマンである。フリムランは、一九四五年以来バ＝ラン県選出のＭＰＲ代議士にしてストラスブール市議会員となり、一九五五年にはストラスブールで初のカトリック市長に選出された。彼はロレーヌ・モーゼル県選出議員にしてＭＰＲ幹部のロベール・シューマンと出会い、シューマンが掲げるヨーロッパ統合という理想を共有し、その実現を目指して共に活動した。一九四九年には加盟国の協調を目的とする欧州評議会の創設が採択されたが、シューマンとフリムランの精力的な誘致活動もあり、その本部はストラスブールに設置された。その後は欧州石炭鉄鋼共同体（ＥＣＳＣ）が創設され、石炭と鉄鋼の生産、価格、労働条件などが共同管理され、域内外の取引が活性化した。この成功が弾みとなり、一九五八年には欧州経済共同体（ＥＥＣ）と欧州原子力共同体（Euratom）の設立につながった。

とくにＥＥＣは、アルザスの経済的再建を大きく後押しした。これはＥＣＳＣの六か国（フランス、西ドイツ、イタリア、ベルギー、オランダ、ルクセンブルク）からなる組織であり、域内関税の撤廃や資本・労働力の自由移動などを実現した。こうしてアルザスは、フランス東部の国境地域からＥＥＣ加盟諸国の地理的中心部に移行し始め、ヨーロッパのなかでの経済的発展・飛躍に向けた道筋が示されたといえる。

(四) ド・ゴール体制

一九五八年にフリムランが首相となったが、植民地アルジェリアの独立をめぐる問題の解決のために辞任し、ド・ゴール政権の復帰をもたらした。ド・ゴールは第五共和政を発足させて強大な権限を有する大統領となり、国内の反対勢力を抑えてアルジェリア戦争の休戦を取り決め、一九六二年七月に独立を正式に認めることとなる。アルザスではド・ゴールの復帰を歓迎する者が多く、一九六五年の大統領選挙においてド・ゴールの再選に票を投じた比率はフランスのなかで上位に位置していた。また、彼が結成した新共和国連合（ＵＮＲ）は一九六二年の選挙で一三議席中一一議席を確保し、六七年には独占的地位を占めた。こうした確固たる支持は、ド・ゴールが「アルザスの解放者」であることやボルドー裁判の際にアルザスに理解を示したことに加えて、彼の重視する「秩序、安定、効力」が同地域の好みに合っていたことにも起因していたようである[98]。

ナショナリストとして知られるド・ゴールは、フランスの国家主権を犠牲にするヨーロッパ統合には反対していたが、フランスの威信回復の舞台をもはや植民地よりもヨーロッパに見出していた。ＥＣＳＣ、ＥＥＣ、Euratom の三機関の併合・改組からなる欧州共同体（ＥＣ）が成立したのも、ド・ゴール時代の一九六七年のことである。彼はＥＣへのイギリス加盟に反対した一方、西ドイツとの協力関係を強めてパリ＝ボン枢軸を形成した。

二　政治意識の揺らぎと地域意識の回復

一九六九年にド・ゴール時代が終わりを告げると、ゴーリズムの牙城アルザスの政治意識は揺らぎ始めた。

その一方で、アルザス地域圏の成立やアルザス文化の復興により、フランス共和国との一体化のなかで後退していた地域意識の回復が見られるようになる。

（二）「五月危機」と政治構造の変化

ド・ゴール時代は、フランスにおける高度経済成長期にあたるが、経済発展は社会的格差をも生み出していた。閉塞感やド・ゴール政権への不満などから、一九六八年五月にパリで学生が反乱を起こした。このときアルザスを含め周辺地域では、自主管理を要求する学生や労働者らによって、中央に対する地域主義の高揚が見られた。ただしアルザスでは、ストラスブール大学において学生運動が生じたものの、労働者との共闘は散発的であったという。

この「五月危機」ないし「五月革命」によりフランスが麻痺するなか、ド・ゴールは首相ポンピドゥーの提案のもとで議会を解散したが、その総選挙ではド・ゴール派が圧勝する結果となった。しかし、ド・ゴール政権下の改革は学生や労働者の不満を解消するどころか経済危機を深刻化させ、一九六九年の地方分権化と上院改革をめぐる国民投票においても過半数の賛成票を得られなかった。こうしてド・ゴールは辞任したが、直後の大統領選挙では脱ド・ゴールを掲げるジスカールデスタンに対して、ポンピドゥーが勝利した。彼はゴーリズムを継承しつつ、経済的合理性の尊重、親ヨーロッパ的態度、議会主義的傾向などの点で、ド・ゴールとは異なっていた。彼が任期途中に病死してド・ゴール派が混乱するなか、一九七四年の大統領選挙では保守系の独立共和派ジスカールデスタンと左翼連合の第一候補ミッテランの決選投票となった。このときは前者が僅差で勝利したが、一九八一年の大統領選ではミッテランが勝利して社会党政権が確立することになる。

ド・ゴールの引退は、ゴーリズムの牙城アルザスの政治構造に変化をもたらした。一九六九～八一年は政治勢力の再編成の時期にあたる。七三年の議会選挙ではゴーリストが四六・二％、中道が二九・四％、社会主義が一二・三％であったが、七八年にはそれぞれ三三・六％、二七・五％、一九・二％となった。さらに全国的に左翼が勝利した一九八一年、アルザスでは中道・右派がなお多数を占めたものの、大統領選挙の決選投票にてミッテランに三七・五％、議会選挙にて社会党に三〇・八％の票が投じられた。[99]「中道―ゴーリスト」の図式が支配的であったアルザスにおいて、中道・右派は自分たちが地域固有の利害の代弁者であるとして「マジョリテ・アルザシエンヌ」という用語を用いてきたが、この時期に「絶対的多数」から「相対的多数」に移行した。そして五つほどの主要な政党が票を分け合い、全国レベルの「右翼―左翼」の図式に近づいていくのである。ここに、アルザスの独自な政治意識の揺らぎを見て取れる。

さらに一九八〇年代後半には、経済政策の失敗が相次ぐなか、経済不況や失業者増大を懸念して社会運動が活発化し、移民排斥を掲げる国民戦線（ＦＮ）が一部の支持を集めた。この極右政党は、アルザスにおいて全国平均よりも高い支持を獲得することになる。その理由としては、アイデンティティの危機、治安回復の願望、移民に対する反発や不安、仕事を重視し失業を恥とみなす価値観などが挙げられているが、[100]この点については今後さらなる分析が必要なように思われる。

(二) アルザス地域圏の成立と地方自治体としての公認

戦後のフランスでは県とコミューンが地方公共団体として認められていたが、州ないし地域を地方公共団体として位置づけるか否かの議論がなされるようになる。まずは一九五五年に地域ごとに振興計画を策定することが定められ、翌年にはアルザスを含めて二二の「計画地域（régions de programme）」がつくられた。そして一九六四年には、各地域に国の出先機関が設置された。

一九六九年、ド・ゴール大統領はこうした地域を憲法上の地方公共団体とすることを提案したが、上述のとおり彼の憲法改正案は国民投票により否決された。彼の後を継いだポンピドゥー大統領のもとで一九七二年に地方行政制度改革が行われ、行政区画はそれまでの県単位から、数県からなる「地域圏」に拡大された。バ＝ラン県とオー＝ラン県からなるアルザス地域圏も、このときに成立した。地域圏は、知事が率いる行政機構および諮問機関を備えていたが、「その主要な職務は中央の経済開発計画をもとに地域圏の計画を策定し実施することにあった」[101]。

一九八二年の地方分権法によってはじめて、コミューン、県、地域圏のそれぞれが直接選挙の議会と議会内の互選による長をもつ、地方分権的なシステムが築かれた。それまでは国から各県に派遣されていた官選知事が執行権を有していたが、いまやそれは県議会議員の互選によって選出される県議会議長に移された。また地域圏が地方公共団体として位置づけられ、公選による地域圏議会が設置され、その議員の互選により選出された議長が執行権を有した。アルザス地域圏議会については、一九八六年に行われた最初の選挙によりバ＝ラン県から二七名、オー＝ラン県から二〇名が選出された。同地域圏は、政府の事前監督なく経済、交通、教育、文化などの面での計画の策定や実施ができるようになるなど、権限の大幅な拡大を見た。また、以前から地方公共団体として認められていたバ＝ラン・オー＝ラン両県やストラスブール市よりも規模は小さかったものの、財源の確保や予算執行の権限も付与された。

(三) 文化的復興

このようにアルザス地域圏が一つの地方自治体として成立していく時期には、言語をはじめアルザスの文化的独自性の擁護を主張する地域主義も高まりを見せていく。

戦後のアルザスにおいて推し進められたフランス語教育によって、一九六〇年代にはフランス語理解者が七〇％近くにのぼったというが、それと反比例するようにドイツ語理解者とアルザス語話者の減少が進んでいた。こうしたなかで二言語教育の必要性が認識されるようになり、一九六八年にルネ・シケレ協会が創設され、アルザス語から二言語教育につなげていく課外授業などが実施された。また、教員、詩人、歌手、著述家らにより地域的アイデンティティが自覚され、彼らの活動を通してその認識が広められもした。こうして地域主義の気運が高まるなか、一九七二年にはオルドリート改革が開始された。これは「①アルザスの地域言語状況を考慮し、ドイツ語の修得のためにアルザス語が有する可能性を高めることを目指す、②生徒と教師の意志に基づいて、ＣＭ１（小学校第四学年）とＣＭ２（第五学年）で毎日三〇分の割合でドイツ語授業を導入する」[102]という改革である。こうしてアルザス語を基礎としたドイツ語の授業が正式に始まったが、文科省は生徒がフランス語よりもドイツ語をより好んで話すようになることを危惧して、教育開始年齢の引き下げを求める地域の声には応じなかった。

もっとも、ドイツ語教育の部分的な導入では、アルザス語話者の減退を止めることはできなかった。この状況はアルザス語を用いる文化人に危機感を喚起し、一九八〇年の「詩人・作家・歌手・文化闘志からのアルザス議員へのアピール」をもたらした[103]。彼らが強調したのは、方言の消滅が民衆の記憶の消滅をもたらすであろうこと、また「アルザス・バイリンガルの支柱の一つ」の消失によりヨーロッパ空間に自らを位置付ける力を失うことになるということである。そして、フランス人かつヨーロッパ人という「アルザス的共生の探求」の必要性を訴え、アルザス語（話し言葉）と標準ドイツ語（書き言葉）の正当な地位の獲得に向けて取り組むよう要求した。これを受けてアルザス議員の側でも、中央に対して言語・文化の擁護を求めていくようになる。

さらに大きな変化が、一九八一年に大統領に就任したミッテラン大統領のもとで訪れた。同大統領は比較的豊かなアルザスに対して公的投資の削減やTGV乗り入れ計画の凍結などを行った一方で、地方分権化改革の流れのなかでアルザス地域圏を公認しただけでなく、言語文化の擁護・発展の政治的な後ろ盾となった。アルザスでは複数の左翼政党、労働組合、地域主義団体などにより「セレスタ共同綱領」が示され、中道・右派が多数を占めるバ＝ラン・オー＝ラン両県議会にて一九八二年初頭に全会一致で採択された。これは地域語（アルザス語と標準ドイツ語）をフランスの言語として認めること、地域語とフランス語のバイリンガリズムを促進する言語教育を実施すること、そしてアルザス文化の教育を施行することなどを主な内容としていた。

以上のようなアルザスにおける政治意識の揺らぎと地域主義の回復を受けて、一九八二年には大学区長ディヨンの通達が発せられた。これによりドイツ語がアルザス地域語の文章語として公認され、その教育に法的認可が与えられただけでなく、学校において授業外では一定の条件のもとでアルザス語を自由に話すことも認められた。さらに一九八五年以降は、ドイツ語教員養成やライン右岸のバーデン・ヴュルテンベルク州における学校との交流にも力が注がれるようになった。

三　ライン上流域・フランス・ヨーロッパのなかのアルザス

一九九〇年代以降のアルザスは、独仏協調に基づくヨーロッパ統合から恩恵を享受し、ライン上流域での越境的地域連携を進展させつつある。それにより、フランスという国家的枠組みのなかで地域の独自性を維持することに加えて、ライン上流域・フランス・ヨーロッパの三層構造のなかに自らの居場所を築こうとしているように思われる。

(一) ヨーロッパ統合とライン上流域の越境的地域連携

一九五八年に欧州経済共同体（ＥＥＣ）、六九年にＥＥＣ・ＥＣＳＣ・Euratom の三つを併せた欧州共同体（ＥＣ）が成立したのち、七〇年代にはイギリスを含めて加盟国が増加した。そして一九七九年には、ユーロの前身となる欧州通貨制度（ＥＭＳ）が創設された。一九八六年に締結された単一欧州議定書では、「国境を越えた経済活動に対する非関税障壁を撤廃することで、人・モノ・資本・サービスの自由移動の実現をめざす[104]」単一市場を一九九二年末までに創設することが定められた。この間に東西ドイツ統一がなされると、ヨーロッパではドイツの強大化に対して懸念が示されたが、フランスのミッテラン大統領とドイツのコール首相はヨーロッパ統合の強化とそのなかへの統一ドイツの組み込みという点で協力した。その後マーストリヒト条約（一九九二年調印、九三年発効）により欧州市民権や欧州連合（ＥＵ）などが創設され、一九九九年には各国通貨に代わる単一通貨ユーロが採用された。加盟国のうちイギリスを含め三か国はこれを採用しなかったが、ほか一一か国は主権の一要素である自国通貨を放棄し、単一通貨を採用した。

アルザス人の多くは、こうした独仏協調に基づくヨーロッパ統合の動きを歓迎した。とくに一九四九年から欧州評議会の本部が置かれ、五〇年代以降には欧州人権委員会と欧州人権裁判所の本部、さらにはＥＣＳＣとその後のＥＣの議会も置かれていたストラスブールでは、その傾向は顕著であった。たとえばマーストリヒト条約の批准をめぐって行われた国民投票では、フランス全体における賛成は五一％であったが、アルザスでは六五・六％、ストラスブールにあっては七一・二％であり、フランス内で最も高い数字を打ち出した。ＥＵの議会を有する同市には、年一二回の総会の際に議員、アシスタント、通訳、報道関係者など約二五〇〇人が訪れ

欧州議会

るほか、国際的な機関や団体も数多く集まっている。このことは同市を、フランス外交においてパリに次ぐ地位に押し上げ、さらには国際的なネットワークの結節点の一つにした。その直接的・間接的な経済効果は莫大であり、アルザス、とりわけストラスブールはヨーロッパ統合からの恩恵を大いに享受しているといえる。

さらにライン上流域では、すでに一九六〇年代にバーゼルを中心としてとくに民間レベルでの越境的地域連携が始まっていたが、七五年にはフランス・ドイツ・スイス三か国のボン協定によりライン上流域全体について協議する三国政府間委員会と南北の各地区での地域間協議会の設置が定められた。こうして国境をまたいで諸問題を協議する公的機関ができ、しばしば協議のための会合も開催された。ただし地域連携が活発に展開されるようになったのは、一九九〇年代のことである。ライン上流域は、欧州委員会のインターレグ・プログラム――EU域内国境地域を対象とする支援プログラム――の一つに選ばれ、一九九一年に南北の地域間協議会が「ライン上流域の協議会」として統合されると、同協議会のイ

ストラスブールとケールを結ぶベアトゥス・レナーヌス橋

ニシアティブとインターレグの補助金をもとに多様な事業を実現させた。たとえば「ストラスブール・ケール軸」の開発事業があり、一九九九年にはインターレグ事業としてライン河畔公園整備のための国際コンペが行われ、数年後にライン川に架かる歩行者・自動車専用橋が実現した。二〇〇〇年代には、「はじめに」で取り上げた【地図2】（12頁）ですでに見たように、ライン両岸にまたがる四つの「ユーロディストリクト」――北からユーロディストリクト・パミナ、ユーロディストリクト・ストラスブール＝オルテナウ、ユーロディストリクト・フライブルク＝中南部アルザス、そしてユーロディストリクト・バーゼル――が設立され、経済、教育、環境問題といった分野で国境を越えた地域連携が進展した。さらに二〇一〇年には、ライン上流の三国メトロポール地域（Région métropolitaine trinationale du Rhin supérieur – Trinationale Metropolregion Oberrhein）が創設され、国家を超えた地域連携はさらに強化されつつある。

こうした地域連携が進むなか、住民はさまざまな目的で日常的に越境を行っている。たとえば買い物を目的とした越境は、すでに二〇〇五年の段階で地域住民の半数近くが一か月に一回は行っており、消費空間における国境線が大幅に取り払われていることがわかる。また「フロンタリエ」、すなわち仕事のために国境を越えて通勤する越境労働者についても、ほかの地域に比べて高い割合を示している。ライン上流域における全体の労働者は二〇一八年時点で約三二〇万人、うち約九万七〇〇〇人が自宅から仕事場に通うために日々越境している。その多くはフランスのアルザスから北西スイスとドイツのバーデンに向かっており、それぞれ三万三一〇〇人と二万三五〇〇人が通勤している。[105] こうしたフロンタリエと逆の動きを見せるのが、資本の流れである。アルザスにはスイス企業およびドイツ企業が多く進出しており、とくに三国が接する南部では、スイスが本社・研究開発部門、ドイツが熟練労働力部門、フランスが未熟練・低賃金労働力部門という地域的分業が成立している。その背景には地域間格差があり、フランスでは経済的に豊かなアルザスも、ライン上流域では賃金や地価が一番低い地域にあたるのである。また失業率という点でも、アルザスはフランスでは低い方であるが、ライン上流域では高い地域となる。

なお近年では、アルザスとバーデンからスイス北西部に向かう人が増えている一方、アルザスからバーデンに越境する人は減少傾向にある。以前のドイツへのフロンタリエは比較的学歴が低い労働者であり、経済的に発展している隣国で製造業などの就業の機会と比較的高い賃金を享受してきた。それを可能にしていた重要な要素の一つが言語の共通性であった。しかしアルザスでは、フランス語の普及とともにドイツ語方言話者が減少の一途をたどり、とくに若者世代では十数パーセントという結果になっている（註4を参照）。たしかにアルザスではバイリンガル教育が進められているが、それは標準ドイツ語とフランス語の二言語教育であり、また仕事で使えるほどの高度なドイツ語となると習得に多くの教育年数を要する。もちろん言語の問題に加えて、自動車工場などの製造業での雇用が全体的に減少していることや、ドイツの求人ではかつてより高い学歴が求められるというほかの要素も関係している。一方ドイツの地価が高いことから、ドイツ人がアルザスに住居を購入してドイツに働きに出るというケースも少なくないが、彼らは住民から必ずしも歓迎されてはおらず、ライン上流域における住民同士の複雑な関係も指摘されている。

このようにライン上流域の越境的地域連携はＥＵ、国家、地域レベルの多様なプロジェクトにより進展しているが、それに対する住民の意識や反応は一様ではない。アルザス住民の多くにとってライン上流域がアイデンティティの主要な拠り所になり得るかは、今後注視すべき点であろう。

（二）アルザス欧州自治体とその行方

現代においてアルザスは、共通の言語・文化・歴史を共有する人びとのまとまりとして、またアルザス地域圏という地方自治体として、一体性をもつ地域として認識されてきた。

しかしながら、行政の効率化のためにアルザス地域圏とバ＝ラン・オー＝ラン両県を一つの地方自治体として統合するという案は、二〇一三年の住民投票においてオー＝ラン県の投票者の半数以上が反対に票を投じ、地域全体での賛成が有権者の四分の一以上という条件を満たさなかったために否決された。この結果は、二県のあいだでの意見の相違や抱えている問題の違いなどを鮮明に浮かび上がらせることになった。もっとも歴史的に見れば、アルザス南部と北部の二元性は長期にわたって存在しており、むしろアルザスが一つの行政単位をなしていたのは一七～一八世紀のアルザス地方長官府や現代のアルザス地域圏などに限られる。しかしアルザスの一体性が長らく強調されてきたために、住民投票の結果は地域社会の揺らぎとして理解され、「一つのアルザス、複数のアルザス」についての研究を促すことになった。(106)

一方フランソワ・オランド大統領（任二〇一二～一七年）とその政府にとっては、各地域がヨーロッパにおいて競争力をもつために、人口と面積の面でより大きな地域に再編成することが課題であった。そこでアルザス、ロレーヌ、シャンパーニュ＝アルデンヌの三地域圏を統合して、一〇県からなる「大東部地域圏」を形成する案が政府から示された。この案は、面積が大きすぎること、経済面で豊かなアルザスとほかの二地域に大きな相違があること、そしてアルザスとシャンパーニュ＝アルデンヌの文化的基盤はあまりにも異なることなどから、激しい批判の的となった。

E・シュミットによると、「アルザスの政治家の大半が自らを位置付けるところの穏健な地域主義が、フランス国民という統一的なイデオロギーに異議を申し立てるものではないとしたら、［三地域圏の］統合はフランスのジャコバン精神［＝急進的な共和主義・中央集権主義］に対抗する運動、すなわち自治主義の復活をもたらす」ことになるという。[107] 実際に自治主義的な政治団体は、政治の舞台で地域主義が影響力を高めた二〇〇〇年前後にもそれほど支持を集められずにいたが、大東部地域圏創設への反対という点でほかの雑多な集団や個人との共通項を見出した。こうしてアルザスでは、自治主義者が旗振り役となってさまざまな抗議活動が行われた。しかしながら政府は、二〇一五年一月一六日に公布された法律に基づき、翌年一月一日に本土二二の地域圏を一三に再編し、アルザスについてもほか二つの地域圏と統合した。このことは、地方自治体としてのアルザスが消え去ることを意味していた。

アルザス議員のなお半数近くを占める中道・右派は、勢いを増す極右と自治主義を前に、中央政府との妥協案を模索した。それを主導したのはバ＝ランとオー＝ランの二人の県議会議長であり、両者とも共和党（LR）に属していた。彼らはアルザスを「特別な地位を有する地方自治体」にすることを提案したのであるが、大東部地域圏そのものを問題にはしないことという条件を政府から突き付けられると、その枠組みのなかでの改革を試みることにした。つまり、大東部地域圏に属しつつ、アルザスを一つの特別な自治体にする道を選んだわけである。こうしてアルザスは、コルシカ自治体のような憲法第七二条の定める「特別な地位を有する地方自治体」ではなく、二〇一九年の法律によって大東部地域圏のなかで県の権限と若干の特別な権限を有する自治体となることが定められた。そして二〇二一年一月一日、「アルザス欧州自治体」が発足した。

このことは地方自治体としてのアルザスの復活を意味しているが、その際に梃子となったのは地域の文化的独自性そのものというよりは、それをもとにアルザスがEUおよびライン上流域に占めてきた地位であるように思われる。というのも、自治体の名称には「欧州」という用語が付され、特別な権限は主にライン上流域での越境的地域連携に関連しているからである。アルザス欧州自治体は、「アルザス企業の活力を促進するための国境を越えた連携」と「アルザスの若者たちがライン上流域規模の雇用エリアにアクセスできるためのフランス語とドイツ語の二言語併用」について権限を有し、アルザスが発展していくための方向性をヨーロッパとライン上流域に定めている[108]。

さらにこの自治体は、フランス中央政府の定めた大東部地域圏から離脱する方向で歩みを進めているように思われる。二〇二一年末から翌年二月にかけてアルザス欧州自治体が実施した住民投票による調査では、約一六万八〇〇〇人が参加し、その九二・四％が大東部地域圏からのアルザスの離脱に賛成した[109]。これは法的効力をもたない世論調査であるし、参加者は有権者の一一％ほどにとどまっている。それでもこの結果は、将来的にアルザスが大東部地域圏から抜け出し、ライン上流域・フランス・ヨーロッパの三層構造のなかで独自の地方自治体としての地位を築くことになることを予感させはしないだろうか。

おわりに

アルザスという一地域を対象とした本書には、ご覧いただいたとおり、ヨーロッパ史を象徴する出来事や事柄が数多く登場した。逆説的かもしれないが、アルザスの独自性はこうしたヨーロッパの趨勢（すうせい）のなかで形づくられてきたといえるだろう。このことを踏まえつつ、最後にアルザスの過去と現在について、「重層性」と「地域意識」という二つの観点から考えてみたい。

一つ目の重層性は、中世後期から近世末期にかけてのアルザスを特徴づける重要な要素である。古代から中世初期にかけて支配勢力が比較的頻繁に交代し、中世盛期にシュタウフェン家が「シュヴァーベンおよびエルザスの大公」として支配を確立したあと、一三世紀半ば以降のライン上流域では皇帝・国王家の断絶と大公位の消滅という二重の混乱を契機として数々のアイヌングが自生的に発生した。こうして中世後期のライン上流域では広狭の密なネットワーク的関係が築かれ、十都市同盟、エルザス・ラント等族、オーバーライン・クライスのようなかたちで近世に受け継がれていった。一方、複数の政治的アクターのなかで最も大きな影響力を確保したハプスブルク家は、十都市同盟やエルザス諸会議ともかかわりつつ、ライン両岸を結び付ける比較的大きな領邦を形成しようとした。一七世紀半ばにフランス王権がその左岸部分を獲得すると、ライン上流域に広がる前部オーストリアの発展は押しとどめられた一方で、アルザスはフランス王国の一州として再編成されることになった。ただしこのアルザス州は、フランスに譲渡された旧ハプスブルク家領を基礎としつつ、神聖ローマ帝国の諸制度や広狭のネットワークに結び付いたさまざまな政治的アクターとの個別的な関係のうえに成り立っていた。それゆえアルザスは、その内部において新旧制度の併存状態となっただけでなく、個々のアクターを介して帝国やライン上流域などと結びついたままであった。まさにこの境界域において、皇帝とフランス王の双方を封主としたストラスブール司教のような者たちは、自らの領地、アルザス州、ライン上流域、帝国と王国といった多様な枠組みのなかから、状況に応じて適するものを選択して利用することができたのである。

このような重層的秩序に終止符を打ったのがフランス革命とナポレオンの時代であり、旧時代のものあるいは他国に由来するものはあからさまに払い除けられた。もちろんこれ以降もアルザスには言語や文化などの面でドイツ的要素が色濃く残ったが、少なくとも政治上アルザスの一部がフランスにもドイツにも属しているような状態はもはや許容されなくなった。こうしてフランス国民国家への統合が進んだのち、アルザスは独仏両国のあいだを行き来することになったが、そのいずれにおいても大なり小なり「自国民化」を強いられた。しかしアルザスは、第二次世界大戦後にフランス共和国のなかに定着し、独仏和解のもとにヨーロッパ統合が進み、そのなかでライン上流域の越境的地域連携が進展したことによって、いまや再び重層性のなかに自らを位置づけつつある。この点に、現代と中世後期・近世の親和性を指摘できよう。

他方で二つ目の地域意識は、むしろ近代国民国家のなかで醸成されたといえる。つまり、国家的帰属の変更や地域性喪失の危機のたびに自治や独自性を獲得・維持する動きが生じたことによって、アルザス・アイデンティティが形成ないし強化されたと考えられるのである。たしかに早くも近世初頭には人文主義者のあいだに「エルザス・パトリオティズム」なるものが見られ、実際に有力者の集まりの一つとして「全エルザス会議」が開かれていたが、だからといって一つの「ラント意識」が広く共有されていたわけではなかった。また別稿で取り上げたものとして、一八世紀にはアルザスが「古代から連なる歴史をもつ一つのまとまりであるという考え方」[110]が存在していたが、それはこの地域を行政的・司法的な一州にまとめ上げる政策を背景としてフランス側から示されたものであった。それゆえ住民の地域意識について語り得るのは、主に一九世紀以降だといえる。フランス革命とナポレオンの時代に旧来のさまざまな地域特権を剥奪されたアルザスは、フランス内地との距離を大幅に縮めていったが、中央集権化に対して地方分権を求めることや抵抗することも少なくなかった。そうした住民の声や抵抗は一八七一年に一気に激しさを増し、今度はドイツ政府に向けられたが、そこでの主潮は併合反対路線から自治獲得・拡大路線に移行していった。このライヒスラント時代が、ドイツともまたフランスとも異なる地域主義的・連邦主義的なアルザス意識の醸成を促したように思われる。そしてこのような意識は、同地域の奪回を掲げて国民の結集を推し進めていた中央集権国家フランスとの齟齬を生み、住民の地域主義的あるいは地方分権主義的傾向を強め、その一部を急進的な自治主義運動に向かわせた。こうした運動を梃子としてナチス・ドイツにより併合されたアルザスは、戦後フランス共和国への統合を重視し、自治主義はさることながら地域主義をも後景に追いやった。ただしアルザスの地域意識は、地域、国家、ヨーロッパのさまざまな要因が絡み合いながら一九七〇年頃から回復に向かい、二〇一六年のアルザス地域圏の消滅と大東部地域圏の成立を契機としてさらなる高まりを見せている。

　現在のアルザス欧州自治体は、こうした「重層性」と「地域意識」の交わりのなかに位置付けることができる。ライン上流域・フランス・ヨーロッパの重層性のなかに自らの居場所を見出しつつあるアルザスは、国家のあいだで揺れ動いていた時代よりも、地域意識に根差しつつ開かれたアイデンティティを醸成することだろう。

あとがき

筆者がアルザス史に興味を持ったのは、内田日出海先生の『物語 ストラスブールの歴史──国家の辺境、ヨーロッパの中核』（参考文献〈通史的文献〉を参照）を通してである。同書が出版された二〇〇九年に北海道大学文学部に入学した筆者は、フランスに対するぼんやりとした憧れから第二外国語としてフランス語を選択したものの、山本文彦先生の講義を受けて神聖ローマ帝国史に魅了されていた。そんなときに出会ったのが前掲書であり、フランス史とドイツ史のどちらかではなく、どちらにも取り組める興味深いテーマがあることを知った。それからストラスブール大学への留学を経て、フランスとドイツの要素を合わせたようで、しかしどちらとも違うようなアルザスの特質が生まれたプロセスを探究するようになった。ただしはじめからこのプロセス全体を扱うことは現実的ではなく、まずは神聖ローマ帝国とフランス王国がこの地で交差する一七世紀を中心的な対象に据えたが、研究を進めるなかでアルザス史の文脈よりも近世ヨーロッパ史の文脈において境界域の秩序を考察するようになっていった。その成果が、博士論文「近世アルザスをめぐる権力秩序──神聖ローマ皇帝・フランス王・帝国等族」（北海道大学、二〇一九年三月二五日）である。

本書は、この博士論文に興味をもってくださった教育評論社の市川舞氏による出版企画を、約三年半かけて形にしたものである。二〇二〇年当時、日本大学国際関係学部の助教に着任したばかりであった筆者は、博士論文の学術書としての出版を後回しにし、慣れない授業と校務に全力を注いでいた。この出版企画を受け入れることは専門研究や学術書の出版をさらに先送りにするのではないかと躊躇したものの、当初の関心であったアルザス的なものが生まれたプロセスに迫るまたとない機会だと捉え、有難く引き受けることにした。

作業にとりかかって最初に出くわした問題が、「アルザス前史」をいかに語るのか、であった。既存のアルザス史の多くは、現在の境界内部で生じたことを先史時代に遡って語っているが、いつの時代からアルザスについて語り得るのか、またその地理的範囲は一七八九年あるいは現代のアルザスを前提として良いのかという問題は、避けては通れないように思えた。そうした問題意識をもって中世史の文献を読み進めていくうちに、中世史家O・カメレール編纂の『ライン上流域の歴史地図帳』（二〇一九年）[111]に行き着いた。同書は現在のアルザスの地理的範囲に限定して歴史地図帳を製作することの困難や矛盾を認識するなかで、ライン上流を軸としてアルザスを含むより広範な空間ないし地域の歴史的変遷を描き出したものである。この歴史地図帳は、本書にとっての指針となるとともに、アルザスとライン上流域の関係についての考察という次なる研究テーマに導いてくれた[112]。

本書を執筆し終えるにあたって改めて実感するのは、通史的な歴史像は視角の変化や研究の進展のみならず、それが執筆された時代性を反映することによっても大きく刷新されていく、ということである。歴史は「現在と過去との対話」であるといわれるように、現代の状況は歴史家の問題関心を規定する重要な要素の一つであり、それが通史的叙述に一定の方向性を与えるのである。本書は、ほかの通史的文献でも考慮されているヨーロッパ統合だけでなく、ライン上流域で進展する越境的地域連携とアルザス欧州自治体の成立というアクチュアルなテーマに向き合った。そしてアルザスの行方をライン上流域・フランス・ヨーロッパの三層構造のなかに見出し、さらに中世後期・近世におけるネットワーク的ないし重層的な秩序との親和性を指摘することによって、アルザス史像をなお規定し続けている近代の相対化を試みた。その妥当性については、ほかの諸々の論点とともに、皆様からの忌憚なき意見をいただければ幸いである。

末筆になったが、本書が出版されるまでには多くの方々のお世話になった。本書はこれまでの研究を土台としているため、指導教官として研究を導いてくださった北海道大学大学院文学研究院の山本文彦先生、博士論文の指導に携わってくださった同院の松嶌明男先生とストラスブール大学のC・ミュレール先生、そしてアルザス史についてさまざまなアドバイスをくださった成蹊大学名誉教授の内田日出海先生に、とりわけ御礼申し上げたい。また本書は、日本大学国際関係学部の先生方との関わりのなかで視野や関心が大いに広がった時期に大部分を執筆し、二〇二三年四月に母校の講師に着任して西洋史学研究室の先生方やゼミ生との専門的な議論から刺激を受けるなかで仕上げることができた。お名前を列挙することは差し控えるが、お世話になった両大学の方々にも感謝申し上げたい。加えて、写真を提供してくださった、ならびに写真の掲載を許可してくださった諸機関――《Archives municipales de Colmar》,《Atelier Coralie Barbe》,《Museés de la ville de Strasbourg》,《Mémorial Alsace-Moselle, Schirmeck》――に、感謝の意を示したい。そして、出版を企画し、建設的なアドバイスをくださり、本書をより良いものにすべく共に歩みを進めてくださった市川舞氏と教育評論社の皆様に、心より感謝申し上げる。最後に、私事ながら、良き理解者である夫に感謝するとともに、いつも見守り応援してくれた両親に本書を捧げることをお許し願いたい。

二〇二四年一月吉日

安酸　香織

註

（1）ドーデー作、桜田佐訳「最後の授業」同『月曜物語』岩波書店、一九五九年、一一―一七頁。以下では、同書より引用する。

（2）府川源一郎『消えた「最後の授業」――言葉・国家・教育』大修館書店、一九九二年、二一七頁。

（3）ウージェーヌ・フィリップス著、宇京頼三訳『アルザスの言語戦争』白水社、一九九四年、一八八頁。

（4）これは、バイリンガル教育の普及に取り組む半官半民の機関であるアルザス言語・文化センター（OLCA）が二〇一二年五月に発表した、一八歳以上のアルザス住民八〇一名に対して電話で行った調査の結果である。この調査では、アルザス語を十分に話せる人を「方言話者」Dialectophonesとしており、その割合が四三％である。その他は「十分に理解でき、少しは話せる人」が一〇％、「少しは理解でき、少しは話せる人」が五％、「少しは理解できるが、話せない人」が一七％、「理解できない人」が二五％となっている。OLCA / EDinstitut, « Etude sur le dialecte alsacien OLCA / EDinstitut de 2012 », OLCA, https://www.olcalsace.org/sites/default/files/documents/etude_linguistique_olca_edinstitut.pdf.（二〇二二年一一月一日参照）。一九九七年にOLCAの前組織であるアルザス・バイリンガル教育普及センター（ORBI）が行った調査では、アルザス語話者の割合は六三％であったため、調査方法の違いを考慮した詳細な分析が必要ではあるものの、アルザス語話者の減少傾向は明らかである。二〇一九年の方は、フランス世論研究所（IFOP）が一八歳以上のアルザス住民一〇〇四名を対象に電話で行った調査である。アルザス語を家族と話す人が二一％（フランス語は七九％）、友人と話す人が一七％（フランス語は八三％）、職場で話す人が一二％（フランス語は八七％、一％は未回答）であり、三五歳未満にあってはフランス語のみを話す人が八二％にのぼった。Jérôme Fourquet / Paul Cébille, « Enquête sur la question régionale en Alsace », ifop, https://www.ifop.com/wp-content/uploads/2020/01/PPT_Alsace_19.12.2019.pdf.（二〇二二年一〇月二三日参照）。

（5）Jean-Philippe Atzenhoffer, *Le Grand Est, une aberration économique*, Barr 2021.

（6）例として、市村卓彦『アルザス文化史』人文書院、二〇〇二年。内田日出海『アルザス社会経済史――周縁の力学』刀水書房、二〇二一年。フレデリック・オッフェ著、宇京賴三訳『アルザス文化論』みすず書房、一九八七年。新田俊三『アルザスから――ヨーロッパの文化を考える』東京書籍、一九九七年。長谷川まゆ帆『近世フランスの法と身体――教区の女たちが産婆を選ぶ』東京大学出版会、二〇一八年。ウージェーヌ・フィリップス著、宇京賴三訳『アルザスの言語戦争』白水社、一九九四年。

(7) 参考文献の〈通史的文献〉を参照。

(8) 鶴岡真弓、松村一男『図説ケルトの歴史』河出書房新社、新装版、二〇一七年、一〇頁。

(9) ユリウス・カエサル著、中倉玄喜訳『〈新訳〉ガリア戦記』ＰＨＰ研究所、二〇〇八年。

(10) 南川高志『新・ローマ帝国衰亡史』岩波新書、二〇一三年、二九頁。

(11) Bruno Krush (ed.), *Monumenta Germaniae historica, Scriptorum rerum merovingicarum*, tome 2 : *Fredegarii et aliorum chronica. Vitae sanctorum*, Hannoverae 1888, 138. この史料には文法的に理解できない箇所が複数含まれているため、以下のラテン語テクストとフランス語訳も参照した。The Latin Library, "FREDEGARII SCHOLASTICI CHRONICUM CUM SUIS CONTINUATORIBUS, SIVE APPENDIX AD SANCTI GREGORII EPISCOPI TURONENSIS HISTORIAM FRANCORUM" , https://www.thelatinlibrary.com/fredegarius. html.（二〇二三年一一月二三日参照）; Philippe Dollinger (dir.), *Documents de l'Histoire de l'Alsace*, Toulouse 1972, 71.

(12) Bernard Vogler (dir.), *Nouvelle Histoire de l'Alsace. Une région au cœur de l'Europe*, Toulouse 2003, 61.

(13) 成瀬治、山田欣吾、木村靖二編『世界歴史大系ドイツ史１――先史〜１６４８年――』山川出版社、一九九七年、一二四頁。

(14) 成瀬『ドイツ史１』一六四頁。

(15) Jürgen Dendorfer, „Die Staufer im Elsass Bruchstücke einer Forschungsgeschichte zwischen Vereinnahmung und Distanzierung", in: Martina Backes/Jürgen Dendorfer (Hg.), *Nationales Interesse und ideologischer Missbrauch. Mittelalterforschung in der ersten Hälfte des 20. Jahrhunderts – Vorträge zum 75jährigen Bestehen der Abteilung Landesgeschichte am Historischen Seminar der Albert-Ludwigs-Universität Freiburg*, Ostfildern 2019, 158.

(16) 成瀬『ドイツ史１』二三四頁。

(17) Bernard Vogler, *Geschichte des Elsass*, Stuttgart 2012, 50.

(18) 宮崎揚弘『ペストの歴史』山川出版社、二〇一五年、九五―九六頁。

(19) 土浪博「ドイツ後期中世におけるラントフリーデ――Heinz Angermeier: Königtum und Landfriede im deutschen Spätmittelalter の論理構成――」『一橋研究』第一三巻二号、一九九八年、一二三―一三六頁、とくに一二四頁。

(20) F・ハルトゥング著、成瀬治、坂井栄八郎訳『ドイツ国制史：15世紀から現代まで』岩波書店、一九八〇年、二七頁。

(21) Xavier Mossmann (éd.), *Cartulaire de Mulhouse*, tome. 2, Strasbourg 1884, 17.

(22) Dieter Mertens, „'Landesbewusstsein' am Oberrhein zur Zeit des Humanismus" in: Franz Quarthal (Hg.), *Die Habsburger im deutschen Südwesten : neue Forschungen zur Geschichte Vorderösterreichs*, Stuttgart 2000, 199-216.

(23) Mertens, „'Landesbewusstsein' am Oberrhein zur Zeit des Humanismus", 206-207.

(24) Mertens, „'Landesbewusstsein' am Oberrhein zur Zeit des Humanismus", 208.

(25) Mertens, „'Landesbewusstsein' am Oberrhein zur Zeit des Humanismus", 209.

(26) Mertens, „'Landesbewusstsein' am Oberrhein zur Zeit des Humanismus", 209.

(27) 永田諒一『宗教改革の真実――カトリックとプロテスタントの社会史』講談社、二〇〇四年、四二頁。

(28) 森田安一『図説 宗教改革』河出書房新社、二〇一〇年、六頁。

(29)「シュヴァーベン農民の十二箇条」田中真造、松山興志雄、倉松功ほか共訳、出村彰、徳善義和、成瀬治ほか共編『宗教改革著作集 7：ミュンツァー・カールシュタット・農民戦争』教文館、一九八五年、三四三頁。

(30) Vogler, *Nouvelle Histoire de l'Alsace*, 129.

(31) 大貫隆、名取四郎、宮本久雄、百瀬文晃編『岩波キリスト教辞典』岩波書店、二〇〇二年、六三六頁。

(32) 大津留厚、水野博子、河野淳、岩崎周一編『ハプスブルク史研究入門――歴史のラビリンスへの招待――』昭和堂、二〇一三年、一七頁。

(33) Wolfgang Hans Stein, „Formen der österreichischen und französichen Herrschaftsbildung in Elsaß im 16. und 17. Jahrhundert. Ein Vergleich", in: Hans Maier/Volker Press (Hg.), *Vorderösterreich in der frühen Neuzeit*, Sigmaringen 1989, 307.

（34）Georges Bischoff, « Les < états unis > d'Alsace. Quelques remarques sur la genèse d'un espace politique et sur les pratiques de coopération de ses composantes (XIVe-XVIIe s.) », dans : Laurence Buchholzer / Olivier Richard (dir.), *Ligues urbaines et espace à la fin du Moyen Âge : Städtebünde und Raum im Spätmittelalter*, Strasbourg 2012, XVI, 4.4 Les réunions des membres de l'Empire de 1513 à 1680.

（35）Friedrich Wilhelm Müller, *Organisation und Geschäftsordnung der elsässischen Landständeversammlungen und ihr Verhältnis zu Frankreich nach dem westfälischen Frieden nebst einem Verzeichnis der Ständetage*, Inaugural-Dissertation, Strasbourg 1906, 21-23.

（36）内田日出海「アルザスにおける地域的アイデンティティの起源」『東京国際大学論叢 経済学部編』第一五号、一九九六年、一四頁。

（37）Bischoff, « Les < états unis > d'Alsace », XVI, 4.4.

（38）牟田和男「エリートの魔女・庶民の魔女――シュレットシュタット魔女狩り再考――」『ヨーロッパ文化史研究』第二三号、二〇二二年、一一二頁。

（39）交渉の詳細は、以下を参照願いたい。安酸香織「ウェストファリア講和会議（１６４３―４８）におけるエルザス譲渡問題――ミュンスター交渉と条文の考察から――」『北大史学』第五六号、二〇一六年、左三―一二頁。

（40）*Acta Pacis Westphalicae (APW)*. Hg. von der Nordrhein-Westfälischen Akademie der Wissenschaften in Verbindung mit der Vereinigung zur Erforschung der Neueren Geschichte e.V. durch Max Braubach, Konrad Repgen und Maximilian Lanzinner, Münster seit 1962, Serie III, Abt. B, Die Friedensverträge mit Frankreich und Schweden, Bd. 1, 1998, Nr.1, 22-23.

（41）*APW* III B 1-1, Nr.1, 26.

（42）この点については、以下を参照願いたい。安酸「ウェストファリア講和会議（１６４３―４８）におけるエルザス譲渡問題」左一二―一五頁。

（43）十都市をめぐる問題および調停の詳細は、以下を参照願いたい。安酸香織「近世エルザスにおける帝国等族とフランス王権――十帝国都市をめぐる紛争と調停の事例から（１６４８―７９）――」『西洋史研究』第四五号、二〇一六年、二五―四七頁。

（44）Peter G. Wallance, *Communities and Conflict in Early Modern Colmar 1575-1730*, New Jersey 1995, 198-199.

（45）Lucien Sittler, « La transformation du gouvernement de Colmar par le roi de France à la fin du XVIIe siècle », dans : *Deux siècles d'Alsace française*, Strasbourg 1948, 133.

（46）降伏条約の内容は、内田『アルザス社会経済史』二九七―二九九頁を参照のこと。

（47）内田『アルザス社会経済史』三〇〇―三〇一頁。

（48）Henri-François de Boug, *Recueil des édits, déclarations, lettres patentes, arrêts du Conseil d'Etat et du Conseil souverain d'Alsace, ordonnances et règlemens concernant cette province, avec des observations (1657-1770)*, T. I: 1657-1725, Colmar 1775, 2.

（49）Stephen A. Lazer, *State Formation in Early Modern Alsace, 1648-1789*, Rochester 2019.

（50）成瀬治、山田欣吾、木村靖二編『世界歴史大系ドイツ史２―１６４８年～１８９０年―』山川出版社、一九九六年、二二頁。

（51）Claude Muller, *L'Alsace au XVIIIe siècle. Les évènements – Les lieux – Les hommes*, Nancy 2008, 27.

（52）*Mémoires de la baronne d'Oberkirch sur la cour de Louis XVI et la société française avant 1789*, édition présentée et annotée par Suzanne Burkard, Paris 1970, 43.

（53）Vogler, *Nouvelle Histoire de l'Alsace*, 163.

（54）*Mémoires de la baronne d'Oberkirch*, 56.

（55）柴田三千雄著、福井憲彦、近藤和彦編『フランス革命はなぜおこったか―革命史再考』山川出版社、二〇一二年、一〇二頁。

（56）この事件におけるロアンをめぐっては、Muller, *L'Alsace aux XVIIIe siècle*, 51-60 を参照のこと。

（57）Daniel Fischer, « La France révolutionnaire face à l'affaire des princes d'Empire possessionnés en Basse Alsace (1789-1801) », dans : *Chantiers historiques en Alsace* 8, 2006, 131.

（58）市村『アルザス文化史』二七二―二七三頁を参照。

（59）ピーター・H・ウィルスン著、山本文彦訳『神聖ローマ帝国１４９５―１８０６』岩波書店、二〇〇五年、二二〇頁。

（60）Bernard Vogler, *Histoire politique de l'Alsace. De la Révolutiou à nos jours, un panorama des passions alsaciennes*, Strasbourg 1995, 67.

（61）Vogler, *Histoire politique de l'Alsace*, 74.

（62）市村『アルザス文化史』二八七頁。

(63) 川﨑亜紀子「アルザス地方における１８４８年の反ユダヤ暴動」『早稲田政治経済学雑誌』第三六四号、二〇〇六年、九四頁。

(64) 柴田三千雄、樺山紘一、福井憲彦編『世界歴史大系 フランス史3――19世紀なかば～現在――』山川出版社、一九九五年、八八頁。

(65) 柴田『フランス史3』95頁。

(66) Vogler, *Histoire politique de l'Alsace*, 147.

(67) 西山暁義「国境地域へのまなざし、国境地域からのまなざし――アルザス・ロレーヌの事例から」『メトロポリタン史学』第六巻、二〇一〇年、二二七頁。

(68) Stefan Fisch, „Das Elsass im deutschen Kaiserreich (1870/71-1918)", in: Michael Erbe (Hg.), *Das Elsass. Historische Landschaft im Wandel der Zeiten*, Stuttgart 2002, 124.

(69) Dollinger, *Documents de l'Histoire de l'Alsace*, 420-421.

(70) Dollinger, *Documents de l'Histoire de l'Alsace*, 429-430.

(71) 望田幸男編『西洋の歴史 基本用語集〔近現代編〕』ミネルヴァ書房、二〇〇三年、一四二頁。

(72) 内田日出海「ライヒスラント時代（１８７１―１９１８年）のエルザスの政治・経済」渡部茂先生古稀記念論集刊行委員会編著『現代経済社会の諸問題――渡部茂先生古稀記念論集――』学文社、二〇一八年、三一二頁。

(73) 内田「ライヒスラント時代（１８７１―１９１８年）のエルザスの政治・経済」三四〇頁。

(74) 市村『アルザス文化史』三五九頁。

(75) 中本真生子『アルザスと国民国家』晃洋書房、二〇〇八年、六頁。

(76) 中本『アルザスと国民国家』五頁。

(77) 西山「国境地域へのまなざし、国境地域からのまなざし」二二八頁。

(78) 西山「国境地域へのまなざし、国境地域からのまなざし」二三〇頁。

(79) 西山「国境地域へのまなざし、国境地域からのまなざし」二三〇頁。

(80) 市村『アルザス文化史』三六八頁。

(81) 渡辺和行「アルザスとエルザス――ナシオンとフォルクのはざまで――」『香川法学』第一六巻三・四号、一九九七年、三五六頁。
(82) 渡辺「アルザスとエルザス」三五六頁。
(83) 渡辺「アルザスとエルザス」三五六頁。
(84) 市村『アルザス文化史』三七八頁。
(85) Ulrich Päßler, „Das Elsass in der Zwischenkriegszeit (1919-1940)", in: Erbe, *Das Elsass*, 161.
(86) 渡辺「アルザスとエルザス」三五八頁。
(87) 中本『アルザスと国民国家』ii頁。
(88) 中本『アルザスと国民国家』一六一頁。
(89) 渡辺和行「ナチ占領下のアルザス」『香川法学』第一四巻、三・四号、一九九五年、一五七頁。
(90) ジャック・ロレーヌ著、宇京頼三訳『フランスのなかのドイツ人――アルザス・ロレーヌにおけるナチスのフランス壊滅作戦』未来社、一九八九年、三八一頁。
(91) 市村『アルザス文化史』三九七頁。
(92) 渡辺「ナチ占領下のアルザス」一六五―一六六頁。
(93) ジャック・ロレーヌ『フランスのなかのドイツ人』三八三頁。
(94) 西山「国境地域へのまなざし、国境地域からのまなざし」二三三頁。
(95) 西山「国境地域へのまなざし、国境地域からのまなざし」二三四頁。
(96) 坂井一成「戦後アルザス地域主義の展開と特質――政治意識の変容をめぐって――」『一橋論叢』第一一四巻第二号、一九九五年、四五三頁。
(97) ウージェーヌ・フィリップス著、宇京頼三訳『アイデンティティの危機：アルザスの運命』三元社、二〇〇七年、一九二頁。
(98) Vogler, *Nouvelle Histoire de l'Alsace*, 271.
(99) Vogler, *Histoire politique de l'Alsace*, 371, 375.

（100）Vogler, *Histoire politique de l'Alsace*, 351-354.
（101）市村『アルザス文化史』四三八頁。
（102）坂井「戦後アルザス地域主義の展開と特質」四五五―四五六頁。
（103）この内容については、坂井「戦後アルザス地域主義の展開と特質」四五七―四五八頁を参照。
（104）池本大輔、板橋拓己、川嶋周一、佐藤俊輔『ＥＵ政治論――国境を越えた統治のゆくえ』有斐閣、二〇二〇年、五一頁。
（105）Oberrhein/Rhin supérieur. Zahlen und Fakten/Faits et chiffres 2020, https://www.statistik.bs.ch/dam/jcr:d72f6d7a-5438-4f80-9e2f-0359614e3a41/Oberrhein-2020.pdf.（二〇二二年四月一五日参照）
（106）「一つのアルザス、複数のアルザス」については、内田『アルザス社会経済史』五六二―五六六頁を参照。また二〇二二年六月半ばにストラスブールでは、Ｃ・ミュレールのもとで「アルザスか、それとも複数のアルザスか」をテーマとする研究会が行われている。Laboratoire Arts, civilization et histoire de l'Europe – ARCHE – UR 3400, « Alsace ou Alsaces ? Ligne de partage, histoire partagée », https://arche.unistra.fr/actualites/actualite/alsace-ou-alsaces-ligne-de-partage-histoire-partagee-je.（二〇二三年四月二三日参照）
（107）Étienne Schmitt, « La Collectivité européenne d'Alsace : un département à dispositions particulières », dans : Nicolas Kada/André Fazi (dir.), *Les collectivités territoriales à statut particulier en France. Les enjeux de la différenciation*, Bruxelles 2022, 182.
（108）ALSACE Collectivité européenne, « Ma collectivité », https://www.alsace.eu/la-collectivite/.（二〇二三年四月二四日参照）
（109）ALSACE Collectivité européenne, « L'Alsace doit-elle sortir du Grand-Est pour redevenir unr Région à part entière? Grande consultation citoyenne », https://entre-vos-mains.alsace.eu/processes/consultation-citoyenne.（二〇二三年四月二四日参照）
（110）安酸香織「アルザスとライン上流域をめぐる史学史的考察」『日仏歴史学会会報』第三七号、二〇二二年、二二頁。
（111）Odile Kammerer (dir.), *Atlas historique du Rhin supérieur. Essai d'histoire transfrontalière / Der Oberrehin: ein historischer Atlas. Versuch einer grenzüberschreitenden Geschichte*, Strasbourg 2019.
（112）この点については、拙稿「アルザスとライン上流域をめぐる史学史的考察」を参照願いたい。

参考文献

〈刊行史料〉

Acta Pacis Westphalicae (APW). Hg. von der Nordrhein-Westfälischen Akademie der Wissenschaften in Verbindung mit der Vereinigung zur Erforschung der Neueren Geschichte e.V. durch Max Braubach, Konrad Repgen und Maximilian Lanzinner, Münster seit 1962, Serie III, Abt. B, Die Friedensverträge mit Frankreich und Schweden, Bd. 1, 1998.

Boug, Henri-François de, *Recueil des édits, déclarations, lettres patentes, arrêts du Conseil d'Etat et du Conseil souverain d'Alsace, ordonnances et règlemens concernant cette province, avec des observations (1657-1770)*, 2 vol. In-fol., t. I: 1657-1725, t. II: 1726-1770, Colmar 1775.

Dollinger, Philippe (dir.), *Documents de l'Histoire de l'Alsace*, Toulouse 1972.

Krush, Bruno (ed.), *Monumenta Germaniae historica, Scriptorum rerum merovingicarum, Bd. 2 : Fredegarii et aliorum chronica. Vitae sanctorum*, Hannoverae 1888.

Mémoires de la baronne d'Oberkirch sur la cour de Louis XVI et la société française avant 1789, édition présentée et annotée par Suzanne Burkard, Paris 1970 .

Mossmann, Xavier (éd.), *Cartulaire de Mulhouse*, t. 2, Strasbourg 1884.

田中真造、松山興志雄、倉松功ほか共訳、出村彰、徳善義和、成瀬治ほか共編『宗教改革著作集 7：ミュンツァー・カールシュタット・農民戦争』教文館、一九八五年。

〈通史的文献〉

Dollinger, Philippe (dir.), *Histoire de l'Alsace*, Toulouse 1970.

Erbe, Michael (Hg.), *Das Elsass. Historische Landschaft im Wandel der Zeiten*, Stuttgart 2002.

Kammerer, Odile (dir.), *Atlas historique du Rhin supérieur. Essai d'histoire transfrontalière / Der Oberrehin: ein historischer Atlas. Versuch einer grenzüberschreitenden Geschichte*, Strasbourg 2019.

Muller, Claude / Baumann, Fabien, *Alsace. Terre du milieu entre coq gaulois et aigle germanique*, Strasbourg 2020.

Rapp, Francis (dir.), *Le diocèse de Strasbourg*, Paris 1982.

Sittler, Lucien, *L'Alsace Terre d'Histoire*, 1994.

Vogler, Bernard (dir.), *L'Alsace une Histoire*, Strasbourg 1990.

Vogler, Bernard (dir.), *Nouvelle Histoire de l'Alsace.Une région au cœur de l'Europe*, Toulouse 2003.

Vogler, Bernard, *Geschichte des Elsass*, Stuttgart 2012.

市村卓彦『アルザス文化史』人文書院、二〇〇二年。

内田日出海『物語 ストラスブールの歴史――国家の辺境、ヨーロッパの中核』中央公論新社、二〇〇九年。

坂井榮八郎『ドイツ史10講』岩波書店、二〇〇三年。

佐々木真『図説 フランスの歴史』河出書房新社、二〇一一年。

柴田三千雄、樺山紘一、福井憲彦編『世界歴史大系 フランス史1――先史～15世紀――』山川出版社、一九九五年。

柴田三千雄、樺山紘一、福井憲彦編『世界歴史大系 フランス史2――16世紀～19世紀なかば――』山川出版社、一九九六年。

柴田三千雄、樺山紘一、福井憲彦編『世界歴史大系 フランス史3――19世紀なかば～現在――』山川出版社、一九九五年。

成瀬治、山田欣吾、木村靖二編『世界歴史大系 ドイツ史1――先史～1648年――』山川出版社、一九九七年。

成瀬治、山田欣吾、木村靖二編『世界歴史大系 ドイツ史2――1648年～1890年――』山川出版社、一九九六年。

成瀬治、山田欣吾、木村靖二編『世界歴史大系 ドイツ史3――1890年～現在――』山川出版社、一九九七年。

〈はじめに〉

Atzenhoffer, Jean-Philippe, *Le Grand Est, une aberration économique*, Barr 2021.

Denis, Marie-Noële, « Les politiques linguistiques en Alsace et la régression du dialecte », dans : Guylaine Brun-Trigaud (dir.), *Contacts, conflits et créations linguistiques*, Paris 2015, 129-141.

Fourquet, Jérôme / Cébille, Paul, « Enquête sur la question régionale en Alsace », ifop, https://www.ifop.com/wp-content/uploads/2020/01/PPT_Alsace_19.12.2019.pdf.（二〇二一年一〇月二三日参照）

OLCA / EDinstitut, « Etude sur le dialecte alsacien OLCA / EDinstitut de 2012 », OLCA, https://www.olcalsace.org/sites/default/files/documents/etude_linguistique_olca_edinstitut.pdf.（二〇二一年一一月一日参照）

石坂昭雄「ヨーロッパ史におけるアルザス＝ロレーヌ／エルザス＝ロートリンゲン地域問題——地域・言語・国民意識」『札幌大学総合研究』第四号、二〇一三年、一三九—一七七頁。

内田日出海『アルザス社会経済史——周縁の力学』刀水書房、二〇二一年。

フレデリック・オッフェ著、宇京頼三訳『アルザス文化論』みすず書房、一九八七年。

平篤志「フランス・アルザス地域における多国籍企業の立地展開と地域経済」『香川大学教育学部研究報告 第I部』第一二二巻、二〇〇四年、一五—二八頁。

田中克彦『ことばと国家』岩波書店、一九八一年。

手塚章、呉羽正昭編『ヨーロッパ統合時代のアルザスとロレーヌ』二宮書店、二〇〇八年。

寺迫正廣「フランスの地方語とバイリンガル教育：アルザス語の場合」『言語と文化』第一巻、二〇〇二年、一一九—一三七頁。

寺迫正廣「アルザスの『地方語』教育の取組み：フランス的文化形成の一側面」『大阪府立大学紀要（人文・社会科学）』第五二巻、二〇〇四年、四七—六二頁。

ドーテー作、桜田佐訳『月曜物語』岩波書店、一九五九年。

冨永和子『フランス・アルザスと日本——1980年以降の軌跡』幻冬舎、二〇一六年。

新田俊三『アルザスから――ヨーロッパの文化を考える』東京書籍、一九九七年。

長谷川まゆ帆『近世フランスの法と身体――教区の女たちが産婆を選ぶ』東京大学出版会、二〇一八年。

ウージェーヌ・フィリップス著、宇京頼三訳『アルザスの言語戦争』白水社、一九九四年。

府川源一郎『消えた「最後の授業」――言葉・国家・教育』大修館書店、一九九二年。

三木一彦「アルザスにおける言語の現状とその地域性」『教育学部紀要』第三七集、二〇〇三年、一一三―一二四頁。


〈第1章〉


Brather, Sebastian/Dendorfer, Jürgen (Hg.), *Grenzen, Räume und Identitäten. Der Oberrhein und seine Nachbarregionen von der Antike bis zum Hochmittelalter*, Ostfildern 2017.

吾郷慶一『ライン河紀行』岩波書店、一九九四年。

ユリウス・カエサル著、中倉玄喜訳『〈新訳〉ガリア戦記』ＰＨＰ研究所、二〇〇八年。

鶴岡真弓、松村一男『図説 ケルトの歴史』河出書房新社、新装版、二〇一七年。

南川高志『新・ローマ帝国衰亡史』岩波新書、二〇一三年。


〈第2章〉

Buchholzer, Laurence / Richard, Olivier (dir.), *Ligues urbaines et espace à la fin du Moyen Âge : Städtebünde und Raum im Spätmittelalter*, Strasbourg 2012.
Dendorfer, Jürgen, „Die Staufer im Elsass Bruchstücke einer Forschungsgeschichte zwischen Vereinnahmung und Distanzierung“, in: Martina Backes/Jürgen Dendorfer (Hg.), *Nationales Interesse und ideologischer Missbrauch. Mittelalterforschung in der ersten Hälfte des 20. Jahrhunderts – Vorträge zum 75jährigen Bestehen der Abteilung Landesgeschichte am Historischen Seminar der Albert-Ludwigs-Universität Freiburg*, Ostfildern 2019, 155-179.
Hardy, Duncan, „Reichsstädtische Bündnisse im Elsass als Beweise für eine ‚verbündende‘ politische Kultur am Oberrhein (ca. 1350-1500)“, in:

Zeitschrift für die Geschichte des Oberrheins 162, 2014, 95-128.

Kammerer, Odile, *Entre Vosges et Forêt-Noire : Pouvoir, terroirs et villes de l'Oberrhein 1250-1350*, Paris 2001.

Sittler, Lucien, *La Décapole alsacienne. Des origines à la fin du moyen âge*, Strasbourg / Paris 1955.

Sittler, Lucien, *Hommes célèbles d'Alsace*, Colmar 1982.

Vogler, Bernard (dir.), *La Décapole. Dix villes d'Alsace alliées pour leurs libertés 1354-1679*, Strasbourg 2009.

Weber, Karl, *Die Formierung des Elsass im Regnum Francorum. Adel, Kirche und Königtum am Oberrhein in merowingischer und frühkarolingischer Zeit*, Ostfildern 2011.

Weber, Karl, "Alsace and Burgundy : Spatial Patterns in the Early Middle Ages, c. 600-900", dans : *Bulletin du centre d'études médiévales d'Auxerre | BUCEMA* 22-1, 2018, 1-14.

Zotz, Thomas, « Recherches allemendes récentes sur l'histoire médiévale de l'Alsace : un aperçu sur la période 1990 à 2012 », dans : *Revue d'Alsace* 138, 2012, 241-263.

Zotz, Thomas, „Zähringer und Staufer. Politische Räume am Oberrhein" in: Sebastian Brather/Jürgen Dendorfer (Hg.), *Grenzen, Räume und Identitäten. Der Oberrhein und seine Nachbarregionen von der Antike bis zum Hochmittelalter*, Ostfildern 2017, 435-451.

市村卓彦「ドイツ帝国下のアルザスの中世期」『龍谷紀要』第三〇巻二号、二〇〇九年、一―一二頁。

高橋輝和「『シュトラースブルクの誓い』の原文対比」『独逸文学』第四二巻、一九九八年、一〇八―一二六頁。

田口正樹「十三世紀後半ドイツの帝国国制――ルードルフ一世の帝国領回収政策を中心に（一）～（四・完）」『国家学会雑誌』第一〇七巻七・八号、第一〇八巻九・一〇号、第一〇九巻三・四号、同巻一一・一二号、一九九四年、一九九五年、一九九六年、一二九―一八七頁、八七―一四六頁、一―六一頁、一―六三頁。

土浪博「ドイツ後期中世におけるラントフリーデ――Heinz Angermeier : Königtum und Landfriede im deutschen Spätmittelalter の論理構成――」『一橋研究』第一三巻二号、一九九八年、一二三―一三六頁。

宮崎揚弘『ペストの歴史』山川出版社、二〇一五年。

〈第3章〉

Amann, Konrad, „Der Oberrheinische Kreis im Wandel", in: Wolfgang Wüst (Hg.), *Reichskreis und Territorium: Die Herrschaft über der Herrschaft? Supraterritoriale Tendenzen in Politik, Kultur, Wirtschaft und Gesellschaft. Ein Vergleich süddeutscher Reichskreise*, Stuttgart 2000, 335-347.

Bischoff, Georges, « Les < états unis > d'Alsace. Quelques remarques sur la genèse d'un espace politique et sur les pratiques de coopération de ses composantes (XIVe-XVIIe s.) », dans : Laurence Buchholzer / Olivier Richard (dir.), *Ligues urbaines et espace à la fin du Moyen Âge : Städtebünde und Raum im Spätmittelalter*, Strasbourg 2012, 121-142.

Croxton, Derek, *Westphalia. The Last Christian Peace*, New York 2013.

Croxton, Derek/Tischer, Anuschka, *The Peace of Westphalia. A Historical Dictionary*, Westport 2002.

Dotzauer, Winfried, *Die deutschen Reichskreise in der Verfassung des Alten Reiches und ihr Eigenleben: (1500-1806)*, Darmstadt 1989.

Kintz, Jean-Pierre, *La Conquête de l'Alsace. Le triomphe de Louis XIV, diplomate et guerrier*, Strasbourg 2017.

Lazer, Stephen A., *State Formation in Early Modern Alsace, 1648-1789*, Rochester 2019.

Lemaître, Alain J., « Le Conseil souverain d'Alsace et l'héritage impérial », in: Hervé Leuwers / Serge Dauchy / Sabrina Michel / Véronique Demars-Sion (dir.), *Les parlementaires, acteurs de la vie provinciale. XVIIe et XVIIIe siècles*, Rennes 2013, 145-158.

Lemaître, Alain J., « Le conseil souverain d'Alsace. Les limites de la souveraineté », dans : *Revue du Nord* 411, 2015, 479-496.

Livet, Georges, *L'intendance d'Alsace de la guerre de Trente Ans à la mort de Louis XIV 1634-1715. Du Saint Empire romain germanique au Royaume de France*, 2e édition, Strasbourg 1991.

Mertens, Dieter, „'Landesbewusstsein' am Oberrhein zur Zeit des Humanismus", in: Franz Quarthal (Hg.), *Die Habsburger im deutschen Südwesten : neue Forschungen zur Geschichte Vorderösterreichs*, Stuttgart 2000, 199-216.

Muller, Claude, *Le siècle des Rohan. Une dynastie de cardinaux en Alsace au XVIIIe siècle*, Strasbourg 2006.

Muller, Calude, *L'Alsace au XVIIIe siècle. Les évènements – Les lieux – Les hommes*, Nancy 2008.

Müller, Friedrich Wilhelm, *Organisation und Geschäftsordnung der elsässischen Landständeversammlungen und ihr Verhältnis zu Frankreich nach dem westfälischen Frieden nebst einem Verzeichnis der Ständetage*, Inaugural-Dissertation, Strasbourg 1906.

Ohler, Christian, *Zwischen Frankreich und dem Reich. Die elsässische Dekapolis nach dem Westfälischen Frieden*, Frankfurt am Main 2002.

Sittler, Lucien, « La transformation du gouvernement de Colmar par le roi de France à la fin du XVIIe siècle », dans: *Deux siècles d'Alsace française. 1648-1798-1848*, Strasbourg 1948, 133-158.

Stein, Wolfgang Hans, *Protection Royale. Eine Untersuchung zu den Protektionsverhältnissen im Elsaß zur Zeit Richelieus 1622-1643,* Münster 1978.

Stein, Wolfgang Hans, „Formen der österreichischen und französichen Herrschaftsbildung in Elsaß im 16. und 17. Jahrhundert. Ein Vergleich", in: Hans Maier/Volker Press (Hg.), *Vorderösterreich in der frühen Neuzeit*, Sigmaringen 1989, 285-313.

Wallance, Peter G., *Communities and Conflict in Early Modern Colmar 1575-1730*, New Jersey 1995.

Wilson, Peter H., *The Thirty Years War. Europe's Tragedy*, Cambridge 2011.

Wunder, Bernd, *Kleine Geschichte der Kriege und Festungen am Oberrhein 1630-1945*, Karlsruhe 2013.

Yasukata, Kaori, « L'investiture de l'évêque de Strasboug à la cour de Vienne en 1723 », dans : *Francia – Forschungen zur westeuropäischen Geschichte* 45, 2018, 163-176.

石引正志「『四都市信仰告白』の成立」『青山学院女子短期大学紀要』第四六巻、一九九二年、七九―八九頁。

ピーター・H・ウィルスン著、山本文彦訳『神聖ローマ帝国　１４９５―１８０６』岩波書店、二〇〇五年。

C・ヴェロニカ・ウェッジウッド著、瀬原義生訳『ドイツ三十年戦争』刀水書房、二〇〇三年。

内田日出海「アルザスにおける地域的アイデンティティの起源」『東京国際大学論叢　経済学部編』第一五号、一九九六年、一―二四頁。

大津留厚、水野博子、河野淳、岩崎周一編『ハプスブルク史研究入門――歴史のラビリンスへの招待――』昭和堂、二〇一三年。

柴田三千雄著、福井憲彦、近藤和彦編『フランス革命はなぜおこったか――革命史再考』山川出版社、二〇一二年。

永田諒一『宗教改革の真実――カトリックとプロテスタントの社会史』講談社、二〇〇四年、四二頁。

野々瀬浩司「ドイツ農民戦争期における『神の法』思想と『十二ケ条』について」『史学』第六一巻三号、一九九二年、一一五—一四九頁。

牟田和男「エリートの魔女・庶民の魔女——シュレットシュタット魔女狩り再考——」『ヨーロッパ文化史研究』第二三号、二〇二二年、六九—一一四頁。

森田安一『図説 宗教改革』河出書房新社、二〇一〇年。

安酸香織「ウェストファリア講和会議（１６４３—４８）におけるエルザス譲渡問題——ミュンスター交渉と条文の考察から——」『北大史学』第五六号、二〇一六年、左一—二五頁。

安酸香織「近世エルザスにおける帝国等族とフランス王権——十帝国都市をめぐる紛争と調停の事例から（１６４８—７９）——」『西洋史研究』第四五号、二〇一六年、二五—四七頁。

安酸香織「近世アルザスにおける紛争と秩序——シュトラースブルク司教領をめぐる訴訟（一六八二—一七一九）を事例に——」『史学雑誌』第一二九編一一号、二〇二〇年、一—三三頁。

山内芳文、三輪貴美枝「Gymnasium 成立史考」『東日本国際大学経済情報学部研究紀要』第二〇巻一号、二〇一五年、三九—六四頁。

山本文彦『近世ドイツ国制史研究——皇帝・帝国クライス・諸侯』北海道大学図書刊行会、一九九五年。

渡邊伸『宗教改革と社会』京都大学学術出版会、二〇〇一年。


〈第４章〉

Fisch, Stefan, „Das Elsass im deutschen Kaiserreich (1870/71-1918)“, in: Michael Erbe (Hg.), *Das Elsass. Historische Landschaft im Wandel der Zeiten*, Stuttgart 2002,123-146.
Fischer, Daniel, « La France révolutionnaire face à l'affaire des princes d'Empire possessionnés en Basse Alsace (1789-1801) », dans : *Chantiers historiques en Alsace* 8, 2006, 125-135.
Fischer, Daniel, « Une souveraineté française toute virtuelle en Alsace du Nord en 1789 », dans : Atlas historique d'Alsace, www.atlas.

historique.alsace.uha.fr, Université de Haute Alsace, 2011.

Muret, Pierre, « L'affaire des princes possessionnés d'Alsace et les origines du conflit entre la Révolution et l'Empire », dans : *Revue d'histoire moderne et contemporaine* 1-5, 1899, 433-456.

Päßler, Ulrich, „Das Elsass in der Zwischenkriegszeit (1919-1940)", in: Michael Erbe (Hg.), *Das Elsass. Historische Landschaft im Wandel der Zeiten*, Stuttgart 2002, 153-166

Schmid, Hermann, „Der rechtsrheinische Teil der Diözese Straßburg in den Jahren 1802-1808. Ein Beitrag zur Geschichte der oberrheinischen Kirchenprovinz", in: *Badische Heimat* 60, 1980, 419-429.

Stoskopf, Nicolas, *Chroniques ferroviaires d'Alsace (1839-2011)*, 2012, hal-01271886.

Vogler, Bernard, « L'assemblée provinciale d'Alsace (1787): une prise de conscience des problèmes régionaux à la veille de la Revolution », dans : *L'Europe, l'Alsace et la France. Problèmes intérieurs et relations internationales à l'époque moderne. Études réunies en honneur du doyen Georges Livet pour son 70e anniversaire*, Colmar 1986, 65-72.

Vogler, Bernard, *Histoire politique de l'Alsace. De la Révolution à nos jours, un panorama des passions alsaciennes*, Strasbourg 1995.

内田日出海「ライヒスラント時代（１８７１―１９１８年）のエルザスの政治・経済」渡部茂先生古稀記念論集刊行委員会編著『現代経済社会の諸問題――渡部茂先生古稀記念論集――』学文社、二〇一八年、三〇五―三五三頁。

ペーター・ガイス、ギヨーム・ル・カントレック監修、福井憲彦、近藤孝弘監訳『ドイツ・フランス共通歴史教科書【近現代史】――ウィーン会議から１９４５年までのヨーロッパと世界』明石書店、二〇一六年。

加来浩「エルザス・ロートリンゲンの住民投票問題」『弘前大学教育学部紀要』第七九号、一九九八年、一―一二頁。

梶原克彦「第一次世界大戦におけるドイツ兵捕虜と〈アルザス＝ロレーヌ人〉の解放問題」『愛媛法学会雑誌』第四五巻１・２号、二〇一九年、八三―一〇〇頁。

川﨑亜紀子「アルザス地方における１８４８年の反ユダヤ暴動」『早稲田政治経済学雑誌』第三六四号、二〇〇六年、八三―九八頁。

末次圭介「アルザス自治主義者による対ナチ『抵抗活動』をめぐる評価」『Revue japonaise de didactique du français』第五巻二号、

二〇一〇年、五八——七五頁。

滝田毅『エルザスの軍民衝突:「ツァーベルン事件」とドイツ帝国統治体制』南窓社、二〇〇六年。

田村理「1789年フランス人権宣言における財産権（二）」『一橋研究』第一六巻二号、一九九一年、一二一——一四四頁。

中本真生子『アルザスと国民国家』晃洋書房、二〇〇八年。

西山暁義「国境地域へのまなざし、国境地域からのまなざし——アルザス・ロレーヌの事例から」『メトロポリタン史学』第六号、二〇一〇年、二三一——二五二頁。

松嶌明男「近代への転換点であるフランス革命」島田竜登編『1789年 自由を求める時代』山川出版社、二〇一八年、一八——七一頁。

ジャック・ロレーヌ著、宇京頼三訳『フランスのなかのドイツ人——アルザス・ロレーヌにおけるナチスのフランス壊滅作戦』未来社、一九八九年。

渡辺和行「ナチ占領下のアルザス」『香川法学』第一四巻三・四号、一九九五年、一四九——一九四頁。

渡辺和行「アルザスとエルザス——ナシオンとフォルクのはざまで——」『香川法学』第一六巻三・四号、一九九七年、三二九——三七六頁。


〈第5章〉

Agrikoliansky, Éric, « De la nation à la région. Le Front National en Alsace et la résurgence d'une revendication régionaliste », dans : *Revue des Sciences Sociales* 30, 2003, 134-147.
Oberrhein/Rhin supérieur. Zahlen und Fakten/Faits et chiffres 2020, https://www.statistik.bs.ch/dam/jcr:d72f6d7a-5438-4f80-9e2f-0359614e3a41/Oberrhein-2020.pdf.（二〇二二年四月一五日参照）
Schmitt, Étienne, "Alsace. A Region Beyond Borders", in: Daniel Turp/Marc Sanjaume-Calvet (ed.), *The Emergence of a Democratic Right to Self-Determination in Europe*, Brussels 2016, 112-121.
Schmitt, Étienne, « La Collectivité européenne d'Alsace, ou la différenciation comme étape vers l'autonomisation? », Journées d'étude – Les

collectivités à statut particulier : les enjeux de la différenciation. 12 septembre 2019 à Corte (Corse, France), https://www.researchgate.net/publication/337548085_La_Collectivite_europeenne_d'Alsace_ou_la_differenciation_comme_etape_vers_l'autonomisation.（二〇二〇年八月一三日参照）

Schmitt, Étienne, « La création d'une collectivité européenne d'Alsace : une mesure de compensation après la fusion des régions », dans : Patrick Le Lidec (dir.), *Emmanuel Macron et les réformes territoriales*, Boulogne-Billancourt 2020, 171-193.

Schmitt, Étienne, « La Collectivité européenne d'Alsace : un département à dispositions particulières », dans : Nicolas Kada/André Fazi (dir.), *Les collectivités territoriales à statut particulier en France. Les enjeux de la différenciation*, Bruxelles 2022, 179-195.

ペーター・ガイス、ギヨーム・ル・カントレック監修、福井憲彦、近藤孝弘監訳『ドイツ・フランス共通歴史教科書【現代史】――１９４５年以後のヨーロッパと世界』明石書店、二〇〇八年。

池本大輔、板橋拓己、川嶋周一、佐藤俊輔『ＥＵ政治論――国境を越えた統治のゆくえ』有斐閣、二〇二〇年。

坂井一成「戦後アルザス地域主義の展開と特質――政治意識の変容をめぐって――」『一橋論叢』第一一四巻第二号、一九九五年、四五二―四六七頁。

坂井一成「アルザス・エスノ地域主義とヨーロッパ統合―フランス・ナショナリズムとの相互作用――」『国際政治』第一一〇号、一九九五年、七〇―八四頁。

中村民雄『ＥＵとは何か――国家ではない未来の形――【第3版】』信山社、二〇一九年。

ウージェーヌ・フィリップス著、宇京頼三訳『アイデンティティの危機：アルザスの運命』三元社、二〇〇七年。

宮島喬、若松邦弘、小森宏美編『地域のヨーロッパ――多層化・再編・再生』人文書院、二〇〇七年。

〈おわりに・あとがき〉

永原慶二「『通史』の役割」『歴史評論』第五五四巻、一九九六年、二―一八頁。

安酸香織「アルザスとライン上流域をめぐる史学史的考察」『日仏歴史学会会報』第三七号、二〇二二年、一七―三〇頁。

〈その他〉

Deutsche Biographie, https://www.deutsche-biographie.de/.

Historische Lexikon der Schweiz (HLS), https://hls-dhs-dss.ch/.

JapanKnowledge Lib, https://japanknowledge.com/library/.

NetDBA (Le Nouveau Dictionnaire de Biographie alsacienne en ligne), https://www.alsace-histoire.org/netdba/.

朝治啓三編『西洋の歴史 基本用語集〔古代・中世編〕』ミネルヴァ書房、二〇〇八年。

大貫隆、名取四郎、宮本久雄、百瀬文晃編『岩波 キリスト教辞典』岩波書店、二〇〇二年。

F・ハルトゥング著、成瀬治、坂井栄八郎訳『ドイツ国制史：15世紀から現代まで』岩波書店、一九八〇年。

ミッタイス＝リーベリッヒ著、世良晃志郎訳『ドイツ法制史概説　改訂版』創文社、一九七一年。

望田幸男編『西洋の歴史 基本用語集〔近現代編〕』ミネルヴァ書房、二〇〇三年。

〈地図〉　本文中の地図は、左記の文献をもとに作成した。

【地図1】 Nicolas Stoskopf, « Les implantations industrielles étrangères en Alsace, 1982-2002 », dans : Atlas historique d'Alsace, www.atlas.historique.alsace.uha.fr, Université de Haute Alsace.（二〇二三年六月三〇日参照）

【地図2】 Régis Boulat, « Une eurorégion modèle à partir des années 1990? / Ein Euroregio-Modell aus den 1990er-Jahren? », dans : Odile Kammerer (dir.), *Atlas historique du Rhin supérieur. Essai d'histoire transfrontalière / Der Oberrehin: ein historischer Atlas. Versuch einer grenzüberschreitenden Geschichte*, Strasbourg 2019, 252-253.

【地図3】 Nathalie Schneider/Patrice Wuscher, « Les éléments du relief / Merkmale des Relief », dans : Kammerer, *Atlas historique du Rhin supérieur*, 36-37.

【地図4】Odile Kammerer, « Les《frontière》du duché d' Alsace, VIIe-VIIIe siècle / Die "Grenzen" des Herzogtums Elsass im 7. und 8. Jahrhundert », dans : Kammerer, *Atlas historique du Rhin supérieur*, 104-105.

【地図5】Odile Kammerer, « Dynamique territoriale des pouvoirs politiques, 1250-1262 / Territoriale Dynamik der politischen Akteure, 1250-1262 », dans : Kammerer, *Atlas historique du Rhin supérieur*, 112-113.

【地図6】„Österreichische Besitzungen am Oberrhein 1648", in: Wolfgang Hans Stein, *Protection Royale. Eine Untersuchung zu den Protektionsverhältnissen im Elsaß zur Zeit Richelieus 1622-1643*, Münster 1978, Karte IV, zu Seite 36.

【地図7】« L'Alsace en 1648. La mosaïque territoriale et politique », dans: Georges Livet, *L'intendance d'Alsace de la guerre de Trente Ans à la mort de Louis XIV 1634-1715. Du Saint Empire romain germanique au Royaume de France*, 2e édition, Strasbourg 1991.

【地図8】Clément Wisniewski, Jean-Philippe Droux, AHA, « Carte administrative de l'Alsace en 1790 », dans : Atlas historique d'Alsace, www.atlas.historique.alsace.uha.fr, Université de Haute Alsace.（二〇二三年二月二八日参照）

【地図9】Marie-Claire Vitoux, « Le Gau Oberrhein, 1940-1945 / Der Gau Oberrhein, 1940-1945 », dans : Kammerer, *Atlas historique du Rhin supérieur*, 206-207.

図版出典

＊左記で示した以外の特に記載のない写真は、筆者による撮影である。

・54頁　Wikimedia Commons CC BY-SA 4.0 Walbourg-Eglise / Sainte-Walburge

・56頁　Wikimedia Commons CC BY-SA 4.0 Krzysztof Golik / Castle of Kaysersberg

・61頁　Les Archives municipales de Colmar, AA1/4 に所蔵。筆者による撮影。

・72頁　Photo ©Atelier Coralie Barbe; Les Archives municipales de Colmar, AA52/4 に所蔵。

・77頁　Wikimedia Commons CC BY-SA 4.0 Schulheft Beatus Rhenanus / Reinhard Dietrich

・81頁　ストラスブール国立・大学図書館における二〇一七年の展示会「宗教改革の風（Le vent de la Réforme）」にて撮影。

・103頁　Photo ©Musée Unterlinden, Dist. RMN-Grand Palais / Christian Kempf / distributed by AMF

・117頁　Photo ©RMN-Grand Palais (Château de Versailles) / Franck Raux / distributed by AMF

・130頁　Photo ©RMN-Grand Palais (Château de Versailles) / Franck Raux / distributed by AMF

・131頁　Photo ©Musées de la ville de Strasbourg

・132頁　Photo ©RMN-Grand Palais (domaine de Compiègne) / Tony Querrec / distributed by AMF

・135頁　Photo ©RMN-Grand Palais (Château de Versailles) / Franck Raux / distributed by AMF

・145頁　Photo ©RMN-Grand Palais / Agence Bulloz / distributed by AMF

・180頁　Différents modèles de carte d’identité. Photographie issue de l’exposition permanente du Mémorial Alsace-Moselle. 常設展にて撮影。

・192頁　Germanisation de l’Alsace-Moselle, imposition de la langue allemande. Photographie issue de l'exposition permanente du Mémorial Alsace-Moselle. 常設展にて撮影。

・210頁　ABACA PRESS/ 時事通信フォト

・211頁　Freepik ©Mark Mainka

安酸香織（やすかた かおり）

北海道大学大学院文学研究科博士後期課程修了。北海道大学博士（文学）。専門は歴史学、近世ヨーロッパ史、アルザス地域史。

日本大学国際関係学部助教を経て、現在、北海道大学大学院文学研究院講師。

主な論文に、「近世アルザスにおける紛争と秩序──シュトラースブルク司教領をめぐる訴訟（1682-1719）を事例に──」（『史学雑誌』第129編11号、2020年、1-33頁）、« L'investiture de l'évêque de Strasbourg à la cour de Vienne en 1723 »（*Francia – Forschungen zur westeuropäischen Geschichte* 45, 2018, 163-176）ほか。

ヨーロッパ史のなかのアルザス

──中近世の重層的な地域秩序から

2024年2月20日　初版第1刷発行

著　者　安酸香織
発行者　阿部黄瀬
発行所　株式会社 教育評論社
〒103-0027
東京都中央区日本橋3-9-1 日本橋三丁目スクエア
TEL 03-3241-3485
FAX 03-3241-3486
https://www.kyohyo.co.jp
印刷製本　萩原印刷株式会社

ISBN 978-4-86624-095-4　C0022

■人名索引

・下記では本書に登場する人名のうち、主要なもののみ記す。
・一般的に姓によって知られる人物については姓で示し、（ ）内に名を入れる。

ア行

カ行

サ行

タ行

ナ行

ハ行

マ行

ヤ行

ラ行

アルザス史略年表

年代	事柄
およそ5600万年前〜3390万年前	ライン地溝帯の形成
およそ200万年前〜1万年前	ライン上流の形成。打製石器の利用
紀元前5350年頃	ライン上流域における帯文土器文化の登場
前2300〜前800年頃	青銅器時代
前750年頃〜	ケルトの時代（〜前50年頃）
前60年頃	アリオウィストゥス率いるゲルマン諸部族の移住
前58〜前52年	カエサルによるアリオウィストゥスへの勝利。ガリア征服
357年	ローマ皇帝ユリアヌスによるアレマン族の王クノドマリウスへの勝利
451年	アッティラ王率いるフン族の到来
476年頃	西ローマ帝国の終焉。ライン上流域におけるアレマン族の定住
496、506年	フランク族によるアレマン族への勝利
640年頃	メロヴィング朝フランク王国の一管区「パグス・アルサケンシス」をブルグント出身者へ委託（〜740年前後）
833年	カロリング朝ルートヴィヒ敬虔帝の王宮マーレンハイムにおける幽閉
842年	「シュトラースブルクの誓約」
843年	ヴェルダン条約によりライン左岸は中部王国、右岸は東部王国に帰属
870年	メルセン条約によりライン両岸が東部王国に帰属
925年	ザクセン朝（919〜1024年）のもとでシュヴァーベン大公領の一部に
1049年	ザーリアー朝（1024〜1125年）の皇帝ハインリヒ3世により、エギスハイム伯家のブルーノが教皇レオ9世に
1079年	国王ハインリヒ4世により、シュタウフェン家のフリードリヒ1世がシュヴァーベン大公に
1130年頃	ロタール3世（1125年に国王に即位したザクセン大公ロタール）がライン上流域にラントグラーフシャフトを導入。ハプスブルク家のヴェルナー2世がズントガウのラントグラーフに
1139年〜	シュタウフェン朝（1138〜1197/1208年、1215〜50年）のもと、同家のシュヴァーベン大公が「エルザス大公」ないし「シュヴァーベンおよびエルザスの大公」という称号を利用
1164年	バルバロッサがハーゲナウに都市権を付与
1250/54〜73年	「大空位時代」
1254年	ライン都市同盟の結成（〜1259年頃）

1262～63年	都市シュトラースブルクがオーバーハウスベルゲンの戦いにて司教に勝利し、事実上の「自由都市」に
1274年～	ハプスブルク家の国王ルドルフ1世が帝国ラントフォークト制度を導入
1349年頃	黒死病の流行。ユダヤ人の虐殺
1354年	皇帝カール4世の同盟締結文書により10都市の同盟が成立（1378年に解散、79年に7都市が新しい同盟に集結、その後も断続的に同盟関係を保ち「十都市同盟（デカポリス）」と呼ばれるように）
1408年	国王ループレヒトがプファルツ選帝侯ルートヴィヒ3世にハーゲナウのラントフォークタイを質入れ
1474～77年	ライン上流域の諸勢力が「低地連合」に集結し、ブルゴーニュ公シャルルに対峙
1493年	ブントシュー一揆の企て
1495年	永久ラント平和令
16世紀前半	エルザス諸会議（「下エルザス会議」は1502/1515年、「全エルザス会議」は28年、「下エルザス会議」は30年代以降）および帝国クライスのはじまり
1515年	ミュールハウゼンが十都市同盟を離脱し、スイス盟約者団に加盟
1521年	エルザスにおけるプロテスタント改革の始まり
1524～25年	農民戦争
1529～30年	第二回シュパイアー帝国議会（1529年）、ルターを異端とするヴォルムス勅令（21年）の再試行を決定。シュパイアーの抗議者は「アウクスブルク信仰告白」を、シュトラースブルクは「四都市信仰告白」をアウクスブルクの帝国議会（30年）に提出
1555年	アウクスブルクの宗教平和
1592～1604年	シュトラースブルク司教戦争
1618～48年	三十年戦争（1621年、傭兵隊長マンスフェルトの到来。29年、皇帝の「復旧勅令」。32年、スウェーデン軍の到来。34年、エルザスにおけるスウェーデン占領地がフランス王の保護下に。35年、フランス王によるスペイン王への宣戦。38年、フランス側によるブライザッハの攻略。43～48年、ウェストファリア講和会議）
1648年	ウェストファリア条約における「エルザス譲渡」
1649年	フランス王がダルクール伯を上下アルザス地方総督兼アグノーのグラン・バイイ（ハーゲナウのラントフォークト）に任命
1655年	フランス王がシャルル・コルベールをアルザス地方長官に任命
1657/58年	アルザス最高評定院の創設
1667～69年	ラントフォークタイと十都市をめぐる紛争のレーゲンスブルクにおける調停の試み

アルザス史略年表

年代	事柄
1670年代	オランダ戦争（1672～78年）におけるフランス王による十都市占領。ナイメーヘン条約（79年）におけるミュンスター条約の再確認
1680年代初頭	フランス王による「統合政策」。シュトラースブルクの降伏（1681年9月30日）
1684年	レーゲンスブルクの休戦協定
1697年	ライスワイク条約におけるフランス王のアルザスに対する権利の承認
1714年	スペイン継承戦争（1701～13/14年）のラシュタット条約が、ランダウのフランス王への帰属を確認
18世紀前半	ストラスブール司教ガストン・ド・ロアンの帝国、王国、ライン上流域における精力的な活動
1744年	オーストリア継承戦争（1740～48年）におけるルイ15世のストラスブール訪問
1756年	外交革命。七年戦争（1756～63年）の開始
1770年	王太子妃マリ=アントワネットの祝典
1784/85～86/88年	「首飾り事件」
1787年	地方議会の設置
1789年	フランス革命の開始。ストラスブールをはじめ各都市での騒擾。農村部での「大恐怖」。「封建的諸特権の廃止」。「フランス人権宣言」の採択
1790年	アルザス州の廃止。オー=ラン県とバ=ラン県の創設。関税線のヴォージュ山脈からライン川への移動。教会財産の国有化
1792年～	アルザスにおける帝国等族の領地の接収
1792～94年	「恐怖政治」
1795年～	帝国等族の領地の一部返還
1798年	ミュルーズのフランスへの併合
1801年	リュネヴィルの和約によるライン左岸部分のフランスへの併合
19世紀初頭	ナポレオンによる宗教問題への対応（1801年の政教協約、02年の共和第10年ジェルミナル18日法、08年のユダヤ教に関する政令）
1806年	神聖ローマ帝国の終焉
1814、1815～18年	同盟軍による二度のアルザス占領
1840年	クレベール将軍没後40周年記念祭。グーテンベルク活版印刷術「発明」400周年記念祭
1848年	二月革命。反ユダヤ暴動
1852年	パリ=ストラスブール間の鉄道開通（ストラスブール=バーゼル間は1841年、ライン川に架かる鉄道橋は60年代）

1870～71年	プロイセン=フランス戦争
1871年	フランクフルト講和条約におけるアルザス二県とロレーヌの一部のドイツへの割譲。エルザス=ロートリンゲン局行政長官府の設置
1879年	ライヒスラント政庁の設置
1902年	1871年の「エルザス=ロートリンゲンにおける行政の確立に関する帝国法」第10条（「専制条項」）の廃止
1911年	「エルザス=ロートリンゲン基本法」の制定。邦議会の設置
1913年	「ツァーベルン事件」
1914～18年	第一次世界大戦（1918年～フランス軍のアルザス進軍、「選別委員会」の設置）
1919年	ヴェルサイユ条約におけるアルザスのフランス編入
1928年	自治主義者に対するコルマール裁判
1939～45年	第二次世界大戦（1940年～ナチス・ドイツによるアルザス併合、バーデン=エルザス大管区における「ゲルマン化」、42年～「強制召集」、44/45年～アルザス解放）
1949年	欧州評議会（本部：ストラスブール）の設立
1953年	オラドゥール事件（1944年）のボルドー裁判
1967年	欧州共同体（EC，議会：ストラスブール）の発足
1960年代末～	「五月危機」(1968年）とド・ゴール引退（69年）によるアルザス政治構造の変化
1972年	アルザス地域圏の成立
1970年代～	オルドリート改革（1972年)、「アルザス議員へのアピール」(80年)、「セレスタ共同綱領」(82年)、「デイヨン通達」(82年）などによる文化的復興
1975年	ボン協定によるフランス・ドイツ・スイス三国政府間委員会および南北の地域間協議会の設置
1986年	アルザスへのソニー誘致
1991年	南北の地域間協議会の統合による「ライン上流域の協議会」の設置
1993年	マーストリヒト条約（1992年）に基づく欧州連合（EU，議会：ストラスブール）の発足
2000年代	四つの「ユーロディストリクト」の設立
2010年	ライン上流の三国メトロポール地域の創設
2016年	大東部地域圏の成立とアルザス地域圏の消滅
2019年	「アルザス欧州自治体」設置の決定
2021年	アルザス欧州自治体の発足